历史的荣耀

中央帝国的时运、
铁血与霸业

历史研习社 编著

天地出版社 | TIANDI PRESS

图书在版编目（CIP）数据

历史的荣耀：中央帝国的时运、铁血与霸业 / 历史研习社编著. —成都：天地出版社，2020.11
 ISBN 978-7-5455-5883-8

Ⅰ.①历… Ⅱ.①历… Ⅲ.①中国历史—古代史—通俗读物 Ⅳ.①K220.9

中国版本图书馆CIP数据核字（2020）第145708号

LISHI DE RONGYAO: ZHONGYANG DIGUO DE SHIYUN、TIEXUE YU BAYE

历史的荣耀：中央帝国的时运、铁血与霸业

出 品 人	陈小雨　杨　政
作　　者	历史研习社
责任编辑	王　岚　贾启博
装帧设计	左左工作室
责任印制	董建臣

出版发行	天地出版社 （成都市槐树街2号　邮政编码：610014） （北京市方庄芳群园3区3号　邮政编码：100078）
网　　址	www.tiandiph.com
电子邮箱	tianditg@163.com
经　　销	新华文轩出版传媒股份有限公司

印　　刷	北京文昌阁彩色印刷有限责任公司
版　　次	2020年11月第1版
印　　次	2020年11月第2次印刷
开　　本	889mm×1194mm　1/32
印　　张	12.5
插　　页	16P
字　　数	259千字
定　　价	78.00元
书　　号	ISBN 978-7-5455-5883-8

版权所有◆违者必究

咨询电话：(028) 87734639（总编室）
购书热线：(010) 67693207（营销中心）

如有印装错误，请与本社联系调换

序言

1

中国人自古以来都是非常喜欢历史的。

太史公在《报任安书》中提到，自己著《史记》的目的是"究天人之际，通古今之变，成一家之言"。太史公如此情怀——把历史作为探究天人关系的方法——不但成为后世中国史家的圭臬，也成为中国人对历史的独特看法。全世界从没有哪个文明，把历史看得如此重要。

于是，宋代司马光为宋神宗编写《资治通鉴》，为的是让皇帝"鉴于往事，有资于治道"——王侯将相们希望通过历史来学习治国之道。而在民间，老百姓也对历史有着极为浓厚的兴趣和热爱，从古流传至今的诗歌、戏曲、评书、小说，都充斥着历史题材。这些民间文学借历史诉说着人们心中的英雄传奇，阐述着传统文化忠奸善恶的道德观念。

只不过，民间的历史文学习惯于将故事进行简单粗暴地处理，人物通通"脸谱化"，以至于人们对历史产生了一种刻板印象："奸臣"祸国乱民，然后被"贤君"识破、被"忠臣"打败；勇于创新的"改革家"和循规蹈矩的"顽固派"在为国家前途而争斗,好像前者就是天上派来拯救国家的,而后者就是以坑死国家为己任……

就像戏曲一样,小时候,我们看戏,长辈总是告诉我们:"看,坏蛋登场了,因为他是大白脸,所以肯定是坏人。"

把历史简单化的结果,就是有不少人认为,古代的帝王将相都是丑恶的:他们绞尽脑汁压迫百姓,百姓不堪忍受之时,怒吼一声,揭竿而起,"哐当"一下就推翻了封建王朝的腐朽统治,然后周而复始,开始新一轮的循环。中国古代的历史就是这样一次次的轮回,有什么可说的?

但是,长大以后,我们才发现,历史远没有那么简单。"帝王将相"也好,"平民百姓"也罢,剥掉身份的标签,都只是些为功名利禄奔波的人。有些人在社会的顶层,有些人在社会的底层。帝王的枷锁不比普通百姓少,农民过日子打的小算盘不比官员差。

这些熙熙攘攘的各色人一起努力,构建了一套自己都数不清、道不明、理不顺的制度,在暗地里维持着社会的秩序,乃至于推动着社会的发展。不要把历史上的伟人都想得特别聪明,看多了就明白了,大家都是在不断处理意外的过程中,"侥幸"推动历史发展的。

譬如,北宋神宗皇帝,他一直梦想自己能成为超越先皇的伟大帝王。为此,他与王安石一拍即合,强力推行新法。他的本意是要通过新法迅速富国强兵,开疆拓边,然而,新法的推行带来了一系列意想不到的恶果。尤其是青苗法,王安石一开始告诉宋神宗,这个办法可以让朝廷增加税收,老百姓也不会增加负担,可谓两全其美。但是,当青苗法真的推行下去就逐渐变味了,地方官们为了完成王安石制定的考核指标,只得强行借贷给老百姓,再强行向老百姓催收,搞得民不聊生,怨声载道。

宋神宗的父亲宋英宗,并非宋仁宗的亲儿子。所以在宋神宗的心中,一直有通过丰功伟绩来证明自己和父亲继承大统的合法性的冲动。能满足这种冲动的人,只有敢于大刀阔斧推行改革的王安石。王安石改革的措施是否合情合理,皇帝已经没有足够的耐心去辨别。

在这段历史中,宋神宗想让老百姓得到实惠,结果却害苦了老百姓。王安石想通过理财手段为朝廷减轻财政负担,结果适得其反。司马光反对这种激进的改革方案,结果被贴上了"迂腐"的标签。

司马光可能没想到,自己编写《资治通鉴》,是为了让读者从历史中汲取经验教训,而他和王安石的争论,亦成为千百年后的历史,供人观读议论。他们到底谁对,谁错?这个问题,绝不是谁是"好人"、谁是"坏人"这样的问题能解决得了的。

无论是帝王还是将相,他们都是古代社会当之无愧的精英,是所处时代和历史舞台上的主角。他们的所作所为,不能简而论之,必须要设身处地地去思考他们所处的具体的历史情境,揣摩他们行事的动机,然后再以行为所造成的结果来评判他们个人,以及整个政治制度的优劣。只有如此,我们才能真正走进古人的内心世界,听懂他们的理想与抱负,理解他们的辛酸与折辱,会意他们的妥协与退让。

如此,历史人物才不是纸面上冷冰冰的一个个名字,而是有血有肉曾经活过的人,他们也曾鲜衣怒马,也曾引吭高歌,也曾进退失措,也曾儿女情长。

以"鲜活"的历史人物为线索,才可以认清楚当时时代的面貌。

而历史研习社的作者们,就是想以历史学专业的严谨,结合优美的文字,新鲜的视角,带领大家穿越时空,鸟瞰古时朝堂之上的明争暗斗,朝堂之下的醉酒当歌。

2

历史研习社成立于2014年,是由一群来自香港中文大学、南开大学、中山大学、上海交通大学、安徽大学、复旦大学等高校的历史学硕士、博士、青年教师组成的历史学知识社群。我们希望让靠谱的历史学知识走出象牙塔,被更多对时间怀抱敬意、对人类的过去充满疑惑的人了解。经过不懈的努力,今年,历史研习社的全网粉丝数已经突破50万,成为历史学新媒体领域最有影响力的品牌之一。我们的文章也经常被海内外的媒体转载,受到很多专业人士的赞许。

顺时针研习历史,逆时针"解毒"世界——这是历史研习社的slogan。

怎样理解这句话?历史是时间,世界是空间,只有把时间和空间结合起来研究，才能一窥人类社会发展的全貌。之所以用"解毒"作为"解读"的谐音，是因为我们想破除一些流传在网络上的历史谣言，带读者走出一些历史误区。

当然，要做到这些，是古往今来数不清的历史学家共同努力的目标。我们势单力薄，只能以这个slogan作为自己创作的初心，勤勤恳恳、勉力为之，为大家奉上一份易读、耐读、悦读的精神盛馔。

《历史的荣耀：中央帝国的时运、铁血与霸业》是历史研习社出版的第一本书，我们将通过一个个闻名遐迩的帝王将相，来揭示他们如何在乱世中崛起，如何在崛起之后赢得民心，如何在登位之后巩固权力的基本盘，如何以超然的姿态分配权力，如何以强势的手腕推动改革，如何在国际事务上捍卫国家的权益……最后一点，他们中也会有失败者，那么他们失败的根源又是什么？

"鉴于往事"——我们追寻同《资治通鉴》一样的方法，但这次，目的不同了，历史不再服务于帝王将相，而是为大众品读，让大众从中获取知识，追思怀古，了解当下，乃至放眼未来。正如托马斯·潘恩曾所说："我们的过去决定了我们要创造一个崭新的世界。"

本书不是讲帝王将相玩弄权术的操作手册，而是一部解析中国古代王朝权力博弈密码、洞察中央帝国持久运作底层逻辑的作品。毕竟，古代中国这种大一统的、早熟的中央集权体制的帝国，在世界历史上是一个特例。它不是一个普遍的现象，因此它的特殊性就值得我们去研究。如此，我们才能明白，中国历史为何会有自己独特的发展脉络，中国人民为何会有自己独特的行为方式。

我们对于自己的文章，都是以写论文的严谨态度来创作，每一篇文章都要有详细的史料支撑，严密的逻辑架构。

我们要求每一篇文章都要有作者自己独特的思考，不能人云亦云，不能天马行空，更不能胡说戏说。我们对于杨贵妃如何洗澡，赵飞燕如何魅主没有兴趣，一个王朝的成败也决不能怪罪于几个女人。有一分材料说一分话，绝不擅自编造耸人听闻的历史段子。

我们力图以小见大，就像某些海外的历史学家能够从17世纪清代山东一个小村落的一件谋杀案看清代地方政府的运作，从苏州、常州的今文学派看明清两代的宗族关系和儒林演变等等。

同时，我们也力求文字的优美，就像黄仁宇先生的《万历十五年》一样，去除掉佶屈聱牙的学究气，为读者带来无障碍阅读的体验。毕竟，我们提供的是精神食粮，不是催眠药品。

3

历史研习社成立已经有六年，这六年里，我们宵衣旰食，笔耕不辍，未尝有一刻懈怠。因为我们知道，粉丝们都在支持我们。下面随便列举几条读者的留言：

"历史故事写得如此幽默风趣，还怕历史没人喜欢吗？"
"好文章，点个广告支持一下。"

"写得非常好，政史地相结合！"

"这个时候看这篇文章，又是别样的滋味。"

"这就是学历史的好处吧，以史为镜，照尽世间丑恶。"

……

读者的留言让人心潮澎湃，而持续不断输出高质量的内容，则是对粉丝们最好的回馈。研习社常常邀请众多历史学家参与某个话题的讨论，为读者提供大咖们的指导意见，帮助普通读者与象牙塔中的学者互动交流，比如，"历史学导师希望招收什么样的学生？""历史学家心中最能培养历史感的电影是什么？""成为学术大咖前他们在哪个行当谋生？"等等。

我们的粉丝里也卧虎藏龙，他们博学多闻，慧眼如炬，心细如发，文章中如果出现一丁点儿错误，都会被他们指出。这促使我们更加严谨地对待自己的文章，在准确性上精益求精。粉丝的期许，是我们不断写作的动力，粉丝的监督，是我们不断自检的压力，在此，研习社创作团队向50余万粉丝致以诚挚的感谢！

历史既然是由一个个鲜活的人构成的，那就不应该是冰冷枯燥的事件记录。英文中，"History"即"人类故事"之意。所以，书写历史，就应该把过去发生的故事优美地讲述出来，但同时也必须把这种故事本身具有的种种复杂性，以及它所具有的表面和背后的内容，忠实地呈现出来。能做到如此的深入浅出，是一个历史学人功力的体现，虽然我们还有不足，但我们一直心向往之。

太史公的教诲，让我们懂得敬畏历史。

读者的鼓励，让我们获得传播历史的动力。

这就是我们持续写作的原则。

欲知大道，必先为史。

谨为序。

历史研习社

2020年8月23日

目 录

引子

"霸王道杂之"的统治艺术　　I

"霸王道杂之"是汉宣帝刘询提出的一个著名论断，因为"法"是现实的规范，"德"是无形的约束，单纯任用一者，只会将国家置于危险境地。汉宣帝正是两者兼用，从而获得巨大成功，开创出一个繁荣和平的盛世。

人心篇

第一章

汉末风云：失序的平衡

曹操崛起的秘密　　003

曹操究竟如何为自己挣下天下霸业的基石？要想了解这个问题，我们就不得不提曹操的另一副面孔：终结末日的救世主。曹操出生于信奉道教的豪族世家，早年便刻意营造自己"得天命"的舆论。通过道教鼓吹，曹操把"黄德"这一虚无缥缈的观念转化为赢得人心、夺取政权的关键，最终牢牢掌控了汉家"天命"，实现魏国代汉。

I

杀戮与笼络：孙吴政权的建国之路　　013

一手打造江东新兴势力的孙家大哥孙策毫无预警地遭到刺杀身亡后，年仅十九岁的孙权上位，当时，江东当地豪族和山林中的山越族群在孙策死后都蠢蠢欲动。孙权十分重视人才，使用怀柔手段，大量起用江东望族子弟，通过与江南世家大族结合，稳固孙家在江东的势力，又通过赤壁一战奠定魏蜀吴三国情势。难怪曹操会称赞"生子当如孙仲谋！"

三顾茅庐是诸葛亮在惺惺作态吗？　　025

创造性地把管仲、乐毅放在一起并作"管乐"的，诸葛亮是自古以来第一个。因为诸葛亮期望有乐毅一样的独立人格。三顾茅庐，看似是年轻气盛的诸葛亮在故作姿态、自命不凡，其实是他对偶像的某种致敬和对"主公"刘备的暗示：你是否有燕昭王筑黄金台的那份诚心呢？

刘备携民渡江是不是在作秀？　　036

刘备携民渡江的动机一直存有争议。事实上，民众是自发跟随刘备逃难的，而刘备也愿意带领民众逃离曹操的魔爪。刘备在携民渡江这场戏中，扮演的只是一个领路人的角色，而不是保护人的角色。但从逻辑上讲，一个人做了好事，但是没有做尽好事，他还是个好人。所以，刘备无愧为仁君。

刘备东征真是为兄弟报仇？　　050

关羽大意失荆州后，无论是出于道义还是出于稳定军心的需要，素以"仁义"著称的刘备是无论如何也不会坐视荆州人士群情激愤而不顾的。刘备东征，不仅仅是为兄弟报仇雪恨，也是为了打消东吴图蜀的野心，让孙权彻底断绝灭蜀的念头。

Ⅰ Ⅰ　　　　　　　　　　　　　　　　　　　　　历史的荣耀：中央帝国的时运、铁血与霸业

人心篇

第二章
三分归一：最后的胜者

疑云白帝城：刘备托孤与蜀汉国运　　　　　　067

刘备的托孤，有着不为人知的深谋远虑。安排诸葛亮和李严一正一副的辅政地位，是出于对蜀汉基本政治结构的判断。此举确保了诸葛亮和李严两人的相互牵制，更稳定了蜀汉内部荆州集团与益州集团两大政治势力的基本关系。

诸葛亮"六出祁山"是骗人的吗？　　　　　　077

为了实现刘备"兴复汉室"的遗愿，自228年起，诸葛亮亲率蜀军，连续发起了六次对魏国的战事。诸葛亮身上凝聚了许多值得后人追慕效法的优良品质。其行为操守的高洁、待人处事的平允、勉力国事的辛劳，乃至其对先帝知遇的忠诚、对理想信念的坚守，这些无论演义还是历史都无法替换掉的精神底色，令诸葛武侯光耀千古。

蜀汉真是一个窝里斗政权吗？　　　　　　101

蜀汉政权确实有过内斗，比如，托孤大臣诸葛亮与李严、魏延与杨仪，以及后来的姜维与诸葛瞻、黄皓等。然而，这种内斗并非蜀汉在三国之中最先灭亡的根本原因，真正的原因，其实是一种更深层次的精神上的"内斗"——兴复汉室的理想主义与偏安一隅的现实主义的冲突。

解读《求才令》：隐藏着曹氏灭亡的无奈　　　　113

曹操的三道《求才令》，其实是想打破士大夫阶级的精神堡垒，打破他们对于选官任官的垄断，只可惜这与东汉以来儒家士族的发展趋势并不相符。因此，曹操统治的稳定较大程度上依赖于其个人的非凡权术。假若人亡，则难免政息。曹操与曹丕死后，曹魏家族的权力就逐步被代表豪族利益的司马家族接管了。曹操的真正对手或许不是刘备、孙权，而是帮助他治理天下的世家大族。

军师联盟：如何操盘才能颠覆曹魏政权？　　　　122

曹魏的九品中正制，导致官僚队伍的换血，成为权力让渡的"高速公路"。司马懿掌控的豪族势力卷土重来，曹氏集团已慢慢被架空孤立起来，张悌所谓的"丧失民心"正源于此。魏国政局沦落到如此田地，即便没有司马懿，一定也会有别人取而代之。

是谁种下东吴政权毁灭的种子？　　　　134

孙权晚年对宗室的刻意扶植和纵容，不但没能换得皇权的稳定，反而更加激化了内部的种种矛盾。而日后西晋重蹈覆辙，不知是巧合，还是司马炎与孙权的措施有相似性。不过无论如何，孙权亲手铸就了东吴的霸业，也在无意中亲手种下了毁灭它的种子。

霸业篇

第三章

帝国荣耀：时运、铁血、权谋

唐太宗为什么一定要征讨高丽？ 　　　　　　　　145

在中国历史上，至少有三个王朝的灭亡和朝鲜半岛有直接联系。唐太宗远征高丽，是大唐王朝重建"世界体系"的关键一步。不如此，便无法建立中华帝国在东亚世界的主导地位。

经略西土：唐朝在西域的经营失败了吗？ 　　　　155

唐朝随着国势的倾颓而退出了西域统治权的争夺，但唐朝，尤其是武则天时期，在这个强权时代举足轻重的政治地位不容抹杀，在西域经营的功业也不容否定。唐朝军人在西域乃至更远的中亚地区构建的强大军事力量，都是中国历史上最辉煌的几笔之一。

续命百年：唐朝如何收拾藩镇割据？ 　　　　　　165

中兴皇帝唐宪宗对藩镇体制进行了改革，取消了节度使对下辖各州军队的指挥权，同时赋予各州自行支配财赋的权力。这一改革在当时作用不甚明显，却是后周北宋时期肢解节度使权力的滥觞。

北方草原权力游戏的玩法   177

北方游牧民族的首领耶律阿保机积极吸收汉族文化,结合自身形势创建了"投下军州""南北面官"等制度,为契丹帝国建立起一套完整而高效的行政体系,完成了由游牧政权向封建大帝国转变的"临门一脚"。自此,契丹民族正如其族名之意"镔铁"一般,依靠着顽强的意志和坚不可摧的民族精神,最终成功由一支弱不起眼的东北亚民族,成长为翱翔草原的塞北雄鹰。

强者崇拜:被征服也是一种荣耀   188

草原民族崇拜强者的心态,在人世间体现为服从一个强大的首领,在精神上体现为他们一向对自然敬畏有加。成吉思汗利用蒙古人的这种心理,借助萨满教将自己神化,使各部落贵族对自己无条件臣服。

失去的天命:清朝如何降服蒙古?   198

为了消弭来自蒙古的不安定因素,清廷动用了一整套严密的制度来管理蒙古,又以藏传佛教作为抚绥蒙古的精神工具。制度与宗教双管齐下,彻底消除了这个历代王朝恐惧的隐患。

权谋篇

第四章

政出一门：帝王的铁腕

大明王朝的困境　　　　　　　　　　211

明朝时期，人人都知道体制有问题，需要改革，但是当皇帝冒天下之大不韪下决心改变体制时，再好的政策落到下面都会成为一些利益集团牟利的工具。改革要么荒腔走板，要么难以为继，越改越乱，越改越麻烦，就连李东阳这样的内阁首辅也提不出什么好的解决方案，只能消极地反对皇帝的改革措施。最后，体制僵化的大明只能走向灭亡。

清朝如何统一台湾？　　　　　　　　221

通过清廷决定武力收复台湾的决策过程，以及清军与郑军的攻守过程，我们能够得到启示：台风不足惧，海峡不足畏，为了两岸人民的福祉计，还是需要高度的政治智慧来解决这一历史遗留问题。

党争闹起来，乾隆帝也头疼　　　　　236

深入每一个王朝的历史，我们几乎都能发现党争的影子。在权力的游戏中，党争就像是一枚嵌入棋盘的棋子，没有人能摆脱，只能小心驾驭。面对鄂张党争，乾隆帝的主要态度是利用张党打击鄂党，这其中到底有什么门道？

乾隆帝：我不要你觉得，我要我觉得！　　　　　　　　　　248

《铁齿铜牙纪晓岚》给人留下个印象：皇帝的工作轻松得很，出宫就跟玩儿似的，说走就走。事实上，乾隆帝不是将皇帝巡幸的活动视为一种游山玩水，而是将之上升到国家战略安全的层面，这确实是迥异于汉族士大夫的一种认识。

权谋篇

第五章

利出一孔：帝国的金库

北宋朝廷的"良心"坑了自己　　　　　　　　　　259

赵匡胤估计怎么都想不到，自己志得意满的募兵制会成为悬在宋朝头顶的达摩克利斯之剑。北宋人人喊打的"冗兵"问题根植于宋朝的制度设计逻辑，王安石的种种努力一旦深入下去，就会在根本上违背宋朝政治"强干弱枝"的顶层制度逻辑。任何人要去解决"冗兵"问题，本质上都是在挑战北宋立国的根基、推翻开国以来确立的基本政治逻辑，因此几乎没有任何胜算可言。

形式主义毁掉了王安石变法　　272

虽然北宋的经济、文化、科技已经相当发达，可是要在全国推行技术难度极高的青苗法，依然是一项不可能完成的任务。王安石变法尽管是良法美意，但超越了时代，导致最后形式主义盛行，民不聊生。时代的局限性摆在那里，所以王安石变法是注定失败的。

隆庆开关，一次被忽视的改革　　283

隆庆帝继位后，在福建漳州设立海澄县，并于隆庆元年在该地部分开放东南海禁，从此"海宇宴如"，东南沿海的倭患基本平息。海外贸易得到迅速发展，白银大量内流，国内白银货币化渐得确立，商品经济发展到一个新水平。明朝后期出现了以反矿监、反税使为标志的"市民运动"，思想文化领域也出现了为工商业者鼓与呼的新思潮。

大规模降税，朝廷不会缺钱吗？　　293

乾隆帝先后五次普免天下钱粮，还曾三次全免南方漕粮，对于减轻人民的负担、赢得民心起到了一定的作用。但进入嘉庆、道光两朝，王朝步入多事之秋，乱象频生，使得基本财政陷入左支右绌的困境，"非正常收入"也因经济低迷而辉煌不再，大规模蠲免钱粮终不免成为明日黄花，不可复见。道光朝之后，被拖入"三千年未有之变局"的清王朝，不得不为艰难求生而为财政变革之路上下求索，晚清财政剧变由此肇端。

皇帝不会花钱有多可怕？　　302

道光帝可以说是中国历史上最勤俭节约的皇帝，可是，勤俭节约固然是美德，对于皇帝来说却不是最重要的。想要制定游戏规则，想要选对人、用好人，在潮起潮落中立于不败之地，需要的不仅仅是盯紧自己家的钱袋子。对于一个国家领袖来说，最关键的是战略决策能力。

兴亡篇

第六章

权力困局：帝国的衰亡

李鸿章如何叱咤风云四十年？　　315

李鸿章能在晚清官场活跃四十年之久，虽屡遭危机，几经沉浮，却能位极人臣，权倾当时，除其自身有很高的政治素质、惯用权变之术、阴柔刚猛、深谙为官之道外，与其背后的庞大关系网不无关系。李鸿章构建了势力庞大的淮系集团，将之作为自己仕途愈挫愈进的强力后盾。那么他又是如何做到这一点的呢？

湖广总督张之洞的危急时刻　　325

清流派以"贪慕虚荣，大搞面子工程"的名义来攻击张之洞，但经过有关部门一番调查之后发现，张之洞只是在用人上小有瑕疵，这更加巩固了他作为改革先锋、洋务运动支柱之一的形象。湖北乃至全中国需要的恰恰不是官，而是心怀天下的政治家。

是谁将北洋海军逼上绝路？　　335

翁同龢一辈子爱惜羽毛，为此既无政治家应有的担当，也没有儒家学者该有的心胸。甲午之战后，京师士林有人讽刺他"满面忧国忧民，满口假仁假义。满腹多忌多疑，满身无才无识"。满口仁义道德的未必是真君子，顶着大师名号的未必有真才干。翁同龢一辈子为了名声做事，到底成就了谁？

谁在逼慈禧太后向世界宣战？ 345

庚子年间，慈禧太后主持的御前会议虽然决定宣战，但并未提到对哪国宣战，也从未将诏书送达任何外国政府。然而，义和团的发展和失控远远超出慈禧的预料，西方列强也不是省油的灯，绝非慈禧所能掌控。慈禧太后想要在这两股势力上寻求制衡是打错了如意算盘，无异于刀尖起舞，玩火自焚。

慈禧太后如何玩转"权力的游戏"？ 355

慈禧太后三度垂帘听政，统治中国长达四十七年之久，是没有皇帝之名的皇帝。她善于玩弄政治权术，为人阴狠、手段毒辣，具有独特的政治手腕，而这也注定了大清帝国灭亡的结局。

"霸王道杂之"的统治艺术

任逸飞

汉家之道：汉代统治的思想内核

西汉王朝在经历了前期的"文景之治"和武帝开疆拓土的盛世后，在宣帝刘询统治时期（前74—前49年）迎来了第三段鼎盛时光，史称"宣帝中兴"。《汉书·宣帝纪》这样赞美宣帝一朝：

> 孝宣之治，信赏必罚、综核名实，政事文学法理之士咸精其能，至于技巧工匠器械，自元、成间鲜能及之，亦足以知吏称其职，民安其业也。

宣帝能达到如此成就，按他自己的话说，是因为贯彻了"霸王道杂之"的统治理念,而为此事他还与太子,也就是后来的元帝刘奭(前49—前33年在位)发生了一次有名的争论。《汉书·元帝纪》记载:

> 孝元皇帝,宣帝太子也……柔仁好儒。见宣帝所用多文法吏,以刑名绳下,大臣杨恽、盖宽饶等坐刺讥辞语为罪而诛,尝侍燕[宴]从容言:"陛下持刑太深,宜用儒生。"宣帝作色曰:"汉家自有制度,本以霸王道杂之,奈何纯任德教,用周政乎!且俗儒不达时宜,好是古非今,使人眩于名实,不知何守,何足委任!"

宣帝认为"霸王道杂之"是汉代一以贯之的治国方略,若是像太子说的那样纯用儒生施政,绝对要出乱子。然而,众所周知,自武帝"罢黜百家、独尊儒术"以来,儒学地位扶摇直上,似乎早就应当成为汉代的官方意识形态了,缘何宣帝与太子之间还会因此问题发生矛盾?宣帝所谓"霸王道杂之"的内涵究竟是什么?他又为什么要执着于这一统治理念呢?

王霸与儒法:"霸王道杂之"的思想脉络

"霸王道杂之",从字面理解即"融合王道与霸道",那何谓"王道",何谓"霸道"呢?"王道"是春秋战国时期以孔子为代表的儒家学派提出的主张。孔子目睹东周以降，王室衰微、礼崩乐坏的局面，追怀过去古圣先王的治世，认为执政者只有遵循"王道"的政治理想，方能开辟太平。

"王道"必须建立在仁政之上，统治者要爱惜民力、复兴礼乐，恰如《论语》中所言："道之以政，齐之以刑，民免而无耻；道之以德，齐之以礼，有耻且格。"只用刑罚震慑百姓，而不以礼乐教化之，便谈不上孔子心目中的"王道"。

孔子的观点到战国时又得到孟子的发展。孟子将"王道"与"霸道"明确加以区分，认为"霸道"确实能令国家强盛起来，却无法真正收服人心，只有"王道"才是实现统一、终结战乱的必由之路，所谓"以力假仁者霸，霸必有大国，以德行仁者王，王不待大。汤以七十里，文王以百里。以力服人者，非心服也，力不赡也；以德服人者，中心悦而诚服也"。孟子颇为理想化地认为，"王道"成功与否是不受国力强弱和国家大小左右的。

与"王道"相反，"霸道"恰恰将国家强盛视为至高法则。春秋时，齐桓公依靠管仲辅佐，使得国力蒸蒸日上，尊王攘夷、存邢救卫，最终成为"五霸"之首。如果说，"富国强兵"在春秋时还仅是诸侯国的可选项的话，那么，到了兼并战争愈趋残酷的战国时代，则成了一个生死存亡的大问题，当时以商鞅、韩非为代表的思想家，便将始于管仲的这套"富国强兵"之术加以理论化和系统化，形成了法家学派。

法家对儒家推崇的"王道""仁政"嗤之以鼻。韩非认为："今世皆曰'尊主安国者，必以仁义智能'，而不知卑主危国者之必以仁义智能也。故有道之主，远仁义，去智能，服之以法。"制定严格的法令比空口谈仁义更有用，而只有国家强大了才有力量去消灭别人，否则便只能坐以待毙，正如韩非所言："力多则人朝，力寡则朝于人，故明君务力。"

法家鼓吹的赤裸裸的"霸道"确实收到了相当的成效，战国初期，商鞅在秦国开展"变法"，制定并颁布了一系列法令，全面改革秦国的户籍、土地、税收制度，乃至计量单位、军功爵位和行政区划，把秦国打造成一台运转不休的战争机器。最终，在秦王嬴政的手上，这台机器横扫东方六国，建立起中国历史上第一个大一统王朝——秦帝国。

可见，自春秋战国以来，围绕"王道"与"霸道"已形成两种各有侧重的统治思路，"王道"主张仁政、德政、以民为本，儒家是主要鼓吹者；而"霸道"则主张力政、兵战、刑名法术，法家是主要鼓吹者。这两种统治思路对于秦汉政治文化的影响是极为深远的。

秦以法家之"霸道"夺取天下，然而其统治仅经历两代就终结了，这给继之而起的汉代统治者以极大触动，反思秦亡的教训成了西汉初叶的一个重要命题。贾谊在著名的《过秦论》里指出，秦亡的根本原因在于"仁义不施"，"废王道而立私爱，禁文书而酷刑法，先诈力而后仁义，以暴虐为天下始"。秦始皇在统一战争结束之后依然顽固地坚持法家的治国方针，以严刑峻法苛待百姓，无节制地动用民力，整个国家始终处于一种战时状态。这样做的后果就是，秦朝轰然土崩瓦解，就像一直紧绷的弦最终断裂一样。

贾谊已经意识到,"王道"与"霸道"不可偏废,两者各有长处与短处,只有兼采而融通才是国家长治久安之道。对西汉早期的几任帝王而言,这番道理都是铭记于心的,高祖刘邦在刚击败项羽时,便受到陆贾语重心长的告诫:天下可于马上得之,不可以马上治之。至文、景二帝,长期实施"与民休息"的政策,厉行节俭。"文景之治"的理论依据是黄老之学,而有意思的是,黄老之学既与道家联系极为紧密,又与法家的"刑名之学"有诸多相通之处,可以说黄老之学是融合了道家与法家的一种思想,从这个角度考虑,文、景二帝崇尚的黄老思想可被视为"霸王道杂之"的萌芽形态。

雄才大略的汉武帝即位后,在继承文景之治成果的基础上,为配合形势,有意识地对国家的统治方针进行调整,儒学开始取得重要地位:建元五年(前136年),置五经博士;元光元年(前134年),举贤良对策,采纳董仲舒的建议,罢黜百家,独尊儒术;元朔五年(前124年),兴太学,为五经博士置弟子,在弟子中选官,以经学之优劣为评判标准。至此,儒家思想在理论上成为王朝正统,而儒生参政的大门也由此敞开。

必须看到,武帝施政在本质上是王霸兼采的,他并非一边倒地信从儒者。武帝表面的"尊儒",是因为董仲舒主张的"大一统"符合其强化君权与对外扩张的需要,然而一旦落到政治实践的层面,武帝更信用的却是张汤、赵禹等一班文法酷吏,而即便像公孙弘、董仲舒这样的儒者能获得武帝青睐,也是由于"通于世务,明于文法,以经术润饰吏事"——儒学抑或是"王道",在武帝眼中只不过起一个装点门面的作用。

武帝"阳儒阴法"的统治手段自然引发儒生群体的批评，汲黯便指责武帝："内多欲而外施仁义，奈何欲效唐虞之治乎！"显然，宣帝所谓"汉家自有制度"的"霸王道杂之"是在其曾祖父武帝时真正成形的，那是否可以断言宣帝的统治理念完全承接自武帝呢？答案或许远非这么简单。

在武帝的阴影下：宣帝的政治抉择

要真正理解汉宣帝的施政方略，还需要从两个方面入手：一个是他即位时西汉面临的内外局势，另一个则是他本人的成长经历。

武帝一朝，锐意"开边"，北击匈奴、通西域、开西南夷，汉帝国的势力膨胀至极点。然而长期的对外战事，严重损耗了西汉的财力和民力，武帝的应对之道却是越发倚重酷吏，在大肆搜刮民间财富的同时，镇压社会上的反对力量。《汉书·刑法志》记载，当时酷吏制定的死刑条目已经繁多到骇人的地步："禁罔浸密，律令凡三百五十九章，大辟四百九条，千八百八十二事，死罪决事比万三千四百七十二事。文书盈于几阁，典者不能遍睹。"

武帝的穷兵黩武和严刑峻法，至其统治末年引发了严重的社会问题。司马光在《资治通鉴》中批判道："孝武穷奢极欲，繁刑重敛，内侈宫室，外事四夷，信惑神怪，巡游无度，使百姓疲敝，起为盗贼，其所以异于秦始皇者无几矣。"在司马光看来，汉武帝的所作所为与秦始皇已经没有什么差别了。等武帝一死，其幼子昭帝刘弗陵（前87—前74年在位）接手的便是一个"承奢侈余弊，师旅之后，海内虚耗，户口减半"的烂摊子。

为此，当时的辅政大臣霍光决定回到文帝、景帝的旧方针上，"轻徭薄赋，与民休息"，使社会能重回安定。到宣帝即位初期，霍光依然摄政，上述休养生息的措施贯彻始终。总之，武帝时由于滥用民力所造成的损害，需要得到修复，这是宣帝统治策略的第一个着眼点。

宣帝能够继承皇位本身就充满了传奇色彩。众所周知，在昭帝逝世后，霍光为首的大臣原打算拥立武帝之孙昌邑王刘贺入继大统，然而昌邑王因行为不检，即位仅二十七日便遭到废黜。于是此时流落民间的武帝曾孙刘询（原名刘病已）作为替代人选，被拥立为帝。

宣帝的祖父是戾太子刘据，当宣帝还在襁褓之中的时候，祖父刘据和父亲刘进便双双在"巫蛊之祸"中身亡了，昔日的皇曾孙一夕之间竟成了千夫所指的罪臣后代，这无疑让幼年时的他饱尝人情冷暖，遍历世道坎坷。在入宫前，宣帝一直在外家（祖母家）照料下长大，过着平民的生活。

不过，独特的成长经历也令宣帝拥有了养在深宫的纨绔公子所不具备的个人能力。《汉书》记载，宣帝"繇仄陋而登至尊，兴于闾阎，知民事之艰难"，"受《诗》于东海澓中翁，高材好学，然亦喜游侠，斗鸡走马，具知闾里奸邪，吏治得失"。宣帝起自民间，更了解底层社会的实际情况，这也为其登基后提出顺应民意的政策提供了基础。

身为武帝的嫡曾孙，宣帝继位被视为恢复了"武帝正统"。尽管正是这位曾祖父一手造成了宣帝祖孙三代的屈辱，但是面对此时依然权倾朝野的摄政大臣霍光，以及昌邑王转瞬被废的教训，宣帝能够稳固自身地位的唯一法宝也就是这层与武帝的血缘关系了。

为此，宣帝不断在各种场合强调其与武帝之间的联系，他不仅大力推崇武帝的功业，追尊武帝庙号为"世宗"，还下旨要求在武帝巡幸过的郡国立庙，更重要的是，宣帝在施政和行事作风上也力图模仿武帝，史书经常记载他"修武帝故事""循武帝故事"。可见，推崇武帝的文治武功成了宣帝统治策略的第二个着眼点。

吏治天下："宣帝中兴"的奥秘

地节二年（前68年），三朝元老霍光病逝。两年后，霍氏一族因谋反罪被满门抄斩，宣帝终于获得了独立自主的机会，那么他又将如何推行自己的政策呢？

前面已经提到，宣帝的首要任务仍是恢复因武帝末年弊政所耗损的国力，而作为武帝嫡曾孙，他又希望能够效仿武帝，缔造与之相媲美的事功。因此，宣帝要拿出属于自己风格的"霸王道杂之"统治策略，即在把握武帝"王霸兼采""儒法结合"思路的基础上，通过建设具备实务能力的循吏队伍，着力解决民生问题，以此避免武帝时因滥施刑罚造成的社会动荡。

首先，宣帝遵循了武帝"尊儒"的基本国策，在位期间始终奖励儒学，"招选名儒俊材置左右"，新设大小夏侯《尚书》，大小戴《礼》，施、孟、梁丘三家《易》及《穀梁》博士，还亲自召集诸儒，举行校正五经同异的"石渠阁会议"。

然而，宣帝的"尊儒"是有限度的。与武帝相同，宣帝追求政治上的实效，相较于儒生，他更喜用文法吏，甚至让出身卑微的宦官弘恭、石显掌握中枢行政，这无疑激起了儒生的反感。儒生出身、时任司隶校尉的盖宽饶便以死进谏，痛斥宣帝："以刑余为周召，以法律为《诗》《书》。"

宣帝对当时儒生的提防并非无因。自西汉中期以来，汉代儒学即呈现出一种浓烈的复古主义倾向，儒生时常援引经书典籍的字句议论时局、抨击朝政，他们感到武帝以来的施政方针已经背离了孔子之道，《公羊》学者眭弘甚至认为按"三统"循环，汉家历数已终，竟上书要求昭帝退位，以"承顺天命"。显然，儒生的上述论调对宣帝的统治是极端不利的。

因此，宣帝在施政中更注重提拔具有实务能力、熟悉法令的文法吏，宣帝一朝涌现出众多"循吏"便是这一政策的突出表现。所谓"循吏"便是一批能"上顺公法、下顺民情"，以民为本、安定地方的官员，在《汉书·循吏传》所列的六位"循吏"中，有五位都自宣帝朝任官，他们包括：王成、黄霸、朱邑、龚遂和召信臣。

这些循吏在地方上往往能重视民情民意、鼓励生产、轻徭薄赋、兴修水利、发展教育，汉宣帝对卓有政绩的模范官员也不吝拔擢，引领了一时风气。例如，胶东相王成"劳来不怠，流民自占八万余口，治有异等之效"，宣帝下诏"赐成爵关内侯，秩中二千石"；颍川太守黄霸"外宽内明得吏民心，户口岁增，治为天下第一"，因而被"征守京兆尹，秩二千石"。

宣帝任用循吏是其能开创"中兴"的重要原因，他曾感叹：

> 庶民所以安其田里而亡叹息愁恨之心者，政平讼理也。与我共此者，其唯良二千石乎！
>
> ——《汉书》卷八十九《循吏传》

在其心目中，地方官员的治理水平是直接关系到国家安危的大问题，正是由于他有这样的认识，"故汉世良吏，于是为盛，称中兴焉"。

作为一代"中兴之主"，当宣帝听闻太子质疑为何不专用儒生时，自然大动肝火。事实显而易见，儒生虽然能激扬文字、议论朝政，但缺少实干精神，能做事的还是那些扎根基层的文法吏，儒法并用、"霸王道杂之"的意义正在于此。

小结

汉宣帝提出的"霸王道杂之"有着深厚的思想渊源。早在先秦时期，围绕"王道"和"霸道"，儒家与法家两派便形成了不同的政治学说。一方要求施行仁政、德政，任用精通典籍的士大夫，实现三代的治世；另一方则强调法令的权威，通过组建高效的官僚队伍，最终富国强兵。双方的理论斗争随着秦国利用法家"霸道"统一六国而暂时告一段落。

然而秦二世而亡，根本原因便在于过度倚重法家学说，丢失了民心。此后的汉朝虽然承接秦制，但也不得不寻求调和转圜之道。不过，汉初"与民休息"的政策根源于黄老之学，"霸王道杂之"的面貌尚不显著。

汉武帝是第一个明确以"王霸兼采""儒法并用"的思想方针施政的汉代帝王，但由于其重用酷吏，以严刑峻法对待百姓，仅以儒学装点门面，未能维持两者间的平衡，最终给国家带来巨大的灾祸。

宣帝的"霸王道杂之"正是在总结前代得失后形成的统治方略，他同时任用儒生和文法吏，但更注重提拔有经验的循吏。宣帝特殊的成长经历让他十分了解民间疾苦，因此在施政时注意解决民生问题，避免了武帝朝放纵酷吏虐待百姓的弊端。

许倬云先生曾谈道："法家的理论本来只及于治理的方法，未尝及于为政的目的；儒家的理论有为政的目的，而未尝及于方法。两者结合，遂成为帝国政治体制的理论基础。"儒、法两家学说各有利弊，必须各采其长，宣帝的"霸王道杂之"恰恰得其中道。

可以说，自汉宣帝以后，这种以儒法两家思想为基底，礼法并用、德刑兼备、王霸结合的统治思路便真正固定了下来，而它的影响不仅及于两汉，在往后的朝代中也都得到了不同程度的彰显。

【编者按】

中华帝国的第一个大一统王朝——秦朝,在以虎狼之势横扫六国,一统天下后,仅仅十余年便倏然崩坍,"一夫作难而七庙隳"。这给汉帝国的统治者留下极为深刻的印象,汉初君臣总结秦亡之失,皆以为秦亡于笃信法家,以吏为师。然而,秦朝所开创的帝国之制,又需要法家思想来集中权力。故汉朝统治者的思想几经转变,无论是"黄老之道"还是"霸王之道",均意在用其他学说的思想中和法家思想,以寻求一种既能掌握权力,又能让国家长治久安的方法,最终儒法并用的"霸王之道"成了汉朝统治者的选择,也奠定了中华帝国两千年的统治基调。

初生的中华帝国虽确立了"霸王之道"的思想,但日后还要面对诸多的挑战和威胁。被"废弃"的"黄老之道"也并未就此湮没于历史之中,而是在帝国的暗处潜伏,终于在东汉末年以燎原之势向帝国的统治者发起挑战。就让我们从汉末的乱世开始,纵观帝国两千年的兴衰吧。

参考文献：

史料：

[汉] 班固：《汉书》。

专著：

1. 黎明钊编：《汉帝国的制度与社会秩序》，香港牛津大学出版社，2012年。
2. 钱穆：《秦汉史》，生活·读书·新知三联书店，2005年。
3. 王子今：《秦汉史：帝国的成立》，中信出版社，2017年。
4. [日] 西嶋定生：《秦汉帝国：中国古代帝国之兴亡》，社会科学文献出版社，2017年。

论文：

1. 韩星：《"霸王道杂之"：秦汉政治文化模式考论》，《哲学研究》，2009年第2期。
2. 吴涛：《"霸王道杂之"与汉宣帝时期〈穀梁传〉的上升》，《传统中国研究集刊》（九、十合辑），2012年3月。
3. 赵沛：《汉代中前期的政治结构与"霸王道杂之"的政治意义》，《山东大学学报》（哲学社会科学版），2004年第4期。

人心篇

第一章 汉末风云
失序的平衡

曹操崛起的秘密

杀戮与笼络：孙吴政权的建国之路

三顾茅庐是诸葛亮在惺惺作态吗？

刘备携民渡江是不是在作秀？

刘备东征真是为兄弟报仇？

孟子有言:"得天下有道,得其民,斯得天下矣。得其民有道,得其心,斯得民矣。得其心有道,所欲与之聚之,所恶勿施,尔也。"这句话的意思就是:得民心者得天下,反之,失民心者失天下。汉帝国在"霸王之道"中统治了中华大地四百余年,最后在内忧外患中分崩离析,其中重要的原因之一,就是丧失了人心。

自汉武帝"独尊儒术"后,文景时期的黄老思想并没有在历史上彻底消失,它一直在社会的各阶层中流传。直到汉末,在激烈的社会矛盾下,黄老思想演化成一股强大的力量,冲击了汉王朝长久奉行的统治秩序,帝国的人心自此崩坍。乱世已至,前路何在?

汉末的各路群雄,之所以能裂土割据,权谋、武力固然必不可少,但承载这些力量的本质依旧是人心。谁能争取到帝国瓦解的人心,谁就能拥有立足之地。最后,有三个人争取到了人心,于是三国鼎立——天下的三分,这背后实际是人心的三分。

曹操是如何获得争夺天下的第一桶金的?一路坎坷的刘备在保护百姓和保存实力面前,该如何选择?"江东猛虎"孙氏的统治集团其实并不是来自江东,那么他们如何在江东立足?本篇将告诉你东汉末年群雄纷争背后的秘密——天下的人心是如何三分的。

曹操崛起的秘密

念 田

曹操何许人也？"治世之能臣，乱世之奸雄"是名士许劭给曹操的评语，也是百代以来的史家评论。"奸雄"的评判对应着曹操的两副面孔，"奸"的一面是千古骂名，"雄"的一面是万载功业。然而，洗去后世涂在曹操脸上的油彩，深入历史的脉络和肌骨，我们还能看到曹操的第三副面孔：终结末日的救世主。只有看到这副面孔，才能找到曹操崛起的秘密，理解东汉末年三分天下终归一统的天命人心。

洪水灭炎汉，黄天救苍生：汉末的黄老道

世界末日和救世主的情节，普遍存在于许多宗教的教义中。根据专家的研究，犹太人在异族的征服之下企盼一位救世主降临，终结腐朽世界，进行末日审判，取而代之以永恒的天堂。犹太人等待的救世主被称为"弥赛亚"，也就是希腊语中的"基督"。耶稣正是自命为弥赛亚，但他不再是犹太民族的救世主，而在西方具有了普遍性。

季羡林先生认为，佛教中的未来佛"弥勒佛"在语言起源上与"弥赛亚"非常接近，两者当有相似的渊源。在中国历史上，以弥勒佛下生为号召的农民起义可谓是前仆后继。有史学家认为，明朝的国号"大明"，来源于佛教中的明王，也就是弥勒佛。

虽然佛教救世主的影响非常深远，但中国历史上最早提出末日和拯救思想的是道教。先秦时期的道家思想可分为老庄和黄老两支。其中黄老道尊崇黄帝和老子，于汉初盛行一时，在汉武帝独尊儒术后退出朝廷，遁隐民间，发展为早期道教。汉成帝时，道经《天官历包元太平经》声称"汉家逢天地之大终，当更受命于天，天地使真人赤精子，下教我此道"，是为末日预言的开始。从汉成帝到灵帝的两百多年间，该经被三次献给皇帝，引发朝堂争议不断。

民间对于末日预言的恐慌和骚乱也一直不断，反映了百姓对现实社会的强烈不满。汉成帝建始三年（前30年）"十月丁未，京师相惊，言大水至"。哀帝建平四年（前3年）春发生旱灾，"民相惊动，谨哗奔走"，百姓手持一根禾秆儿或麻秆儿，名曰"行诏筹"，并以此物祭拜西王母，还传言会有"纵目之人"降世。安帝永初元年（107年），"民讹言相惊，弃捐旧居，老弱相携，穷困道路"。

官员贪残成风，社会恶性运行，人心思乱，因而末日观念才会深入人心，大批民众惊恐骚动，放弃家园出奔流浪，引发动荡。

中国在宋明以前盛行五德终始说。战国时期的五行学说将象征王朝正统性的"德运"和五行、颜色对应起来。秦为水德，汉初否定秦而自居水德，武帝时改为土德。王莽篡汉时便利用德运学说，以汉为火德，自居为黄德即土德，以证明自己是汉朝的合法继承人（火生土）。王莽失败后，东汉恢复"火德"，黄老道则发展出水（末日洪水）克火（汉火德）、土（黄德）克水（末日拯救）的思想，形成了末日来临和黄德当立的主张。

此后黄老道势力不断上升，东汉诸帝均与其有接触往来。延熹八年（165年），桓帝梦老子而命边韶撰《老子铭》，次年又"祀黄老于北宫濯龙中"。然而汉帝没有接受道教的改元主张，于是道教转换方向，在民间制造舆论，以至于"桓灵之间，诸明图纬者，皆言汉行气尽，黄家当立"。

参与桓帝祭祀黄老的一个关键人物是曹操的祖父曹腾。桓帝从小被宦官曹腾服侍，故而对曹腾宠信有加，撰写《老子铭》的边韶亦是曹腾所荐，可见曹腾与黄老道关系密切。著名历史学家杨宽先生即认为："曹腾是汉桓帝的亲信宦官，必然也参与其事，信奉了'黄老道'。曹操早年就信奉'黄老道'，该是出于家学渊源。曹操一直到死，也没有完全摆脱这种'道'的信仰，在他晚年居住的洛阳宫殿里，也还有专祠黄老的'濯龙祠'。"

曹操出生于信奉黄老道的家族，于黄老道有着家学渊源，故而早年便刻意营造自己"得天命"的舆论。何颙见曹操时说："汉家将亡，安天下者必此人也。"桥玄说："今天下将乱，安生民者，其在君乎！"阮瑀更是声称"奕奕天门开，大魏应期运"。这些名士的言论都成为影响力极大的社会舆论。曹操还吸纳了众多方士为曹魏天命鼓吹，打造自己道教"救世主"的形象。

黄巾军：曹操的第一桶金

陈寅恪说，"吾国政治革命，其兴起之时往往杂有宗教神秘性质"，黄巾起义正是如此。汉末百姓"有七死而无一生"，长期处于残暴剥削和末日预言之下，心理承受力和忍耐力都已趋极限，近乎崩溃，朝廷已处在火山口上，道教民众运动应运而生。原本只有十二卷的《天官历包元太平经》被增补改订为一百七十卷的《太平清领书》，巨鹿人张角便以此为纲领，宣扬道教，尊"中黄太乙"为至尊天神，得徒众数十万，遍布青、徐、幽、冀、荆、扬、兖、豫八州。

灵帝光和七年（184年），张角自称"大贤良师"，以"苍天已死，黄天当立，岁在甲子，天下大吉"为口号发动起义，各地组织纷纷响应，百姓闻风而起，战火点燃了神州大地，起义也遭到了朝廷的疯狂反扑。张角去世后，黄巾军主力失败，各地黄巾军仍前仆后继地战斗，始终没有首领称王称帝。二十余年间，黄巾军始终坚信，起义目标不是自己称王称帝，而是要迎候"黄天"到来。

初平三年（192年），曹操在攻打青州黄巾军时，收到黄巾军的来信，但这封信并非战书，反倒像是一封劝降书：

> 昔在济南，毁坏神坛，其道乃与中黄太乙同，似若知道，今更迷惑。汉行已尽，黄家当立。天之大运，非君才力所能存也。
>
> ——《三国志》卷一《武帝纪》注引《魏晋世语》

黄巾军之所以会给曹操写这样一封信，是因为曹操任济南相期间（184—187年）曾禁绝齐地祭祀汉初的城阳景王刘章，大举捣毁神坛。故在黄巾军信众眼中，曹操反对神坛祭祀，那就是与道家的反对巫术思想一致，甚至和他们一样认可存思之法，尊崇"中黄太乙"。有学者认为，这里的存思之法是道教修炼之法，是后来晋代以"上丹田"脑神存思为核心的上清派道法的前身。

"道"既相同，故黄巾军劝告曹操不要与天命作对。据《魏书》记载，曹操接到信后表面上叱骂，暗地里却数次向黄巾军"开示降路"，边进攻边劝降，迫使黄巾军倒向自己。因此，历史学者姜生先生总结道："假如曹操不是道教中人，双手沾满了农民起义之士鲜血的他又如何能得到农民起义军的信任？应当说，其共同的信仰应为此之基石。"

正是因为有共同宗教信仰作为基石，青州黄巾军选择了认可曹操的"黄天"地位，主动来投，曹操方能以万余兵力收编了兵员多达三十余万的青州黄巾军，编成"青州兵"。青州兵战力极强，成为曹操逐鹿天下的"第一桶金"。这支军队一直保持独立编制，对外宣扬曹操的宗教地位。从家族信仰到社会舆论再到青州兵的认可，曹操的宗教声名广为传播，为此后平定中原奠定了舆论基础。曹操去世后，青州兵"以为天下将乱，皆鸣鼓擅去"，也证明了他们只认可曹操的"黄天"地位。

宁为魏公奴：张鲁的归降

《剑桥中国秦汉史》指出，东汉末年的道教运动分为两支，其领袖都姓张。东支是以张角、张宝、张梁兄弟三人为领袖的道教太平道，掀起了旷日持久的黄巾军起义。西支则是张道陵、张衡、张鲁祖孙三代一脉相承的正一盟威道，又称天师道，因信徒入教需支付五斗米的费用，故时人多称"五斗米教"。天师道首领张鲁在汉中建立了政教合一的割据政权，虽然在汉中大战中曹操败于刘备，丧失对汉中地区的控制，但天师道最终还是选择了归降曹操。

东汉建安二十年（215年），曹操率大军西击汉中。张鲁欲举汉中降曹，但其弟张卫坚决反对，率领数万人据关坚守。关破后张鲁又想投降，虽在部下的劝说下逃入巴中，但还是说："今之走，避锐锋，非有恶意。"此后张鲁落魄巴中，断然拒绝刘备招抚，声称"宁为魏公奴，不为刘备上客也"，这背后就有宗教因素。

"西三张"系汉初张良后裔，祖孙三代是天师道始祖天师张道陵、嗣师张衡、系师张鲁。张鲁之母与益州牧刘焉关系密切，因此张鲁获得刘焉信任，与别部司马张修率军夺取汉中。后张鲁袭杀张修，自行割据汉中，建立天师道政教合一政权。张鲁自称"师君"，下设"祭酒"，各领部众，创立义舍，雄踞汉中三十年。有历史学家怀疑，张修才是天师道始祖，张鲁是剽窃其法而捏造了父祖历史，历史上其实并无张道陵其人，张道陵著作《老子想尔注》应为张鲁手笔。

张鲁的天师道与黄巾军一样，都承载了汉末的黄老思想。因此，张鲁同样相信汉家的末日即将到来，自己要带领信众寻找"黄天"的庇佑。所以，同黄巾军一样，即使有人劝说张鲁称帝，张鲁也断然拒绝。曹操家族有着深厚的黄老信仰背景，加上他招降青州兵为自己打造多年的"人设"，都成了张鲁对曹操抱有好感的理由。故而，即使在被曹操打败后，张鲁依旧声称自己没有"恶意"，甚至将自己的"宝货仓库"尽数封藏，留给曹操。

最终，在乱世之中，张鲁拒绝刘备而选择曹操。这一系列举动都是出于其宗教信仰的考虑。

投降后，曹操拜张鲁为镇南将军，封阆中侯，食邑万户，与其结为姻亲，封其五子为列侯。张鲁得以"位尊上将，体及人臣，五子十室，荣并爵均"，曹操还将原巴蜀、汉中地区的大批教民迁往中原，希望通过笼络张鲁彰显自己的宗教地位，可谓用心深远。魏晋以后，官僚大族信奉天师道者极多，可见曹魏支持下的天师道在中原传播之广。

天命所归：曹魏代汉背后的天命人心

终结乱世归根结底得用武力，却也要重视天命人心的归属。

曹操以武力平定中原，道教中的"黄天""黄德"归属于曹操，实际上是曹操在现实政治中实力的体现。曹操的高明之处在于特别善于利用和控制道教为自己宣扬"天命"，收拢人心。汉末道教形成了以"东三张"（张角、张宝、张梁）为领袖的太平道教团和以

"西三张"（张道陵、张衡、张鲁）为领袖的天师道政教合一政权。伴随着青州黄巾军被收编和张鲁率教民归降，道教东西两支教团势力已经同归曹操麾下。

除东西教团外，道教还有若干方士，或是"游于太学"，干预政治，或是散布民间，"妖言惑众"。曹操在削平群雄的过程中，每攻下一地，即网罗人才，尤其是在平定袁绍后大规模召集各地方士到邺城[1]，一方面采纳其方术养生，一方面规范、引导他们为曹氏天命鼓吹。至此，曹操已经掌握了汉末代表"天命"的两种四派势力：奉旧"天命"的汉家天子和预示新天命的黄巾军、天师道、术士三派势力。

曹操去世前，有部下主张其称帝，被曹操断然拒绝。在曹操的构想中，要等待时机，"遵舜、禹之轨"实现禅让，使汉"赤德"生"黄（土）德"的德运逻辑成为魏国代汉的政治现实。建安二十五年（220年），曹操去世，曹氏的"天命"相应转移到曹丕身上。延康元年（220年）十月，[2]汉献帝禅位于魏王曹丕，曹丕称皇帝，定都洛阳，建元"黄初"，正意味着曹魏作为得"土德"之运的"黄家"，继"天命"正统而立国。

曹魏建国牢牢掌握控制了汉家"天命"，利用了汉末渴望"黄家"的宗教氛围，通过道教的一番鼓吹，把"黄德"这一虚无缥缈

---

[1] 曹操灭袁绍后，便将邺城作为自身势力的一大基地。建安十八年曹操授封魏公后，也将邺城作为自己封国的都城。——编者注
[2] 建安二十五年三月，献帝改元为延康元年；十月，曹丕称帝代汉。——编者注

的观念转化为赢得人心、夺取政权的关键，实现了魏国代汉。刘备于曹丕受禅后标榜"黄气""黄龙"等祥瑞称帝，亦是"黄德"，奈何晚矣，更与蜀汉兴复汉室的战略相矛盾；而孙吴先后建元"黄武""黄龙"也有类似考量，却也是东施效颦，三国归一的命运已经注定。

【编者按】

曹操巧妙地利用黄老道宗教思想，为自己笼络住了一批下层百姓和道教方士。这种自下而上地争取民心的方法，与他通过"挟天子以令诸侯"的手段，自上而下掌控帝国士族之心的方法相配合，为曹魏的崛起奠定了坚实的基础。故而在"得人心者得天下"这方面，曹操的表现丝毫不次于刘备和孙氏父子。这其中有一个非常鲜明的对比，那就是：青州兵和张鲁的黄老道势力誓死追随曹操，而江东的黄老道代表于吉却惨遭孙策的屠戮。孙策为何要这么做？难道孙策不知道人心的重要吗？下篇文章将揭示江东孙氏家族与曹操不同的争取人心之路。

参考文献：

史料：

[晋]陈寿：《三国志》。

专著：

1. 陈寅恪：《金明馆丛稿初编》，生活·读书·新知三联书店，2015年。
2. 郭沫若、翦伯赞等：《曹操论集》，生活·读书·新知三联书店，1960年。
3. 吕思勉：《三国史话》，中华书局，2009年。
4. 田余庆：《秦汉魏晋史探微》，中华书局，2004年。
5. 王仲荦：《曹操》，上海人民出版社，1956年。
6. 周一良：《魏晋南北朝史札记》，中华书局，1985年。
7. [英]崔瑞德、[英]鲁唯一等：《剑桥中国秦汉史》，杨品泉译，中国社会科学出版社，1992年。

论文：

1. 姜生：《原始道教之兴起与两汉社会秩序》，《中国社会科学》，2000年第6期。
2. 姜生：《曹操与原始道教》，《历史研究》，2011年第1期。
3. 熊德基：《〈太平经〉的作者和思想及其与黄巾和天师道的关系》，《历史研究》，1962年第4期。

杀戮与笼络：孙吴政权的建国之路

王满损

东汉末年纷乱的政局，很大程度上是黄巾起义造成的。黄巾起义的爆发，除了东汉末年的暴政，和道教自身的发展也不无关系。孱弱的东汉朝廷无法独自镇压如此大规模的起义，只能依靠地方望族，让他们组织乡曲武装来保护自己。当黄巾军被镇压下去后，各个地方的武装力量也得到了充分发展，并原封不动地保存了下来。东汉近两百年的大一统局面也终于在林立的地方割据势力中走向崩溃。

三国的历史就是由几个有实力的割据政权主导，各自凝聚一片人心，将无序的社会秩序重新拉回有序轨道的过程。地处江东的孙吴政权就是如此。那么，他们是如何做到芟夷群雄、立足江东的呢？

江"西"猛虎：孙氏集团的淮泗地方属性

考察一个政权集团，其中很重要的一个要素就是其地方属性，以及这种地方属性的转移。

东汉初平四年（193年），人称"江东猛虎"的孙坚奉袁术之命讨伐荆州太守刘表，不料途中遭到刘表部将吕公的袭击。吕公在两边山峡设下伏兵，孙坚被抛出的落石击中头部，脑浆迸裂而死。[1]罗贯中曾赞扬孙坚："谁道江南少将才？明星夜夜照文台。"而这样一代将星，还未能逞其雄才野心，便陡然中道身亡。丧乱之中，其子孙策带领旧部回到了守备相对虚弱的江东，寻求自身政治和军事的发展。

孙坚是吴郡富春（今浙江杭州）人，本是土生土长的江东人氏。事实上，这个籍贯并没有让孙氏家族获得当地大族的认可。原因有二：

首先，孙坚军队的主力不是江东籍士兵。孙坚自征讨会稽"妖贼"有功，就被封为盐渎丞，此后又历任盱眙丞、下邳丞。孙坚任官的区域处于淮水和泗水流域（包括山东西南、江苏北部及安徽北部地区），这里成为孙坚早期部属将领的主要来源。自孙坚招募江东子弟兵北去，奉袁术之争夺中原以来，已过去了近二十年，最早的江东部卒早已经零落殆尽。这期间孙坚自然只能就近补充兵力，导致江东兵的比例越来越低，孙氏部曲的乡土中心也就渐渐转移到了中原地区，而不再具有江东特色。回到江东之后，孙氏政权已经没有了本地化的地缘优势，在江东人眼中俨然成为一个外来统治集团。

其次，孙坚所在的家族本非江东望族，在当地大族间不受重

---

[1] 孙坚之死，史书有两种说法。据《典略》载，初平三年（192年），孙坚征讨刘表时，被刘表部将黄祖伏击，"祖部兵从竹木间暗射坚，杀之"。而据《英雄志》载，初平四年正月初七，孙坚遭吕公伏击，"公兵下石，中坚头，应时脑出物故"。——编者注

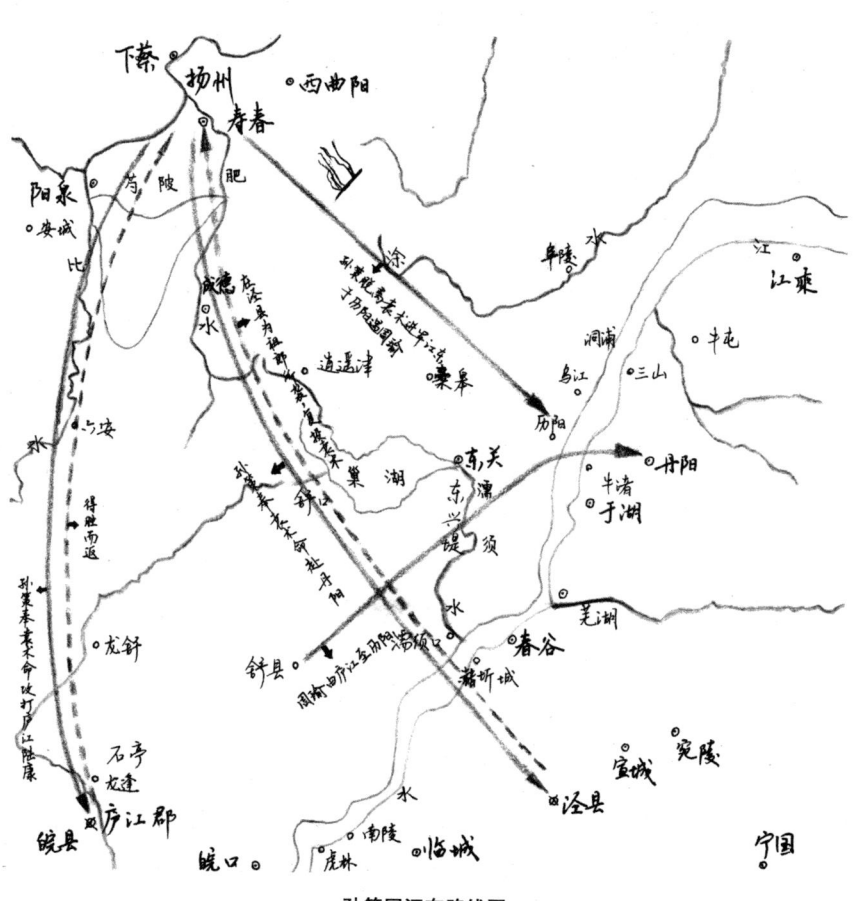

孙策回江东路线图

视。有零散记载称，孙坚的祖父曾遭遇荒年，只能以卖瓜为业。孙权称帝之后，没有按惯例设祖宗七庙，仅仅为孙坚、孙策设立了祠庙。一方面这可能与孙权称帝后不"郊祀"一样，出于对孙吴政权正统性的不自信；另一方面更有可能是祖先无可称述，以此略去不表，遮掩隐情。陈寿在《三国志》中，虽没有具体提及孙坚家世，但也评价孙坚"孤微发迹"，可见孙坚家族的出身确实卑微。要知道，在世家豪族当道的东汉末年，连"阉宦之后"的曹操都一直被人鄙视，祖上卖瓜的孙坚，自然很难被江东的望族接受。

孙策向袁术讨回孙坚余部、准备过江时，手下的将领多是出于淮泗地区的"江西人"[1]。如孙策的堂弟孙瑜开始率领兵众时，"宾客诸将多江西人，[孙]瑜虚心绥附，得其欢心"，也就是说，孙策的部曲主力仍然长期保有淮泗色彩。尽管有的谋士或将领和孙坚一样出自江东，但经过多年的征战已经融入了淮泗集团，不能再被视为江东人物了。孙策在江东征战所收的本地"离散"，也多是"乌集之众""散附之士"，很难成为孙氏的主要作战部队。

孙策出自"篡汉逆贼"袁术手下，此番对江东用兵，在相对偏僻隔绝的江东的士大夫看来，无疑是对东汉法统的蔑视和挑战。

当时，流寓江表的名士许靖在给曹操的信中，描述孙策平定江东的过程说："正礼[即当时的扬州刺史刘繇]师退，术兵前进；会稽倾覆，景兴[即会稽太守王朗，也就是后来的'王司徒']失

---

[1] 长江在流经今安徽境内时，由西南流向东北，因而划分出了"江东"与"江西"，淮泗地区在当时即被称作"江西"。——编者注

据。"许靖直接描述孙策为"术兵",便可看出从东汉法统的角度而言,士大夫对孙家的排斥抗拒不言而喻。这种局面预示的就是,孙氏家族试图在江东地区建立稳固政权的过程注定很不轻松,充满曲折。再加上贯穿孙吴建国始终的地方山越、宗伍问题,孙氏政权辖境内的基层社会一直都不是铁板一块。

江东小霸王:孙策与江东大族矛盾的爆发

江西"外来者",外加"逆贼爪牙"——这样的人设让孙策很难在江东立足。因此,孙策一开始想要依靠时任扬州刺史、尊奉东汉的宗室刘繇,来博得江东望族的好感。可孙策进攻江北的庐江,围城长达两年,太守陆康病死城中,其宗族百余人饿死近半。陆氏是吴郡大族,因孙策而落得如此下场,这让整个江东感到震恐。驻守曲阿的刘繇也感到震惊,将孙家手下的部曲遣回了江北,设兵防备。孙策从此才过江作战,开始了对江东的征服。

《后出师表》有言:

> 刘繇、王朗,各据州郡,论安言计,动引圣人,群疑满腹,众难塞胸,今岁不战,明年不征,使孙策坐大,遂并江东。

刘繇和王朗并非将才,在用兵作战上根本不是孙策的对手。事实上,刘繇和王朗作为外来者来到江东,只能作为东汉王朝的象征,本来就没有什么坚固的根基,这一点同孙策一样。孙策消除了代表东汉的力量,却无法获得当地大族的支持,这种或明或暗的冲突和对抗,几乎延续了整个东吴时代。

孙氏诛戮江东英豪,在吴国的史书中并不彰显。有的说孙策"斗转千里,尽有江南之地,诛其名豪,威行邻国"。史家经过寻绎,找到了孙策所诛的多个江东大族,如许贡,盛宪,周昕、周昂、周㬂三兄弟,以及王晟等。除了许贡本是中原人士,来吴郡做太守外,其余数姓皆是江东本地望族,他们几乎都不再见于其后的江东政权当中,其家湮没草莽,良足嗟叹。与此同时,江东地区的黄老道领袖于吉,也在孙策整肃江东的过程中被杀害。

这场整肃,首先成为曹操对江东发动战争的借口。江东士人与中原交流紧密,互通声气。江东的盛宪"有天下大名",当时大名鼎鼎的中原名士如孔融,都是其晚辈,以能与盛宪结交为荣,一直写信给曹操,希望能以汉帝的名义征盛宪入朝;因此他受到孙策的深深忌恨,终为其所害,不仅家人罹难,连门生故吏也都惨遭波及。这些事件都给了曹操征伐的口实。

其次,长期困扰孙氏的山越问题也与此不无关系。山越,正如名字所显示的,是流窜山间的越人;虽然名之为"越",但实际上又不仅仅限于越人。一方面,北迁的越人经过两汉数百年的浸染,已经很大程度上汉化,和汉人没有什么区别;另一方面,江东汉人回避孙策,往往一同流入山林,组成了乡野武装,长期进行游击战争。其中在州郡的大族英豪,本来就有自己的宗族武装,加上收留流民,与山越沟通消息、相互配合,在南方丛林之间阻挠孙吴对土地和劳动力的占有。

更可怕的是，孙策还要面对淮泗集团内部出现的离心倾向——东汉末年政局多变，有谁能保证孙家真能长久立足江东呢？《江表传》记载了这样一段故事：道士于吉来到吴会，正逢孙策在郡城门楼上集合宾客将领。三分之二的将领宾客都走下城楼，迎接于吉，置孙策于不顾。孙策登时大怒："此子妖妄，能幻惑众心，远使诸将不复相顾君臣之礼，尽委策下楼拜之，不可不除也！"于是不顾众人劝阻，怒杀于吉。从此事便可看出，孙策很大程度上并不被淮泗集团的部下所尊重。北方稳定之后，曹操发布的征发流寓各地士人的诏令对南来的宾客有很大的震动。孙策几乎不放自己手下的北士应召，这才得以保持住淮泗集团没有瓦解。

建安五年（200年），被孙策所杀的许贡的门客埋伏山林，击伤孙策，致其死亡。而《三国演义》中，孙策之死则更加戏谑：孙策遭到刺杀受伤后，数次遇到于吉的鬼魂索命，最终在惊恐中"金疮迸裂，昏绝于地"，不久死去。不得不说这是孙策实行残酷政策的直接写照。

猛虎归山：孙权政权与江东大族的结合及其江东化

孙策临死之前，对孙权说了一段著名的话：

> 举江东之众，决机于两陈之间，与天下争衡，卿不如我；

举贤任能，各尽其心，以保江东，我不如卿。

——《三国志》卷四十六《孙破虏讨逆传》

作为兄长，孙策很了解自己的这个弟弟。在他眼中，孙权的性格并不适宜延续孙策的强势手腕。"杀戮"和"笼络"同为统治江东的手段，二者缺一不可，更应保持平衡。孙策锐意进取，以铁腕统治江东，"诛其英豪，威行邻国"，但只重"杀戮"，以致得罪江东大族、吴地的黄老道势力；还未等顾及"笼络"时，便遭杀身之祸。因此，孙策的这段遗言也可视为孙策对孙权提出的政策转向要求。

于是，孙权掌权后，更加注重选贤纳士。孙策去世前托命张昭和周瑜，他们作为北士，共同营造了尊重贤能、优礼士人的政治环境。淮泗人士，诸如鲁肃、诸葛瑾等后来在东吴发挥重要作用的将军谋士，本不亲附孙策，但在新的环境下都进入幕府，成为孙权的得力干将。淮泗人只有在江东立足，有所依靠，才能保证淮泗集团内部的稳定，这是孙氏家族进入江东建立政权的政治基础。随后，出于长远考虑，吸收江东人士进入政权，乃至最后彻底江东化，是孙吴的必然选择。

在开始的时候，孙权一方面需要江东士族来补充统治力量，另一方面也不得不对这些大族有所防备。因而相应地，江东大族一方面看到自己的前途只能依靠孙氏，在等待孙氏政权更有分量的政策，另一方面也不肯真正倾心辅佐，不肯相信孙吴政权。

这种复杂的心态直接体现在孙权对江东大族的态度上。会稽的魏、虞诸族在孙权的虚与委蛇中贬徙他乡，但他们比之前盛、周家族的命运要好一些。而到了中期，吴会望族，比如陆氏、顾氏，就比会稽望族命运要好很多。

陆绩是吴郡大族陆康之子，出于身家仇恨，对孙权有着比较抗拒的情绪；但到了陆绩之侄陆逊，情况就大不一样了。陆逊不是吴郡望族陆氏嫡传，在侍奉孙氏政权的道路上更加隐忍。他从平定山越起家，逐渐发展自己的军事势力；直到主持夷陵之战时，仍然不被淮泗旧贵族尊重接纳，但是，夷陵之战的巨大成功，奠定了他在军事上的重要地位。自此，荆湘上游诸军事无不由陆家子弟把持，孙氏政权在军事上完成了江东化的进程。

同时，孙权也主动寻求与陆家和解。为此，孙权将自己的侄女，也就是孙策的女儿嫁给陆逊，让孙陆两家得以在表面上化仇为亲。淮泗集团与江东士族之间的政治运势也就此逐渐逆转。随后孙权称帝，顾雍作为吴郡著姓的代表而登上宰相高位，标志着政治上的江东化也几近完成。

孙吴政权与江东大族完成了和解。孙吴政权在大族的支持下得以稳固，而江东大族在孙氏的包庇和纵容下，也得到了前所未有的快速发展，各地盘踞，不可动摇。例如陆逊食邑只有一县，却拥有上万的部曲；而当初显贵如周瑜者，食邑四县，私兵部曲也不过数千而已。军将实力显著增强，也可以作为江东士族势力后期发展的一个侧面。

孙氏集团在入主江东的过程中，可谓历经坎坷。在这个过程中，领袖的个人性格和素质产生了一定的影响。宋人晁补之评价说：

> 吴人轻而无谋，自古记之矣。孙坚、孙策皆无王霸器。坚轻骑从敌，策暂出遇仇，俱以轻败。虽赖周瑜、鲁肃辈辅权嗣立，亦权稍持重，故卒建吴国也。
>
> ——《济北晁先生鸡肋集》

孙坚、孙策父子性格缺乏持重谨慎，好逞匹夫之勇，以致二人盛年之时陡然死于非命。这在当时江东复杂的情势之下，无疑增大了统治集团内部的不确定性。孙权才具足够，稍能持重，保证了统治集团核心的稳定，这也是稳固江东地区统治的内部保障。

从孙策到孙权，孙氏集团政策的调整，是为了在"杀戮"与"笼络"之间寻找不易的平衡，这体现出的是江东局势的复杂性。为此，孙氏集团历经二代三主，通过一段独特而困难的内部整合的过程，终于完全获得了江东的人心。这也是孙吴在江东地区建立统治最早、称帝却是三国中最晚的原因之一。

猛虎须居山林，才可为百兽之王；若脱离了山林，便会虎落平阳。对于孙氏政权来说，他们标榜的故乡江东，就是他们立足的"山林"。因此他们不得不走江东化的路子。这是孙吴在面对错综复杂的扬州地区政治形势时，出于最直接的政治利益，做出的必然选择。当然，政权江东化同样限制着孙吴政权的发展。政权性质发生转变，孙吴又从何处觅得统治全国的法统？地方士族也难有动力去追逐远在中原的遥不可及的法统，而越发呈现出保守的政治面貌。孙氏政权渐渐失去了逐鹿中原的机会，自甘地处江南一隅，作为一个地方性的政权，成为中原王朝的前声和映象。最后，"王濬楼船下益州，金陵王气黯然收"。孙权死后不到三十年，孙吴也随之走向灭亡。

【编者按】

　　孙氏在江东的创业经历，突显出一点：想要在东汉末年裂土割据并长治久安，就必须获得士人阶层的支持。孙氏初在江西创业，无疑要倚仗当地的淮泗士人，而后来在江东立足，同样也需江东士族的认可。为了平衡各方势力，获得人心，孙策、孙权软硬兼施，付出了诸多代价，才获得成功。

　　那么，相比孙氏，创业过程中更加"颠沛流离"的刘备又是如何获得士人之心，奠定蜀汉基业的呢？就让我们从那段广为人知的千古佳话"三顾茅庐"讲起，看看"卧龙"之心如何为刘备所收。

参考文献：

史料：

1. [晋] 陈寿：《三国志》。
2. [宋] 晁补之：《济北晁先生鸡肋集》。

论文：

1. 唐长孺：《孙吴建国及汉末江南的宗部与山越》，《魏晋南北朝史论丛》，中华书局，2011年。
2. 田余庆：《孙吴建国的道路——论孙吴政权的江东化》，《秦汉魏晋史探微》，中华书局，2004年。
3. 田余庆：《暨艳案及相关问题——再论孙吴政权的江东化》，《秦汉魏晋史探微》，中华书局，2004年。

三顾茅庐是诸葛亮在惺惺作态吗?

不识字

历来说君臣关系融洽都会提到刘备和诸葛亮,尤其是刘备三顾茅庐请诸葛亮出山,那是多少怀才不遇的知识分子梦寐以求的事情。让我们仔细回味下小说《三国演义》里的经典描述——刘备听了徐庶和水镜先生的推荐,开始对诸葛亮日思夜想。第一次去访隆中,与诸葛亮擦肩而过(童子曰:"先生今早出出。");第二次去,只见到诸葛亮的弟弟诸葛均和一帮闲散野人;第三次终于见到诸葛亮本人,一番恳求后,刘备把他请下了山。

刘备百折不挠,求贤若渴,经受住了诸葛亮的考验;而诸葛亮从此委身侍奉,至死不渝。这便是"三顾茅庐"的佳话,令人神往。

三顾疑点

但小说毕竟是虚构的,在正史里,情节并没那么丰富。陈寿的《三国志·诸葛亮传》对此事的记载很简单,只有一句话:"由是先主遂诣亮,凡三往,乃见。"意思是刘备主动去往隆中拜访诸葛亮,一共去了三次("凡三往"中"三"为虚数,意为多次,为叙述方便，本文姑且认作三次）才见到。这和演义里的整体情节基本一致，只是具体细节没有罗贯中描绘得那样一波三折，吊人胃口。

而《魏略》的说法大有不同。根据《魏略》的记载，是诸葛亮主动去樊城拜见刘备的，开始时他只被当作一般宾客对待，后来刘备知道诸葛亮"有英略"，才将其奉为上宾。

在两家各执一词的情况下，南朝宋人裴松之在为《三国志》作注时指出，诸葛亮曾在《出师表》中说："先帝不以臣卑鄙，猥自枉屈，三顾臣于草庐之中，咨臣以当世之事。"证据确凿，确实是刘备主动去访隆中，三次才请出了诸葛亮的。

现在大多数人执此观点，笔者也不例外。但这种观点存在两处疑点：一、诸葛亮既有出仕之心，为什么自己不主动投奔刘备？二、当刘备亲自去请诸葛亮出山时，为何会有去了三次才见到诸葛亮的情况？

先说疑点一。从君臣关系来看，刘备虽穷困新野却为"君"，而诸葛亮虽未出仕也为"臣"，以君主的身份去拜见臣下的情况，自古少之又少，距当时最近的还是几百年前齐桓公见小臣稷的传说。况且那是春秋时代，而经历过两汉大一统的三国时期，已不流行这种君臣风度。与诸葛亮同时代的谋臣，如荀彧、郭嘉、贾诩、陈宫、张昭、法正等，哪个不是主动择木而栖，偏偏只有诸葛亮"搞特殊"，要刘备亲自来请，不奇怪吗？

再说疑点二。关于去草庐的频率问题，在《三国演义》里，罗贯中提出了一个"偶然说"，即刘备前两次无功而返只是一种遗憾的错过。很显然，这不过是小说家笔下的一种美好假想。事实上，以诸葛亮后来展现的缜密心思，若他真想早点儿见到刘备，很难想象这种"偶然"会连续发生两次。可以说，这只可能是诸葛亮故意为之，是他刻意制造了前两次的"偶然"。

至此，两个疑点合为一：诸葛亮为何要刘备主动、多次前来拜访？当下最为流行的解释是，这是一种考验——诸葛亮想要测试刘备的诚意。其一，诸葛亮掌握主动性。谋臣最高的追求是什么？莫过于君主对其言听计从。诸葛亮如此行事，等于在告诉刘备：是你主动来请我的，日后相随时若对我所言半理不睬，我尽可一走了之。其二，频率反映地位。诸葛亮"每自比于管仲、乐毅"，很露骨地表明了野心——不出仕则罢，要出仕则要"一人之下，万人之上"。要达此目的，必须突显自己的重要性。一两次的来访是不够的，重要的事情尚且要说三遍，确认过眼神又很重要的人，让他来访三次怎么了？

刘备的性格

不得不说，这个解释确实合乎情理，也为大众所接受。只是，对于一件事情，只从动机和利益的角度来揣测是远远不够的；事在人为，对当事人自身的分析是必不可少的，这之中又以对当事人性格的分析最重要。诸葛亮且先不论，只说刘备一人，只要了解他的性格，便会发觉事情并不是那么回事。

刘备给人留下的印象，主要是仁义、感性（哭得挺多的）、坚韧等,但从一些经典的片段还可以窥得其性格的另一面。以许汜为例。

有一次,许汜来到荆州,见了刘备。二人在荆州牧刘表那里,议论天下人物。谈到曾在徐州牧陶谦手下担任典农校尉的陈登,许汜说:"陈登这个人,虽然很有名望,但是性情粗野,不能礼贤下士。"

刘备曾在徐州多年,素与陈登相熟,便说:"你说陈登性情粗野,不能礼贤下士,可有什么根据吗?"

许汜回答:"以前我遭受祸乱,四处奔走,有一次路过下邳,便去拜见陈登。他见到我很不热情,没有一点儿主客之礼,很长时间不与我说话。到晚上睡觉的时候,他自己睡大床,让我睡下床,真是有些傲慢。"

刘备当即表示:"许先生虽有国士的名望,但如今天下大乱,你本应在此国难之时忧国忘家,济世救民,可你却只顾置买田舍,把国家大事抛在脑后,这正是元龙(陈登字元龙)所厌恶的,他和你还有什么话说呢?"

说罢,留下许汜在那里独自一脸尴尬。

这个片段出自《三国志·陈登传》,史称"求田问舍"。这里的刘备,好像和那个说话温柔、与人为善的"大耳朵"判若两人?没错!辛弃疾说"求田问舍,怕应羞见,刘郎才气",就是打心底里佩服这个屡败屡战、胸怀天下的刘玄德。刘备虽为政治家,骨子里却是个有理想的热血青年。东汉末年分三国,说不清对与错,但刘备是实实在在想为这乱世做些事情的。在自己价值观的引导下,他讨厌故作清高的隐士,这一点在他的性格里不容忽视。

再回到三顾茅庐。不出意外地，现下任何人都能发现，躬耕南阳不问世事、两次躲避刘备造访的诸葛亮，他的做法岂无求田问舍之嫌？而且，这时候出现了戏剧性的一幕：一个讨厌隐士的主公，一个故作姿态的谋士，这样的两个人居然最后走到了一起！

这是一对显而易见的矛盾，如果硬要解释的话，那么真相只有一个：两者中有一个是不实的。

求田问舍的典故载自正史《三国志》，很难有假；而"诸葛亮故作姿态"则是后人的揣测和解读，会不会是这里出现了误解呢？答案是肯定的。事实上，关于三顾茅庐中诸葛亮的所作所为，后人总是单一地用过多的利益关系去解读，而很少从性格的角度去思考这个问题。"三顾茅庐"是为名为利的一场作秀吗？绝非如此。依笔者之言，在诸葛亮一次次反常的自比中，我们或许能看出一些端倪。

乐毅的影响

一切要从诸葛亮的偶像乐毅说起。

在南阳躬耕的日子里，诸葛亮最爱干两件事，一是吟诵《梁父吟》，二是自比于管仲、乐毅。管仲自不用多说，他相齐期间，在内以法治国、发展商业，对外尊王攘夷、九合诸侯，最终辅佐齐桓公成就春秋霸业，是一个令无数人仰慕的千古名相。诸葛亮不顾旁人闲语而敢自比于管仲，可以说是一种超级自信的表现。而与此同时，诸葛亮又把自己比作另一位战国名将乐毅，这其中的意味就有些深远了。

自司马迁著《史记》把管仲、晏婴合为一传以来，"管晏"就成了后世知识分子追求的最高理想之一。西汉的公孙弘在奏对中"管晏"并称，谷永在上书中说"执管晏之操"；在东汉，班固则有"伊、吕、管、晏之任"的说法……总之，大家一般都习惯把管仲、晏婴放在一起，叫作"管晏"，这是一种时代潮流，而创造性地把管仲、乐毅放在一起并作"管乐"的，诸葛亮是自古以来第一人。再者，在三国时代，与诸葛亮同样傲视天下者、自比管仲者有之，自比乐毅者则无。因为在时人看来，乐毅与管仲不在一个级别，他只是吕布、孟达之流的选择，[1] 像诸葛亮这样"少有逸群之才，英霸之器"的人，乐毅根本不能与之相匹配。故而，西晋人张辅对此表示不解："殆将与伊、吕争俦，岂徒乐毅为伍哉？"从春秋至两汉，不乏绝世名将，诸葛亮却如此热衷于不太"入流"的乐毅，这颇有些傲娇的"逆潮流"操作，会不会有其深意呢？

其实，如果仔细研究一下乐毅的生平，就会发现他身上隐然存在一种与众不同的气质，而这股独特的气质，正是年轻的诸葛亮钟

---

[1] 吕布、孟达均曾自比乐毅。据《英雄记》载，琅邪国相萧建驻于莒城，"保城自守，不与布通"，吕布给萧建写信，欲与其交好，信中提及："布虽非乐毅，君亦非田单，可取布书与智者详共议之。"据《魏略》载，关羽被杀后，刘备迁怒于刘封、孟达不救，欲降罪二人，孟达惧而奔魏，临行前向刘备上表，表中曰："子胥至忠诛于君，蒙恬拓境而被大刑，乐毅破齐而遭逸佚，臣每读其书，未尝不慷慨流涕，而亲当其事，益以伤绝。"而《傅子》中也记载，当时"孟达去刘备归文帝，论者多称有乐毅之量"。——编者注

爱他的理由。

乐毅，中山灵寿人，战国时期燕国名将。他受燕昭王信任，率领五国联军攻打齐国，连下七十余城，几乎灭齐。后来遭继任的燕惠王猜忌并临阵换将，功败垂成，而他本人也不得不出走赵国。

这个故事一般人都耳熟能详，而他出走赵国后发生的事，却鲜有人知：

燕惠王使骑劫代乐毅为将，骑劫骄傲自大，不久便败于齐人田单的火牛阵，燕国占领的齐土在一夜之间得而复失。遭到如此大败，燕惠王很没面子，于是放下架子给乐毅写了一封信，信上说：

> 先王举国而委将军，将军为燕破齐，报先王之仇，天下莫不震动，寡人岂敢一日而忘将军之功哉！会先王弃群臣，寡人新即位，左右误寡人。寡人之使骑劫代将军，为将军久暴露于外，故召将军且休，计事。将军过听，以与寡人有隙，遂捐燕归赵。将军自为计则可矣，而亦何以报先王之所以遇将军之意乎？
>
> ——《史记》卷八十《乐毅列传》

不愧是做君王的，燕惠王人狠话不多，主要意思有两层：一、我临阵换将并不是猜忌而是出于一番好意，是你乐毅误会了我；二、你乐毅出走赵国，对不起先王（燕昭王）的知遇之恩。

按理说，人家是一国之君，能主动给你写信请你回来，已经是君恩浩荡，换一般人，早就惶恐万端，感激涕零，被彻底"拿下"了。可乐毅偏偏没有，他在看完燕惠王的一通狡辩后，立刻提笔回了一封信。在回信里，乐毅有理有据、不卑不亢地数落了燕惠王的种种不是，也从容坦荡、情真意切地感激了先王对他的知遇之恩。全信比较长，但读起来一气呵成，颇有气势，这就是大名鼎鼎的《报遗燕惠王书》。

这封书信，可以说是自古以来第一次正面阐释君臣二元对立关系的杰作。钱穆先生在《国史新论》中说：

> 燕国有乐毅……其《报燕昭王书》[即《报遗燕惠王书》]，乃战国时数一数二享高名受传诵的大文章。不单因其文章好，乃因在其文章中所透露的君臣知遇，出处去就，功名恩怨，他个人所抱持的高风亮节，大义凛然，为千古莫能及的人格表现。

重点就在"人格"二字。君臣本是二元关系，双方都有独立的人格。但在中央集权的大趋势下，臣子慢慢演化成了君王的附属品。古今中外，有多少朝堂冤案仅仅是因为一句"君要臣死，臣不得不死"而造成的呢？可是，乐毅偏偏不，他坚持的是作为臣子的独立人格。燕昭王对他有知遇之恩，他便下齐七十余城相报；燕惠王猜忌他并临阵换将，他就远走赵国，不复愚忠。

这种思想在古代有多可贵呢？司马迁写《史记》说，蒯通和主父偃读到乐毅的这篇《报遗燕惠王书》，"未尝不废书泣也"——

不小心把两个大男人读哭了。

作为乐毅的"脑残粉",诸葛亮应该是读过这封书信的,他能没有感触吗?他舍弃了孙武、白起、李牧、王翦等名将而选择乐毅,追求的不正是独立的人格吗?

两个人的成全

说到这里,其实答案已经很清晰了。三顾茅庐,看似是年轻气盛的诸葛亮在故作姿态、自命不凡,其实何尝不是他对偶像的某种致敬和对"主公"刘备的暗示:你是否有燕昭王筑黄金台的那份诚心呢?

历史给了我们答案,刘备有。

是的,胸怀天下的刘备很讨厌毫无作为的隐士。当年徐庶向他推荐诸葛亮的时候,他的第一反应就是"君与俱来":你和他一起来我这儿吧,言语中甚有不屑之意。但最后还是他去访隆中,"凡三往,乃见",不得不说这是一个令人惊讶的结果。又或者说,刘备可能读懂了诸葛亮的暗示?

关于后来的白帝托孤,陈寿评价刘备说:"及其举国托孤于诸葛亮,而心神无贰,诚君臣之至公,古今之盛轨也。"其实不仅如此,早在隆中那会儿,当二十七岁的诸葛亮在草庐欣喜地望见刘备第三次上山来的时候,就已经注定了秋风五丈原的结局。

【编者按】

"卧龙"归心，成就了中国历史上的一段千古佳话。此后，诸葛亮更是用一段段传唱千古的故事，构建了他与主公刘备的君臣传奇。而对于刘备来说，求田问舍和三顾茅庐的故事，反映出他人格的两面性：既拥有温文尔雅的仁义之心，又有冷静理性的洞察力。这两个特点影响了刘备未来的道路和命运。

事实上，刘备对诸葛亮的话也并非完全言听计从。建安十三年（208年），当曹操军队的铁蹄南下荆州时，刘备和诸葛亮在襄阳城下的抉择就暴露了君臣间的第一次分歧。这次分歧的原因是什么？面对十余万追随刘备的百姓，他又该如何决断？

参考文献：

史料：

1. [汉] 司马迁:《史记》。
2. [晋] 陈寿:《三国志》。

专著：

钱穆:《国史新论》,北京:生活·读书·新知三联书店,2001年。

论文：

王刚、刘清:《诸葛亮早年心志及行迹的历史考察》,《史学月刊》,2017年第11期。

刘备携民渡江是不是在作秀？

不识字

> 表卒，曹公征荆州。先主奔江南，荆、楚群士从之如云。
>
> ——《三国志》卷三十九《刘巴传》

曹操来了，刘备跑了

《三国演义》中，最让人"受不了"的主公，肯定是刘备。

携民渡江一节，明明曹军已经攻下荆州，刘备落荒而逃，他却非要携带樊城几万百姓，拖家带口一起走，日行十余里，看着真是急人。电视剧一味歌颂刘备仁义，不忍舍弃百姓，但这种行为总让人觉得有点儿匪夷所思，曹操要灭的是刘备，又不是樊城百姓，何必带着老百姓互相拖累？这哪有带兵打仗的样子？

本以为这是文学性的演绎，不料史书中还确有此事。关于历史上刘备"携民渡江"之事，得从其发生的背景说起。建安十三年（208年）七月，曹操听从谋士荀彧的建议，率大军"显出宛、叶而间行轻进，以掩其不意"，趁着刘表病重，大举南征荆州，正式拉开了统一南北战争的序幕。荀彧的策略立竿见影。在曹军的兵锋直指下，荆州的格局很快发生了巨变。

最先受到冲击的是刘表。七月的时候他还重病在身，八月便背疽发作而亡。随后，小儿子刘琮继之为荆州牧，在蔡瑁、蒯越等亲曹派的半建议半裹挟下，他选择直接向曹操投降。

这个决定让不知情的刘备瞬间成了倒霉蛋。自建安六年（201年）起，刘备就投奔到了刘表麾下当"打工仔"，此刻的他还驻扎在荆州北部重镇樊城。当刘备得知刘琮不战而降的消息时，曹操大军已经逼近距其仅二百五十里的南阳。原本他还希望能联合荆州的一切力量共抗曹操，但现在已经孤立无援，情况危急，他只能往南跑路。

就在这时，樊城及周边各郡县出现了这样一幕：百姓也跟着刘备一起跑了。

"民之于徙，甚于伏法"

刨去《三国演义》里百姓感念刘使君仁德、甘愿舍家追随的虚构情节，从一般观念看，荆州人士这种"从之如云"的行为，其实是极为反常的。

正如吕思勉先生所说："老百姓只要饱食暖衣、安居乐业，谁来管你们争天夺地的事情？"曹操征伐荆州，他要攻击的目标只是刘备这些"反动分子"，关百姓什么事，他们为什么要跑？

有人说，老百姓是怕曹操屠城，这不对。曹操确实有过多次屠城的恶行，比如屠徐州"泗水为之不流"、屠柳城、屠雍丘……可那些多出于报复或示威的心理，而现在刘琮没有丝毫抵抗便举城而降，他哪来的理由对荆州进行一场屠杀呢？所以怕屠城这个猜测并不属实。

真正的情况可能是：百姓怕的不是屠城，而是迁徙。

作为三国第一"迁徙狂魔"，曹操在这方面的履历不可谓不丰富：

> 太祖问济曰："昔孤与袁本初对官渡，徙燕、白马民，民不得走，贼亦不敢钞。今欲徙淮南民，何如？"
> ——《三国志》卷十四《蒋济传》

> 太祖徙民以充河北，陇西、天水、南安民相恐动，扰扰不安。
> ——《三国志》卷十五《张既传》

> 太祖还，拜袭驸马都尉，留督汉中军事。绥怀开导，百姓自乐出徙洛、邺者，八万余口。
> ——《三国志》卷二十三《杜袭传》

> 初，曹公恐江滨郡县为权所略，征令内移。民转相惊。
> ——《三国志》卷四十七《吴主传》

尽管后来诸葛亮第一次北伐失败时也有过徙民止损的举措——"围天水，拔冀城，虏姜维，驱略士女数千人还蜀"，但像曹操这样高频率、大规模地强制徙民，放在任何时代都是极其罕见的。

徙民对百姓的伤害有多大呢？东汉思想家王符在他的著作《潜夫论》中提及：

> 民之于徙，甚于伏法。伏法不过家一人死尔。诸亡失财货，夺土远移，不习风俗，不便水土，类多灭门，少能还者。

在古代交通、卫生条件极其不发达的情况下，强制徙民对百姓的伤害比杀人还重，甚于灭门。所以，当荆州百姓得知曹操南下的时候，不管他是否有荆州徙民的打算，只要说一下曹操的"前科"，他们内心的恐惧便可想而知。

何况，以诸葛亮、糜竺等为代表的徐州籍人士还曾亲历曹操当年在徐州制造的大屠杀，他们对曹军"恶贯满盈"形象的宣传也势必会造成不容小视的影响。最重要的是，这并非我们的无端揣测或欲加之罪，事实上曹操后来果真对荆州来了一次徙民，被迁徙的百姓中就包括后来大名鼎鼎的邓艾：

> 邓艾字士载，义阳棘阳人也。少孤，太祖破荆州，徙汝南。[1]
> ——《三国志》卷二十八《邓艾传》

---

[1] 义阳郡为荆州属郡，汉末治所在安昌县，即今湖北枣阳市南；棘阳县在今河南南阳市南；汝南郡汉末郡治平舆县，即今河南驻马店市平舆县。从今南阳市到平舆县，距离约250千米，由此可见迁徙路途之远。——编者注

曹操来了，无异于死神来了。死神来了，当然要跑。这是百姓很简单的想法，也是"携民渡江"的"民"之所来。

"背信自济，吾所不为！"

百姓跑路当然不是乱跑。他们拖家带口，又远离故土，人生地不熟，最好找个人带一带，顺便还能提供保护。

没错，这个人就是刘备。

曹操南征前，刘备奉刘表之命驻扎新野长达七年，其间治政有方、厚树恩德，"荆州豪杰归先主者日益多"，可见早就有民心所向的趋势，百姓逃难跟着他无疑是最好的选择。

但是对刘备来说，带着百姓跑并不是最好选择，甚至本不应该成为他的选项之一。在南撤的路上，当时刘备身边已经有人表达了对带着百姓撤退的不解："宜速行保江陵，今虽拥大众，被甲者少，若曹公兵至，何以拒之？"而刘备给出的理由则是：

夫济大事必以人为本，今人归吾，吾何忍弃去！
——《三国志》卷三十二《先主传》

刘备南撤的目的很简单，就是"保江陵"。作为南郡的治所，江陵地处江汉平原中心，水陆交通发达，物产丰富，人口密集，刘表在世时囤积了大量军需、粮草和战船在此，无疑是一座不可多得的战略要城。刘备只要率军快速占据江陵，依靠地理优势和充足的军备，与东边刘表长子刘琦驻扎的江夏形成掎角之势，便足以与曹操周旋，以待时变。

如果带着百姓走，刘备的行军速度将立刻被严重拖累，"比到当阳，众十余万，辎重数千两，日行十余里"——你刘备每天携老扶幼地走十多里路，人家曹操的虎豹骑可在后面马不停蹄地日行三百里追着，你能先一步赶到江陵吗？

从后面发生的事实看，显然不能。到不了江陵，那就只能转向与刘琦会合，一起守着江夏这座孤城。掎角之势不再，江夏当然守不住。到了这步田地，如果后来没有孙权决心与之联盟（当时江东很多主降派都持"杀刘备、奉曹操"的意见），跑了大半辈子的刘备也许就在此终结了。

所以，能在自身难保的最危急时刻，做出带着百姓跑路这种决定，刘备怎么看也不像是一名合格的趋利避害的政治家，也正因如此，直到现在还有人怀疑刘备是在作秀——如果是的话，用最后的生命和前途作秀，老刘也真够拼的。

当然，即使刘备不是合格的政治家，诸葛亮也是。除了要不要带着百姓跑，其实刘备此前还面临着另一个抉择——要不要拿下襄阳，而拿下襄阳这个建议由诸葛亮率先提出：

> 过襄阳，诸葛亮说先主攻琮，荆州可有。
> ——《三国志》卷三十二《先主传》

襄阳，是刘表在世时治理荆州的首府，更是自古以来的"天下之腹"，战略重要性不言而喻。刘备此次南撤，只要从樊城渡过汉水，襄阳便在眼前。当年诸葛亮在《隆中对》里说"命一上将将荆州之军以向宛、洛"，其中就暗含了襄阳非取不可的意味。这次刘表去世、刘琮请降失去民心是大好机会，诸葛亮自然不会轻易放过，于是他当机立断，建议刘备抢在曹操到来之前攻下襄阳。事实上，刘琮当时不但不得人心，还以小人之心度君子之腹，惧怕刘备。刘备在襄阳"驻马呼琮"，而刘琮竟然怕得"不能起"，而"琮左右及荆州人多归先主"。如果得手，刘备只需一面据守襄阳，一面遣大将（关羽）守住樊城，再用水军封锁汉水，任凭曹操大军再多，短时间内没有一定规模战船的曹军也只能望江兴叹。

从风险收益分析看，诸葛亮的"攻襄阳"建议，确实冒了不小的风险。首先，襄阳城高池深易守难攻，如若刘备强攻，刘琮、蔡瑁无论如何都会拼死抵抗；其次，吕思勉先生认为，襄阳城即使攻得下也未必守得住，因此这也并非万全之策。但比起刘备只是一味"带着百姓跑"的这种做法，攻占襄阳的策略已经可以说是瑕不掩瑜了。

攻打襄阳还是继续往江陵撤退，全在刘备一念之间。

很不幸的是，虽然史书上说刘备和诸葛亮这对君臣的关系"如鱼得水"，但在一开始，刘备其实并没有对这位军师言听计从。他放弃攻打襄阳，理由是："吾不忍也。"《汉魏春秋》里则有更详细的描述：

备答曰:"刘荆州临亡托我以孤遗,背信自济,吾所不为,死何面目以见刘荆州乎!"

不是强调兵力是否充足、襄阳是否城固、曹操大军是否逼近等攻城必须要考虑的条件,刘备放弃襄阳的原因与不肯抛下百姓时给出的"吾何忍弃去"理由一样,无关任何利益,只是一句简单的"不忍心"——刘表庇护了他七年,现在他不想背信弃义攻打他儿子的荆州。

经过刘表墓地时,他还专门前去祭拜了一番。

备过辞表墓,遂涕泣而去。
——《三国志》卷三十二《先主传》注引《典略》

随后,刘备率军离开了襄阳,做出了这个可能会让他后悔一辈子的决定,因为后来即使拼上关羽的性命,刘备集团也没能拿下襄阳这个《隆中对》相中的北伐据点。

保存水军,留住青山

"不攻襄阳"外加"带着百姓跑路",实际上就构成了历史上刘备"携民渡江"的全部内容。

罗贯中在《三国演义》里添加的刘备号啕大哭、欲投江自尽等

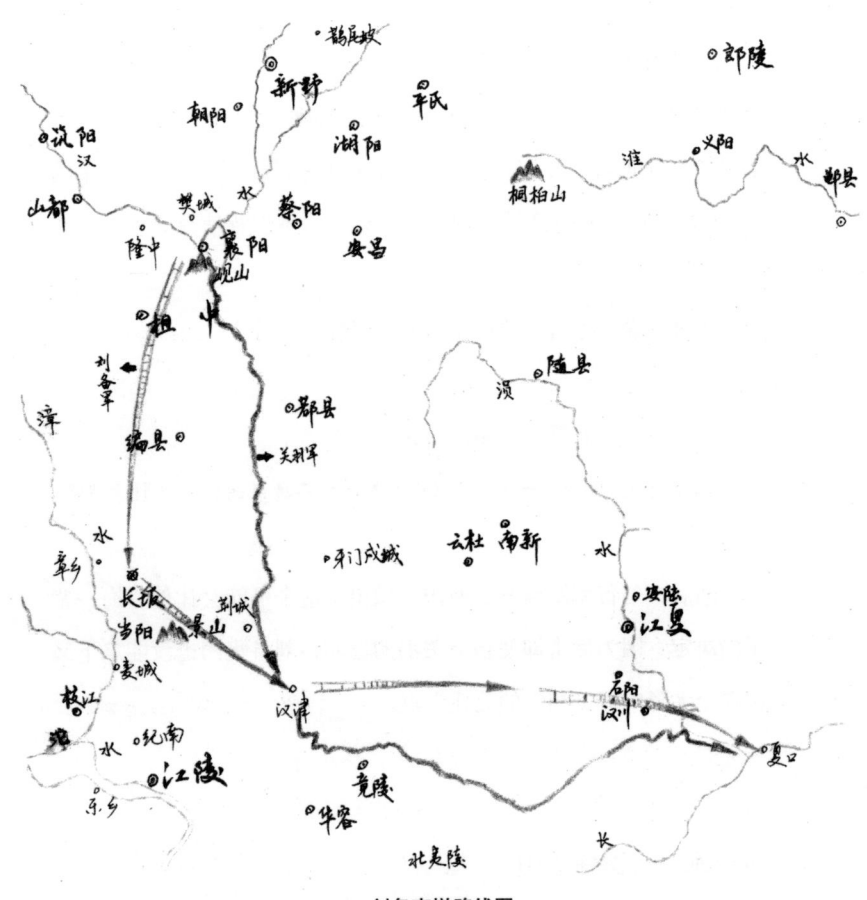

刘备南撤路线图

无比做作的情节，其实不仅没让人感受到刘备丝毫的"仁义"，反而把他推向了"伪君子"之列。在这一点上，《三国演义》的改编可以说是失败的，即使它在整体上是一部非常成功的经典。

当年曹操与刘备"煮酒论英雄"时，就曾坦言刘备是能与他并论的天下唯二"英雄"，所以真正的刘备也绝不会像罗贯中笔下的那样只会哭哭啼啼、矫揉造作。

恰恰相反，刘备是一个争夺天下的枭雄，而枭雄的"仁义"必须是有限度的。

从樊城撤军时，刘备做出的第一个决定——分兵，就很明显地体现了这一点：

先主自樊将南渡江，别遣羽乘船数百艘会江陵。

——《三国志》卷三十六《关羽传》

当时的情况，刘备的南撤大军虽然人数达到十万之众，但真正有战斗力的"被甲者"只占少数，如果受到曹军的攻击，这支军民混杂的队伍势必一触即溃，陷于险境。

因此，秉持经济学里"风险分散化"的原则，刘备的做法是与关羽分兵，命他率领主力一万水军乘船沿汉水而下，而他自己率领剩下的少数步兵，同诸葛亮、张飞、徐庶等人一起，与十多万荆州百姓尽量赶路，二者最终会于江陵。

说得简单点儿，就是不把所有鸡蛋放在一个篮子里。

后来刘备自己虽然在当阳败得一塌糊涂：老婆丢了，辎重丢了,阿斗差点儿没了,重要谋士徐庶也因母亲被抓转投曹营……但是,关羽的一万水军好歹保住了。

这一万水军有多重要呢?同东吴联盟谈判时,诸葛亮挂在嘴边最多的是"关羽水军精甲万人";赤壁之战后,刘备收荆南三郡,靠的是那一万水军;协助周瑜取南郡时,著名的"绝北道"之战也是出于关羽之手……可以说,刘备集团后来绝地逢生、时来运转迎来了春天,倚靠的从来不是什么仁义道德,而是扎扎实实杵在那儿的一万水军。

没有那一万水军,东吴凭什么跟你结盟,你怎么打下三郡,怎么"绝北道"?

乱世之中,军队才是王道。在诸侯混战中摸爬滚打了大半生的刘备,不可能不明白这个道理。所以我们再回过头来看前面,就能发现这样一个事实:刘备确实"仁义",但他的"仁义"是有限度的。他没有像罗贯中笔下那样拼尽全力轰轰烈烈誓死护卫百姓,而是早早调离并保存了主力军队。

从某种意义上说,在"携民渡江"这场戏中,刘备扮演的只是一个带着百姓跑的"领路人"角色,而不是大家心目中的"保护神"。甚至,当面临曹军虎豹骑的猛烈攻击时,刘备连"领路人"这个身份也只好丢弃:

先主弃妻子,与诸葛亮、张飞、赵云等数十骑走。

——《三国志》卷三十二《先主传》

老婆孩子都丢了,百姓当然就更管不着了。

生死关头，刘备的确还是那个珍惜生命的枭雄。然而，如果我们以此站在道德的高地指责刘备假仁假义、惺惺作态，那就大错特错了。不攻襄阳，这是刘备的义；带百姓跑，这是刘备的仁。从逻辑上说，"善作者不必善成，善始者不必善终"，一个人做了好事，但没有做尽好事，他还是个好人。同理，刘备虽然没有仁至义尽，但确实有仁有义。

对此，当我们还在以各种阴谋论视角解读这段历史并试图抠出某些所谓的惊天真相时，距其一百多年的东晋史学家习凿齿早已做了非常公正客观的总结：

> 先主虽颠沛险难而信义愈明，势逼事危而言不失道。追景升之顾，则情感三军；恋赴义之士，则甘与同败。观其所以结物情者，岂徒投醪抚寒含蓼问疾而已哉！其终济大业，不亦宜乎！
>
> ——《汉晋春秋论·先主到当阳》

只此一点，刘备就无愧于仁君之名。

【编者按】

在生死攸关的局势下，刘备既以冷静的头脑，下令调离军队，保住了最后的军事实力，为日后争霸天下保留了火种，又用仁义之举赢得了荆州百姓的人心。"德不孤，必有邻"——十万百姓用他们的行动，证明了刘备的仁德，"携民渡江"也成为后人敬仰刘备的传奇故事。

于是，人们都认为刘备之所以能成就季汉霸业，正是因为他用仁行义举凝聚了人心。诚然，"仁义"确实是刘备在汉末纷争中争取人心的秘密武器，但正如携民渡江一事，刘备仁义之余不失理性，保留的军事实力才是他日后翻盘的关键。那么，当十余年后，刘备听闻关羽被害，不顾诸葛亮等人的反对而愤然东征，这又是为何？这次，刘备真的是因为"兄弟义气"而忽略了天下大势，不顾"联孙抗曹"的大计吗？从三顾茅庐到携民渡江，我们已然很清楚地意识到，刘备绝非一个感性大于理性的人。那么，他东征吴国的目的究竟是什么？下篇文章将揭示刘备的内心和他身后的人心向背。

参考文献：

史料：

1.［晋］陈寿:《三国志》。
2.［清］严可均辑:《全晋文》。

专著：

易中天:《品三国》，上海译文出版社，2018 年。

刘备东征真是为兄弟报仇？

不识字

夷陵之战，刘备败得真可惜！

蜀汉章武二年（222年）八月，随着"陆议大破先主军于猇亭"，历经一年之久的夷陵之战终于落下帷幕，刘备战败。

遭闻败绩，远在成都的丞相诸葛亮痛心地叹道："法孝直若在，则能制主上，令不东行；就复东行，必不倾危矣。"

诸葛亮仿佛从一开始就在否定刘备东征。

而早在出兵之前，翊军将军赵云也曾以"国贼是曹操，非孙权也，且先灭魏，则吴自服。操身虽毙，子丕篡盗，当因众心，早图关中，居河、渭上流以讨凶逆，关东义士必裹粮策马以迎王师。不应置魏，先与吴战；兵势一交，不得卒解"为由，劝阻其伐吴。那么，刘备为何不顾反对，执意兴兵东征？

荆州人的主张

要回答这个问题，首先要搞清楚蜀汉众臣对东征的态度。

关于反对的声音，除了以上诸葛亮的"事后诸葛亮"和赵云的大段讲道理,有记载的还有益州从事祭酒秦宓曾阻以"天时不当",此外便是《三国志·法正传》里的一句总括:"先主既即尊号,将东征孙权以复关羽之耻,群臣多谏。"

刘备的反应则是"一不从":一概不听从。既不听诸葛亮和赵云的,又完全忽视其他人的,难道刘玄德当了皇帝就变得刚愎自用了吗?很多史学家都是这样认为的,但笔者以为,事实并非如此。

一封来自江东诸葛瑾的书信就能说明问题。吴、蜀交兵前,孙权曾遣诸葛瑾向蜀汉求和。于是诸葛瑾写了一封信给刘备,主要内容自然是一些希望两国和平的套话,但其中有一句很值得注意:

陛下若抑威损忿,暂省瑾言者,计可立决,不复咨之于群后也。

——《三国志》卷五十二《诸葛瑾传》

他说:"陛下(刘备)如果能收回怒气,听从我的建议,就马上决断东征之事,而不要再和你的大臣们商议了。"这话有些奇怪。按照《三国志·法正传》里的内容,蜀汉众臣几乎都在反对东征,而诸葛瑾有着相同的目的,他难道不应该劝刘备多听谏言吗?怎么会反倒希望刘备一个人专断此事呢?

伴随这个疑问,我们再回过头来探寻先前《三国志·法正传》里的那句"群臣多谏",却发现翻遍史书,除了诸葛亮、赵云、秦宓三人外,所谓的"群臣"再无一人可查。由此可见,刘备绝非很多人想象之中的独裁者——他的身后至少站着一群支持东征的人。

从诸葛瑾的书信里，我们甚至可以窥见正在极力要求出兵的群臣身影，而诸葛瑾如此急切地要求刘备立决此事，无非在担心他们会左右刘备的想法。

那么，这些劝刘备东征的"群臣"都是谁？张飞、黄忠、魏延、马良、廖立、霍峻、董和……在史书中，这一长串名单里的人，本该具有发言权却选择了沉默，这无疑是荆州人士（张飞除外）最好的表态。

当年刘备以穷困入荆州，正是得到了以诸葛亮、庞统为代表的荆州人士的效力，才有了三分天下的资本。后来入蜀时，他带出的兵是在荆州招募的青壮勇士，为他出谋划策的是庞统、马良等荆州俊才，关羽留镇荆州的兵士也是在本地培养起来的……可以想象，这二十年来，荆州人早已成了蜀汉政权的支柱。如今荆州失守，在蜀地的荆州人士刚刚经历了父兄战死、妻儿离散、故土沦陷，作为哀兵的他们，又怎么会无动于衷呢？同样地，处在"沦陷区"的荆州人也并未真正臣服于东吴的统治：

> 遣良入武陵招纳五溪蛮夷，蛮夷渠帅皆受印号，咸如意指。
> ——《三国志》卷三十九《马良传》

事实证明，在东征之始，刘备派出的荆州人士代表马良一入武陵，那些平日里没有动静的"蛮夷渠帅"便纷纷起兵响应，扰乱荆州后方。甚至在刘备兵败后，零陵、桂阳郡等地依然还有人在顽强地反抗东吴的统治：

备既败绩,而零、桂诸郡犹相惊扰,处处阻兵……

——《三国志》卷五十二《步骘传》

因此,无论是出于道义,还是出于稳定军心的需要,素以"仁义"著称的刘备是无论如何也不会坐视荆州人士的激愤而不顾的——这正是刘备执意东征的先决条件。

诸葛亮的想法

刘备是哀兵中的一员,但他更是一国之君。因此,刘备不能只考虑荆州人士的复仇需要便决断东征,他还得兼顾各方面的想法。比如,诸葛亮的想法。

在很多人眼中,这对曾经心无嫌隙的模范君臣一起走过了风风雨雨,在这一次终于出现了很大的分歧。但是,真的是这样吗?

我们不妨再回头来看看诸葛亮事后的那句叹息:"法孝直若在,则能制主上,令不东行;就复东行,必不倾危矣。"诸葛亮说,要是法正还在就好了,他肯定能阻止刘备东征。然而,请注意时间,法正是在建安二十五年(220年)去世的:

先主立为汉中王,以正为尚书令、护军将军。明年卒,时年四十五。

——《三国志》卷三十七《法正传》

关羽败走麦城是在建安二十四年（219年），也就是说法正目睹了整个荆州事变。很难想象，作为刘备信任的谋主，法正会不就此事与刘备进行必要的商讨。在局势大变的情况下，未来与东吴是战是和，法正必然会给出自己的建议。如果按照诸葛亮所言，法正若还健在，一定能阻止刘备东征，那么，为什么刘备最后还是执意东征呢？

这说明，法正在很大程度上也支持东征。

因此，诸葛亮的那句事后叹息，重点其实并非前面的制主东行，而是后半句"就复东行，必不倾危"——他更强烈反对的是东征惨败。而在东征惨败的事实已然发生的情况下，他自然会有一种或侥幸或悔恨的复杂心理：要是法正还在就好了，他肯定可以阻止主上；就算去了，肯定也不会败得这么惨。

这无非类似平常人赌博输光家当后，发出"要是没上赌桌就好了"的感慨，何至于被人反复提及，当作诸葛亮反对东征的依据呢？

况且，先不论现下的情形如何，当年诸葛亮在草庐为刘备献上的千古《隆中对》，其中最基本的规划便是"跨有荆益"，而今荆州已失，东征之举何尝不是一种补救？诸葛亮为何要反对这个决策呢？这是明摆着的道理。

东吴的野心

只是，安抚荆州人士的需要和诸葛亮个人不反对，并不意味着必须进行东征。一个国家的决策从不单单出于个人意愿，关键在于政治形势的需要。

破除东吴图蜀的野心正是刘备东征的政治形势需要。在很多人看来，刘备东征是主动攻击，而东吴则是被动防守。但是，换个角度讲，刚刚取得荆州大胜的孙权难道没想过主动入侵虚弱的蜀地吗？

> 后权破关羽，欲进图蜀……
> ——《三国志》卷五十五《周泰传》

之前是曹操感慨得陇望蜀，如今却是孙权得荆望蜀了。又或者说，得荆望蜀本就是东吴的国策。

想当年周瑜还在时，他就有过与刘备共取蜀地的想法。后来鲁肃继为大都督，也是力图贯彻其早就规划好的"榻上对"，只不过动作轻而缓，属于鸽派作风。等到吕蒙掌军后，鹰派再次抬头，东吴军屡次与关羽产生摩擦，最后以白衣渡江的方式袭取了荆州。这样看来，下一步不是图蜀又是什么呢？

因此，当蜀汉内部还在考虑是否该出兵东征的时候，隔壁魏国的顶级军师刘晔早就扮演了预言家的角色：

> 蜀虽狭弱，而备之谋欲以威武自强，势必用众以示其有余。
> ——《三国志》卷十四《刘晔传》

蜀汉的出兵与其说是战略反击，倒不如说是以攻代守。在东吴取得荆州后咄咄逼人的图蜀攻势下,刘备一方只能通过高调东征进行表态:蜀汉虽失荆州,却还有一战之力,绝不是任人拿捏的软柿子。这也恰好解释了后来夷陵大败,刘备退守白帝城,孙权的反应却是:

> 闻先主住白帝,甚惧,遣使请和。
>
> ——《三国志》卷三十二《先主传》

打赢了反倒害怕、求和,为什么?

因为刘备东征虽然失败了,但表现出的不惜一切代价的决心和"天子守国门"的气势,让孙权彻底断绝了图蜀的念头。

事实上,在北方强魏的虎视眈眈下,蜀、吴两国要想长久保持三分鼎立,便只有联盟一条出路,否则,鹬蚌相争的后果必然是渔人得利。

同样地,刘备去世后,邓芝使吴对孙权说的一段话也是同样的意思:

> 吴、蜀二国四州之地,大王命世之英,诸葛亮亦一时之杰也。蜀有重险之固,吴有三江之阻,合此二长,共为唇齿,进可并兼天下,退可鼎足而立,此理之自然也。大王今若委质于魏,魏必上望大王之入朝,下求太子之内侍,若不从命,则奉辞伐叛,蜀必顺流见可而进,如此,江南之地非复大王之有也。
>
> ——《三国志》卷四十五《邓芝传》

蜀、吴，唇齿之依也。经过夷陵之战，已失去鲁肃的孙权终于记起了这个道理。

必胜的把握

当然，刘备发起东征绝不仅仅是被动地以攻代守，在此基础上，他还有主动的战略目标——夺回荆州。要不是后来猛然来了一个陆逊（本名陆议），刘备对这个目标还是有必胜的把握的，主要原因有两方面。

第一，兵力优势。蜀汉的兵力：

> 刘备支党四万人，马二三千匹，出秭归，请往扫扑，以克捷为效。
>
> ——《三国志》卷二《文帝纪》注引《魏书》

这里的"支党"指的是刘备的先遣部队，有四万人，再加上刘备亲自统领的主力和黄权在北部防范魏国的军队，总兵力可达八万。而且，用诸葛亮的话来说，这些军队都是四方之精锐，战斗力极强。

再看东吴的兵力：

> 权命逊为大都督、假节，督朱然、潘璋、宋谦、韩当、徐

盛、鲜于丹、孙桓等五万人拒之。

——《三国志》卷五十八《陆逊传》

陆逊能统领的军队大概是五万。

所以，刘备正面兵力既多于陆逊，掌军的经验和威信又远胜于陆逊（吴军中很多老将如韩当、周泰等一开始并不听服陆逊号令），只要不犯低级错误，开局的优势非常大——蜀军一开始势如破竹就是明证。

第二，魏国的"合作"。除了在军事实力上占据优势，更重要的是，刘备还有来自长江北面的"帮手"——魏国。

尽管曹丕斩了刘备派来吊唁曹操的信使，断绝了蜀、魏直接合作的可能性：

备闻曹公薨，遣掾韩冉奉书吊，并致赙赠之礼。文帝恶其因丧求好，敕荆州刺史斩冉，绝使命。

——《三国志》卷三十二《先主传》注引《魏书》

尽管曹丕答应了孙权的请降，没有第一时间向东吴发兵，但这些都只是暂时的：

自魏文帝践阼，权使命称藩。

——《三国志》卷四十七《吴主传》

刘备之所以发起东征,就是因为他很清楚,在外随着蜀、吴夷陵战局的扩大,在内有刘晔(他主张出兵联蜀灭吴)等谋士的劝谏,曹丕看穿孙权假投降,决定发兵只是时间问题。到那时,按照刘晔的设想,"蜀攻其外,魏攻其内",为维持三国鼎立之势,东吴最好的做法无疑是向蜀割地求和,这也就意味着刘备东征将大获全胜。除此之外,即使曹丕还未发兵,魏国给东吴的震慑力也拖住了孙权的大部分兵力。(东吴全国总兵力有十五万左右,而陆逊只掌握了三分之一。)

总之,蜀、吴两方相持,随着时间的推移,胜利的天平最终将偏向刘备的一方。

只是令人遗憾的是,谁也没想到陆逊天才般的一把火。

关羽的影响

厘清了国家层面的利害关系,最后再来谈谈争论最大的个人因素——关羽的影响。

很多人都认为,在东征这种关乎一国生死存亡的重大决策面前,刘备如果还考虑和关羽的个人情感,也未免太狭隘了。这种说法不无道理,但有些先入为主。

事实上,据《三国志》记载,刘备进行这次声势如此浩大的东征的唯一理由,就是为关羽复仇。

对,不是为荆州之失,不是为孙权背盟,而只是为关羽报仇:

先主……将东征孙权以复关羽之耻。

——《三国志》卷三十七《法正传》

先主忿孙权之袭关羽，将东征。

——《三国志》卷三十二《先主传》

而诸葛瑾劝阻刘备东征的首要理由也是：

陛下以关羽之亲何如先帝？

——《三国志》卷五十二《诸葛瑾传》

当然，出兵总得有个理由，于是很多人又说这不过是刘备打出的政治口号，用以掩盖其真实的意图而已。这种说法也有道理，但还是先入为主了。

据《三国志·刘晔传》载，其实早在魏黄初元年（220年），魏帝曹丕刚一登基，面对蜀、吴荆州事变，迫不及待地做起了"吃瓜"群众："诏问群臣令料刘备当为关羽出报吴不。"

是的，曹丕直接问的是刘备会不会为关羽报仇而伐吴，而不是问会不会为荆州之失而伐吴。

试想，如果说为关羽复仇只是刘备东征一个假惺惺的口号，那么，作为蜀汉死对头的魏国君臣为何没有不留情面地扯下这块遮羞布，反而很认真地把它当作国事来讨论？由此可见，刘、关之情，天下共知。

因此，当魏国群臣几乎都说"蜀，小国耳，名将唯羽。羽死军破，国内忧惧，无缘复出"，认为刘备会因蜀汉虚弱而不敢出兵的时候，还是那位顶级预言家刘晔给出了正确答案：

> 关羽与备，义为君臣，恩犹父子；羽死不能为兴军报敌，于终始之分不足。
>
> ——《三国志》卷十四《刘晔传》

为了这"始终之分"，刘备东征势在必行。

还记得《三国演义》里的那句桃园结义誓言"不求同年同月同日生，只愿同年同月同日死"吗？世人皆以为此乃罗贯中凭空虚构之语，却不知其早有来源：

> 吾极知曹公待我厚，然吾受刘将军厚恩，誓以共死，不可背之。
>
> ——《三国志》卷三十六《关羽传》

其后，东汉建安二十四年（219年），关羽败走麦城；蜀汉章武元年（221年），刘备东征。

【编者按】

"不求同年同月同日生，只愿同年同月同日死。"——刘关张三兄弟的誓言，不仅存在于小说中，更是真真切切的历史。这段义薄云天的恩情激励了当时的蜀汉君臣，更流传千古，成为中国人精神文化的内核之一。刘备东征，并非他一意孤行，更是当时蜀汉君臣人心所向的共识——无论是感情上，还是理性上。

但是，天不遂人愿。刘备失败后，他面临的是蜀汉内部已隐隐呈现出来的矛盾和裂隙。在白帝城的病榻上，他该如何以他最后的理性面对这个危局？下一章的内容，我们会先从刘备托孤讲起，细数曹魏、蜀汉、孙吴三国是如何由兴而衰的——三国凝聚的人心，究竟有什么隐患，又是如何散失掉的。

参考文献：

史料：

［晋］陈寿：《三国志》。

专著：

［明］罗贯中：《三国演义》，人民文学出版社，2010年。

人心篇

第二章

三分归一
最后的胜者

疑云白帝城：刘备托孤与蜀汉国运
诸葛亮「六出祁山」是骗人的吗？
蜀汉真是一个窝里斗政权吗？
解读《求才令》：隐藏着曹氏灭亡的无奈
军师联盟：如何操盘才能颠覆曹魏政权？
是谁种下东吴政权毁灭的种子？

曹魏、蜀汉、东吴三国鼎立之后，它们真正的对手并不是彼此，而在它们的内部。

曹操、刘备、孙权，他们凭借自身的手段、才能和人格魅力，在不同的环境下聚拢起了各自的人心，最终打败了其他对手，奠定了三国的基业。但是在这个过程中，他们始终无法克服自己的局限性：三国统治者受限于出身的阶层和掌权后代表的利益阶层，始终无法完全得到天下各方面的支持。

这些局限性最终成为埋在三国内部的隐患。曹操试图打破世家豪族垄断权力的传统而发布了《求才令》，试图以一人之力挑战两汉数百年来的大势，结果人亡政息，他的继承人"背叛"了他。刘备病逝时，蜀汉政局暗流涌动，他甚至已做出最坏的打算；刘禅继位后，蜀汉又该如何打破困境，"兴复汉室"的理想又该如何实现？孙权依靠江东士族划江而治，不但北拒曹操，还打破了蜀汉集团"隆中对"的宏图壮志，但是吴国逐渐陷入内斗的泥潭。

三国最终成于人心，败于人心——司马氏渔翁得利，成为最后的胜者。司马氏是如何笼络三国遗失的人心，进而攫取权力的？司马氏真的突破了三国的局限，从而完成了人心的"大一统"吗？

疑云白帝城：刘备托孤与蜀汉国运

念　田

蜀汉章武元年（221年）夏四月，刘备于成都即位称帝。六月，车骑将军张飞遭部将刺杀。东吴先于东汉建安二十四年（220年）袭杀关羽，张飞旋被害，故而盛怒之下的刘备于次年亲自统领大军征伐东吴，次年在猇亭大败，大军节节败退，退守白帝城。

章武三年春三月，丞相诸葛亮从成都奔赴永安宫受命，刘备临终时交代：

> 君才十倍曹丕，必能安国，终定大事。若嗣子可辅，辅之。如其不才，君可自取。
>
> ——《三国志》卷三十五《诸葛亮传》

刘备立下了政治遗嘱，抛下元气大伤、疲弱不堪的一副烂摊子溘然长逝。

在权力交接的关键时刻，刘备主动对总揽朝政的诸葛亮许下"君可自取"的政治诺言，出人意料，匪夷所思。历来帝王托孤，都着眼于稳固新君的法统实力，岂有传位新君又另许大臣之理？这既招致新君不满，又使大臣生窥窃神器之心，后患无穷。刘备如此安排用意何在？

白帝城托孤的政治迷雾，历来不乏后人的赞美讴歌与险恶忖度，有人认为这是君臣鱼水之情，有人认为这是权术，在奄奄一息之际立下温情脉脉的政治遗嘱的背后暗藏着刀光剑影。表面看，这是刘备父子与诸葛亮之间的对手戏，实际上，舞台的暗处还站着一个人，"君可自取"的惊天之语，其实是对他说的。他便是诸葛亮的搭档、蜀汉重臣李严，正是他和他背后的政治势力，支撑起了整个蜀汉政局，也可能成为蜀汉最大的威胁。

史书记载，李严少为郡吏，以才干见称，历事刘表、刘璋、刘备。刘备称帝的重要依据之一是有黄龙现于武阳，而武阳正是犍为太守李严的治所，可见李严为了刘备称帝颇费心思。刘备死前，李严以犍为太守征拜尚书令，受遗诏辅佐诸葛亮辅政，以中都护统内外军事。刘备白帝城托孤，面对的不仅有诸葛亮，还有这位蜀中旧臣李严。

祸起萧墙：蜀汉的政治危局

历来最高权力的交接之所以凶险异常，关键在于权力交接时内外各种势力虎视眈眈。有人认为刘备是在吴国威胁下仓促托孤的，这并不符合实际。章武二年（222年）夏刘备战败，于次年三月托孤，四月病逝，这是一个不短的过程，三国斗争的主线已转为吴魏交战。此时的吴国山越不宁，濡须、江陵面临北方魏军的极大压力，自保不暇，实际并无余力攻取蜀汉。

《三国志·陆逊传》裴松之注引《吴录》记载，刘备对此局势洞若观火，遂致信陆逊云："贼［即魏军］今已在江陵，吾将复东，将军谓其能然否？"面对刘备的空言恫吓，陆逊安然回信云："但恐军新破，创痍未复，始求通亲，且当自补，未暇穷兵耳。"又于当年冬，两方遣使议和，两国对立实际上已经消弭，关系有所缓和，故刘备托孤之时，外患不在吴国。

历史学家田余庆先生指出，蜀汉之危，不在东吴，而在萧墙，这其实是三国政权共有的问题。三国均是博得地方大族的认可和支持而建立起来的突出的军事政治集团，曹魏之于中原，孙吴之于江东，季汉之于巴蜀，莫不如此。在蜀汉内部，长期以来潜伏着蜀汉本土势力与刘备荆州集团的对抗和摩擦，这构成了蜀汉政治的基本主题。

早在《隆中对》中，诸葛亮就已经规划了刘备集团的基本发展路线，那就是"跨有荆益"，等待变局便兵分两路，北上逐鹿中原，恢复汉室。然而，荆州丢失，关羽殒命后，刘备集团的根本就落在了益州。对于益州，刘备及其部属等"新人"是外来者，不得不尊崇益州名士法正、许靖、董和、黄权和李严等"旧人"，安定蜀地百姓、将士之心，争取一切势力的支持以图谋中原；而蜀中旧人，同为刘璋旧属，有人在政治上公开反对刘备，更多的则是潜在暗中，等待时局变化。

刘备用人，"诸葛亮为股肱，法正为谋主，关羽、张飞、马超为爪牙，许靖、糜竺、简雍为宾友。及董和、黄权、李严等，本璋之所授用也，吴壹［懿］、费观等，又璋之婚亲也。"刘备通过设官分职，力图糅合两大派系，使新旧之人彼此相安，这一直是蜀汉政治的中心问题。

夷陵之战前，蜀地名士法正、许靖、董和等人已经去世，黄权迫不得已选择降魏，此时真正能够代表蜀中势力的关键人物只有重臣李严。李严不是蜀地的世家大族之后，归降刘璋之后却因才干而备受蜀地臣民信任。田余庆认为，刘备托孤，诸葛亮与李严并受遗诏辅政，丞相诸葛亮为正，李严为副，这一安排包含着尊重新旧双方利益，安蜀汉文武之心，以图共渡难关的用意，实在是高明的安排。

"君可自取"：孙策和刘备的相似安排

在托孤安排上，刘备所言与当年的孙策托孤有异曲同工之妙。建安五年（200年），孙策遭到刺杀，临终之前传位其弟孙权，托孤东吴名士张昭曰："若仲谋不任事者，君便自取之。"因而有了孙权以张昭为长史，以周瑜为中护军的政治安排。严峻的内外形势令孙策担心孙权幼小，无力支撑江东的危局，故而允诺张昭可以自取以稳定形势。尤其是当时孙氏集团内部存在着淮泗集团与江东士族的冲突，这与刘备临终时蜀汉的政局何其相似！刘禅即位后以诸葛亮为丞相，以李严为中都护，如此文武格局，恰与孙吴相同，可见刘备的苦心安排与孙策的安排其实颇为相似。

孙策对孙权说"举贤任能，各尽其心，以保江东，我不如卿"，而刘备给刘禅的遗诏则说"丞相叹卿智量甚大，增修过于所望。审能如此，吾复何忧？"，这都是对新君的基本估量，还没有到让辅臣决定新君的地步。

故而所谓"君可自取"，实际上并不是真的要求辅臣未来评判新君，而是极而言之所做的最坏打算，是在内部不稳，不测事端发生之后的终极应对方案，充满了忧患意识。吕思勉先生读史至此，便不禁感慨："势之所迫，虽圣人将奈之何哉？"

"两朝开济老臣心"：诸葛亮的心领神会

在蜀汉政权的政治结构中，以李严为代表的刘璋旧臣属占据多数，权势并不在以诸葛亮为首的荆州派系之下。刘备为了安抚两大势力，煞费苦心，第一步就是联姻。在入主成都，平定益州后，刘备为了取得益州士族集团的支持，迎娶吴懿的妹妹吴氏为妻，这位吴氏正是刘璋的嫂子，代表了蜀中本土势力。

刘璋之父益州牧刘焉与吴懿有旧交，其人早有不臣之心，听闻吴懿之妹有富贵之相，便让儿子刘瑁娶之为妻，可是刘瑁早死，吴氏寡居。东汉建安二十四年（219年），刘备娶吴氏，立为汉中王王后，其兄吴懿也归降刘备，成为蜀汉的名将。蜀汉章武元年（221年），刘备称帝之后，立吴氏为皇后。

刘备称帝后，以诸葛亮为丞相，许靖为司徒。许靖本为刘璋部属，如此任用安排正是使新旧制衡。夷陵之战后，许靖病逝，平衡被打破。故在刘备去世之前，选中了李严来代表蜀中本土势力。李严必须要用，否则不能维系旧人以辅佐刘禅，但其一旦权大，也可能凭借威望引发异动，所以又要防范，能够牵制李严的只有位高权重、威望素重的诸葛亮。故而刘备托孤安排诸葛亮和李严一正一副的辅政地位，同时还要赋予诸葛亮特别的权力，以便控制李严而不被其掣肘。

李严和诸葛亮的制衡表现在军事上尤为明显。诸葛亮辅政，李严以中都护统内外军事，留镇永安，永安正是蜀汉的东大门。建兴五年（227年），诸葛亮出兵，坐镇汉中，李严遂移镇江州（今重庆），留护军陈到为都督，驻守永安，为李严所统属。诸葛亮坐镇成都、汉中，李严则长期留镇永安，两人一东一西，镇守蜀汉。

明此背景，故知刘备所谓的"君可自取"，实际上是在并受遗命辅政的李严的面前又赋予诸葛亮以特别地位和废立大权，让诸葛亮有足够力量控制同样辅政又可能滋事的李严。刘备的计策是双重计，形成了诸葛亮和李严二人的相互牵制，更稳定了蜀汉内部荆州集团与益州集团两大政治势力的基本关系。"君可自取"的政治许诺在虚实之间，诸葛亮与李严如果同心则是"虚"，两人相互牵制，共同辅政。一旦李严滋事，煽动蜀中旧人发难，局势一发不可收拾，这时，"君可自取"就可成为"实"，诸葛亮身为丞相无能为力，就只能走向前台，甚至可自取帝位，应对可能的一切事端。

从以后诸葛亮与李严的博弈来看，诸葛亮对刘备的安排心领神会，相当默契，证明了刘备临终安排的成功。《三国志·李严传》

裴松之注引《诸葛亮集》中有记载，李严曾经劝诸葛亮加九锡，晋爵为王。自王莽篡汉以来，加九锡已经成为人臣篡位称帝的必经之路，曹操正是加九锡晋爵为王，招来了天下议论。李严对诸葛亮如此劝告乃是非常之言，是极为大胆的政治试探。对于李严的试探，诸葛亮大胆地回信说：

> 吾本东方下士，误用于先帝，位极人臣，禄赐百亿。今讨贼未效，知己未答，而方宠齐、晋，坐自贵大，非其义也。若灭魏斩叡，帝还故居，与诸子并升，虽十命可受，况于九耶？

信中的意思可谓大胆，直言九锡之受不是不该，而是时机未到。

诸葛亮不顾君臣大忌和僭越之嫌，慷慨陈词，正表明了他和李严同受托孤的政治局面。正是有刘备郑重其事地做了政治托付，诸葛亮在李严的试探面前才能不拘泥于君臣名分。李严试探，基于刘备之语，诸葛亮回应，同样是基于刘备安排，两人彼此都心领神会。诸葛亮特意说"与诸子并升"，实际也是在安抚李严。

诸葛亮与李严两人合作之初，关系还比较和谐，能够同舟共济。但是随着局势的发展，新旧派系的矛盾和冲突不断滋长，敌视旧人者嫉妒李严拥有的权势地位，不服新人者挑战诸葛亮的权威，两大派系之间的矛盾，势必要集中体现在诸葛亮与李严的冲突上。

建兴八年（230年），关中魏军有进攻汉中的态势，诸葛亮遂命李严领两万人赴汉中镇守，以李严之子李丰留守江州。李严抗命不从，还要求开府，想要获得和诸葛亮一样的开府执政大权，这是二人冲突第一次公开化。次年，李严为祁山蜀军督运军粮，要求正在北伐的诸葛亮退军，终遭罢废。诸葛亮旋即又夺李严子李丰的兵权，江州的军政权皆入其掌控，蜀汉内部新旧之争遂告一段落。

通观三国大势，汉家更命，黄天当立的政治预言已经深入人心。曹丕登基，建元黄初，孙权登基，建元黄武，只有蜀汉一直坚持着恢复汉室的政治口号，不得不通过北伐彰显自己的政治正当性，这是刘备选择诸葛亮的根本因素，也是日后诸葛亮贬斥李严的原因。李严遭到贬斥，部分蜀汉士人离心离德，其中有一人，就是日后撰写《三国志》的陈寿。

在《三国志·诸葛亮传》的结尾，陈寿感慨道：

[诸葛亮]连年动众，未能成功，盖应变将略，非其所长欤！

这位出身蜀汉的史官，给了诸葛亮这样的评价，指出了白帝城托孤的无奈和蜀汉国运的衰败，令后人生出无限遐思。

【编者按】

东征的失败，彻底打破了诸葛亮当初在《隆中对》里为刘备规划的道路。刘备临终前，霸业未竟的悔恨之余，更多的是对于蜀汉政权前路何在的忧虑。

从三顾茅庐以来，君臣二人一路创业，虽然屡有分歧，但是刘备最后还是选择相信诸葛亮——白帝托"孤",先主是将蜀汉的国运和他一生奉行的理想交付给了诸葛亮。

"先帝创业未半而中道崩殂……"诸葛亮在扫清了蜀汉内部的斗争后,大权独揽,接着就扛起了"兴复汉室"的大旗。在这过程中,"兴复汉室"的政治理想和蜀汉内部的权力纷争结合在了一起,进而引发了两个问题:诸葛亮不顾益州的"疲弊"六次北伐曹魏,除了继承刘备的政治理想外,是否还涉及蜀汉内部的权力斗争?蜀汉亡国真的是因为"窝里斗",甚至是因为诸葛亮大权独揽,以至于蜀汉内部"离心离德"?

此外,陈寿评价诸葛亮"应变将略,非其所长",认为其不知变通,这算是对诸葛亮的不满吗?这样的评价是否公允?在后两篇文章中,我们先来通过诸葛亮的北伐——小说中"六出祁山"的故事,来看看如何公正地评价诸葛亮;然后再来揭示蜀汉亡国的真正原因。

参考文献：

史料：

[晋]陈寿:《三国志》。

专著：

1. 吕思勉:《三国史话》,中华书局,2009年。
2. 田余庆:《秦汉魏晋史探微》(重订本),中华书局,2004年。
3. 周一良:《魏晋南北朝史札记》,中华书局,2015年。

论文：

姜生:《曹操与原始道教》,《历史研究》,2011年第1期。

诸葛亮"六出祁山"是骗人的吗？

任逸飞

自蜀汉建兴六年（魏太和二年、吴黄武七年，228年）起，为实现刘备"兴复汉室"的遗愿，诸葛亮连续与魏国展开了六次战事，其中五次为主动进攻魏国，还有一次是防御魏国对蜀汉的进攻。经由罗贯中的《三国演义》，这六次战事被形象地概括为"六出祁山"，成了一个耳熟能详的词语。而"六出祁山"中发生的马谡失街亭、空城计、发明木牛流马、火熄上方谷、秋风五丈原、死诸葛吓走活仲达等故事，更作为经久不衰的桥段深深印刻在普罗大众的记忆中。而电视剧《虎啸龙吟》同样将诸葛亮与司马懿斗智斗勇的故事呈现得活灵活现，可见诸葛亮北伐的历史直到近一千八百年后的今天，依然被大众津津乐道。

可是历史上真实的"六出祁山"真的是我们熟知的那样吗？诸葛亮每一次北伐都经过了祁山吗？演义、电视剧里的"六出祁山"与真实的历史有哪些不同？造成上述差异的原因又何在呢？

"蹈涉中原""震荡宇内"：《三国志》中的诸葛亮北伐

假如翻看陈寿的《三国志》，很多人或许会发觉，其中有关诸葛亮北伐的记载与印象里的"六出祁山"存在着不小的差异。

最明显的不同莫过于，按照《三国志》的叙述，诸葛亮与魏国间的战事，虽然确实发生过六次，但并非每回都出了祁山。实际上，除了第一次（建兴六年，228年）和第五次（建兴九年）作战，诸葛亮曾率军越过祁山以外，其余四次要么只是在祁山作战不久即告撤兵，要么行军路线就根本没有经过祁山，譬如最后一次（建兴十二年）在五丈原与司马懿展开对峙的军事行动。

当然，"六出祁山"这样的说法既然能约定俗成地流传下来，一定有其理由，也间接说明了祁山（在今甘肃礼县东）这处地方对诸葛亮北伐的重要性。若打开地图，仔细观察一下魏蜀双方的主战场——陇右至关中平原的地理形势，就大体能够觉察到这一点。

诸葛亮北伐是以汉中作为前进基地的，其目标是"兴复汉室，还于旧都"，也就是占领洛阳，而要攻占洛阳，就必须先行克复长安、潼关等地。可是从汉中出兵拿下长安并不容易。魏、蜀两国之间在国力与军力上的悬殊自不待言，而战场的地理形势也决定了诸葛亮的行动要遭遇不小的阻碍。

"八百里秦川"将汉中与渭水隔绝，如果蜀军要出秦川，就必须想方设法越过这道天然屏障。对诸葛亮来说，看似最直接的方法是通过秦岭山脉中的各条谷道，当时主要的几条谷道，自东向西，情形如下：[1]

---

[1] 表中资料数据来自《元和郡县图志》《长安志》等史料，其中的里数是唐里。据吴承洛《中国度量衡史》，1唐里约为今466.5米。——编者注

三国时期秦岭地区交通路线

谷道名称	路程	地理方位	状态
子午道	660里	南口称午谷，在洋县东160里；北口称子谷，在长安南100里。	三国时已荒废，难以使用。
傥骆道	420里	南口称傥谷，在洋县北30里；北口称骆谷，在盩厔西南120里。	中路屈曲，有"八十四盘"，还需翻越三座山峰，行军不易。
褒斜道	470里	南口称褒谷，在褒城北10里；北口称斜谷，在郿县西南30里。	道路艰险，中途需翻越太白岭西坡，又称箕谷。
故道	/	由故道可从汉县经散关至陈仓。	曹操自汉中撤退时将其阻塞和烧毁，难以使用。

根据上表可知，这几条谷道都存在着环境复杂、路途艰险、运粮不便、缺乏资源、易受抄击等不利因素，不适合大军作战。相反，若选择出祁山，沿秦岭西麓经过陇右，情况就不同了。

从地形上看，出兵陇右，地势平坦，不仅利于作战，而且更便于转运粮草；从资源上看，魏国的陇右六郡天水、南安、陇西、广魏、武都、阴平，地方广大、人口稠密、资源丰富，祁山之西还出产马匹，皆可为蜀军所用；最后，从战略上看，恰如宋代名臣虞允文所言："关中天下之上游，陇右关中之上游。"一旦控制了这个区域便能取得"高屋建瓴"之势，掌握与魏国作战的主动权。

因此，祁山成为诸葛亮北伐势所必争而魏国势所必守的地方。这同时也解释了另一个千古以来聚讼纷纭的问题：为什么诸葛亮始终不愿意采纳魏延分兵子午谷、奇袭长安之谋，认为此乃"悬危"

诸葛亮北伐前陇右及关中地理形势图

之举,而坚持要"安从坦道",出兵祁山?这显然与他认为只有进军陇右,才能确保蜀军多方面的战略优势有关。那么,在正史记载中,诸葛亮历次北伐的作战经过到底如何呢?

诸葛亮的第一次北伐开始于蜀汉建兴六年(228年),他为此次作战进行了多年准备。更为有利的是,魏国方面对蜀汉的突然进攻没有防范。

> 始,国家以蜀中惟有刘备。备既死,数岁寂然无声,是以略无备预;而卒闻亮出,朝野恐惧,陇右、祁山尤甚。
> ——《三国志》卷三十五《诸葛亮传》注引《魏略》

一时间,天水、南安、安定三郡全部叛魏附蜀。

为了尽快堵塞陇坻西方隘口,确保后方粮道畅通,诸葛亮又急令蜀军赶赴街亭和柳城,以阻止魏将张郃的军队,但由于先锋马谡的指挥失误,蜀军在街亭之战中大败,诸葛亮不得已下令全军撤退,返回汉中。另一路由赵云、邓芝率领在箕谷与曹真对战的蜀军也同时撤退。天水等三郡得而复失,诸葛亮检讨战败的责任,处斩了马谡,并上书自贬三级。

诸葛亮的第二次与第三次北伐实际上构成一场连续性的机动作战。街亭战败后的同年冬,诸葛亮乘魏国大举攻吴的机会,遣师由故道出散关,围攻陈仓(今陕西宝鸡西),但由于魏方守将郝昭智勇双全,蜀军顿兵坚城,连攻陈仓二十余日不克,诸葛亮见状只得退军,并乘机斩杀了前来追击的魏将王双。

诸葛亮第一次北伐作战路线图

① 建兴六年冬，诸葛亮第二次北伐，
由故道进攻陈仓。
② 诸葛亮攻陈仓不克，退军，魏将
王双追击，被蜀军斩杀。
③ 建兴七年春，诸葛亮第三次北伐，
派遣陈式收取武都、阴平二郡。
④ 魏将郭淮率军救援，诸葛亮率
军于建威击破郭淮军。

诸葛亮第二、第三次北伐作战路线图

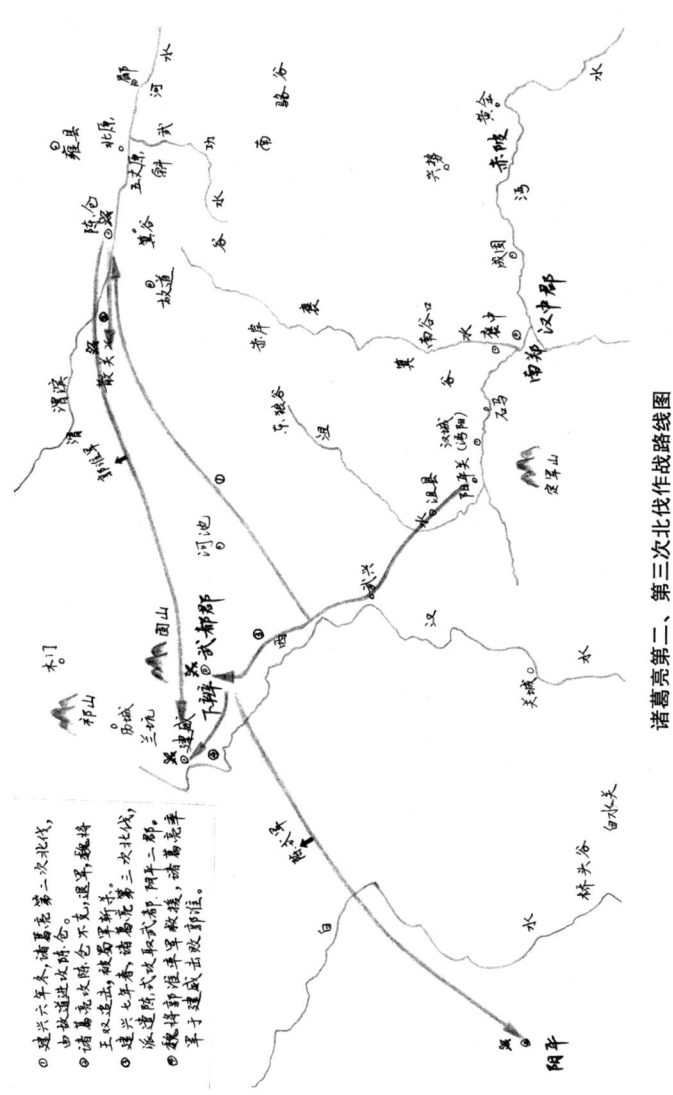

在回军途中，诸葛亮派部将陈式攻取武都（郡治下辨县，今甘肃成县西北）、阴平（郡治阴平县，今甘肃文县西）二郡。武都、阴平扼守入川孔道，既能屏卫汉中，又能作为兵出陇右的前进基地，军事位置十分重要。建兴七年（229年）春，陈式在围攻下辨时，遭魏将雍州刺史郭淮截击，诸葛亮于是亲自率军在建威迎击郭淮，将其击败，一路追赶至祁山。乘此机会，陈式顺利攻占武都、阴平。此次作战后，诸葛亮因功官复原职，再度被后主拜为丞相。

诸葛亮以上几次攻魏之战，魏方的主帅一直是大将军曹真，从曹真的应对方略看，其着力强化关中各主要据点的防御能力，以静制动，阻遏蜀军进犯，虽然魏军在野战中迭遭失败，但毕竟确保了长安不失。魏太和四年（230年），明帝曹叡特加封曹真为大司马，赐剑履上殿、入朝不趋。

为了在朝中树立威信，曹真急谋伐蜀。七月，魏军转守为攻，兵分三路进犯汉中。其中主力曹真军自长安入子午谷，司马懿军自南阳溯汉江西上，张郃军则自斜谷南下。诸葛亮的第四次北伐是以防御战的形式开场的。

然而曹真此次发起的军事行动没有收获期待的战果，相反，其主力在行军中途"会大霖雨三十余日"，各处山洪暴发，道路阻绝，战士多有伤亡，军械辎重损失严重。朝中元老重臣杨阜、王肃、华歆等连番向明帝进谏，要求其尽快终止战役。到了九月，明帝下诏令诸军班师。随着魏军撤退，战场主动权又回到了诸葛亮手里，他命魏延、吴懿率轻骑一万，西入羌中，联络羌人，并扰乱魏国后

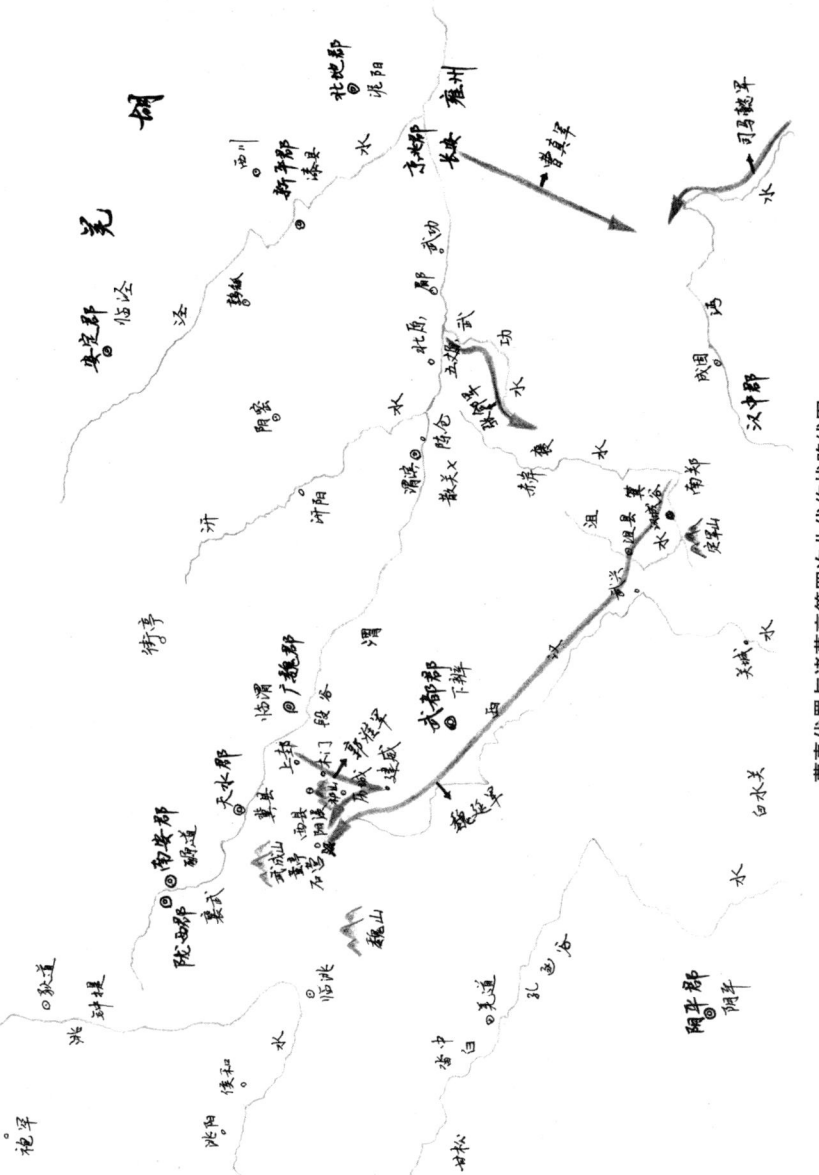

曹真伐蜀与诸葛亮第四次北伐作战路线图

方，二人率军与魏将郭淮、费曜遭遇于阳溪（今甘肃礼县北木树关一带），大破之，得胜而返。

诸葛亮的第五次北伐开始于建兴九年（231年）春二月，此时由于曹真病重，经其举荐，由大将军司马懿都督雍、凉二州诸军事，西入长安，全面负责与蜀汉的战事。可见，真实历史中，诸葛亮与司马懿的"龙虎斗"只发生在建兴九年与建兴十二年这两次的北伐。

第五次北伐诸葛亮循着第一次的路线，进围祁山，且开始试验其新发明的"木牛"，用于后方运输粮草。司马懿在闻知祁山被围后立即率魏军主力前往救援，诸葛亮却避实击虚分兵三万北攻上邽（今甘肃天水），连败上邽守将费曜与前来支援的郭淮。司马懿甫至祁山，惊闻诸葛亮军已往上邽，便又急忙回援，依上邽以东下寨，与诸葛亮军对峙。

由于司马懿坚守不出，诸葛亮在收割上邽之麦后，回军南返。司马懿率魏军尾随其后，当蜀军到达卤城（今甘肃天水与甘谷之间）时，魏军发起进攻，但被诸葛亮击破。此后两军再次陷入对峙，到了秋天，由于后方李严"运粮不继"，诸葛亮被迫撤军，蜀军在木门道设伏，射杀了追击而来的张郃。

自建兴六年至建兴九年，诸葛亮连年攻魏，却没有取得决定性的胜利，此后三年他"休士息民"进行长时间的准备。建兴十二年二月，诸葛亮开始了他生命中的最后一次北伐，此次作战对于蜀汉来说是一场空前规模的军事行动。清代学者王鸣盛说："一蜀之大，兵多不过十二万，孔明所用八万，常留四万以为更代。"而这次北

河池①

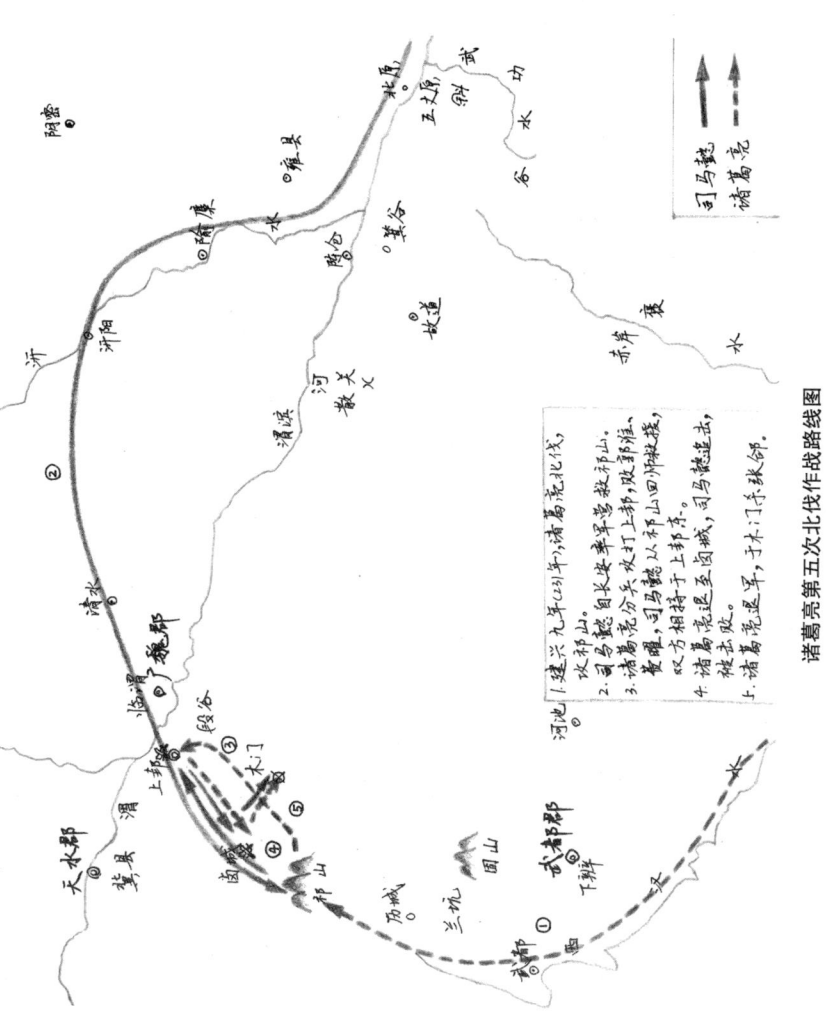

1. 建兴九年(231)年,诸葛亮北伐,
 改祁山。
2. 司马懿命张郃率军至祁山。
3. 诸葛亮分兵攻打上邽,败郭淮、
 费曜,司马懿从卤山向西撤退,
 双方相持于上邽东。
4. 诸葛亮退至卤城,司马懿进击,
 被击败。
5. 诸葛亮退军,于木门射杀郃。

诸葛亮第五次北伐作战路线图

伐，诸葛亮是"悉众"而出，也就是说把过去用来防守汉中的预备兵都调出来了，有学者估算总兵力不会低于十万。

诸葛亮在战前又遣使联络东吴，约吴主孙权一同攻魏，使魏国腹背受敌。当年五月，孙权依约分三路伐魏。此次北伐，诸葛亮在行军路线上也不再像过去那样小心谨慎，全军直接出斜谷攻入郿县（今陕西眉县东北），并以"流马"运粮。从上述种种迹象可以看出，诸葛亮这次北伐摆出了"不成功，便成仁"的架势。

司马懿对此次诸葛亮的军事行动有准确预判，据《晋书·宣帝纪》记载，他在上邽之战结束后便认为：

> 亮再出祁山，一攻陈仓，皆挫败而还。纵其后出，不复攻城，当求野战，必在陇东不在西也。亮每以粮为恨，归必积谷，以吾料之，非三稔不能动矣。

于是司马懿便在关中招徕移民、垦殖荒地、兴修水利，为即将到来的大战做充分的准备。

蜀军在突入渭水南岸后，司马懿力排众议，连夜率军自渭北渡河至渭南，"背水为垒"，阻断了诸葛亮东进长安之路，诸葛亮于是率军西上武功五丈原结营，与司马懿二十万大军对峙，战局复陷于胶着。自二月至六月，诸葛亮数次挑战，但司马懿始终坚守不出。

据《魏氏春秋》记载，在此期间，诸葛亮为了激怒司马懿，使之出战，给他送去女装；司马懿在接见诸葛亮的使者时，听使者说"诸葛公夙兴夜寐，罚二十已上，皆亲览焉；所啖食不过数升"，便感叹道:"亮体毙矣,其能久乎?"而《晋书·宣帝纪》还提及"会有长星坠亮之垒",这样的不祥之兆似乎预示着诸葛亮的悲剧。八月,诸葛亮于五丈原病逝,赍志以殁,终年五十四岁,遗令杨仪、姜维秘不发丧,整军后撤。

诸葛亮对第六次北伐的设想其实是打一场长期战争,与司马懿在渭水相持,等于将蜀魏两军的作战前线大范围北移,包括祁山、天水在内的陇西诸地瞬间皆被蜀军所囊括,假以时日皆可成为后方的交通枢纽,这样一来,一直困扰诸葛亮的粮草问题便会无形消弭。同时,在五丈原前线,诸葛亮又"分兵屯田,为久驻之基。耕者杂于渭滨居民之间,而百姓安堵"。可以想象,如果诸葛亮没有这么早去世,那么魏国是否能获得这场战争的胜利,依然在未定之天。

"纶巾羽扇、道袍鹤氅":《三国演义》中的六出祁山

相比于上述《三国志》等史书中的记载,罗贯中《三国演义》中"六出祁山"的故事就流行得多了,从第九十一回"祭泸水汉相班师 伐中原武侯上表"到第一百零四回"陨大星汉丞相归天 见木像魏都督丧胆",《三国演义》共一百二十回,用了足足十四回来讲诸葛亮的"六出祁山",篇幅已足够长。

作为一部文学作品,《三国演义》对这段历史少不了各种添油加醋地虚构与改编,以今天的眼光看,这些改编中自然有杰出的文

诸葛亮第六次北伐作战路线图

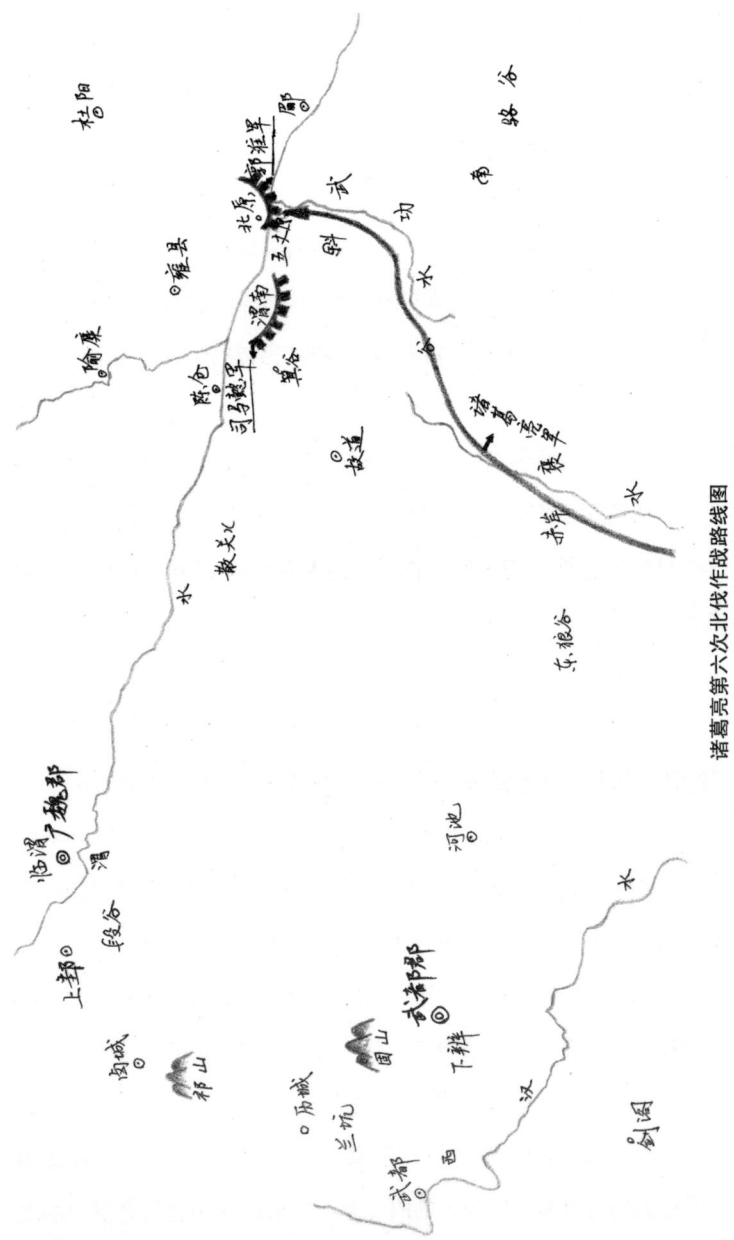

学创作，却也有不足甚至拙劣之处。尽管与正史相比，《三国演义》的"六出祁山"更为人津津乐道，但故事本身混乱与不协调确实是一个无法回避的弱点。

《三国演义》首先便"不辞辛劳"地把这六场仗该怎么打重新规划了一番。譬如，诸葛亮一出祁山，当时分明驻屯于宛的司马懿，却神奇地"空降"在了陇右战场，还与诸葛亮在西城合演了一出"空城计"，"空城计"的子虚乌有是个已经被谈过很多次的话题，这里便不再赘述。不过对于热衷"加戏"的《三国演义》来说，区区一个"空城计"尚属牛刀小试。

到诸葛亮攻陈仓时，《三国演义》自然不希望丞相打了二十天不克而悻悻撤兵，一定要有战果，于是诸葛亮"运筹帷幄"，由新降蜀汉的姜维巧施诈降计，让魏国大将费曜替曹真"领了便当"，这之后蜀军还火烧了曹真的大寨。然而问题是，根据正史记载，费曜明明活得好好的，几年之后诸葛亮攻打上邽时还会再遇见他。

在《三国演义》里，就不存在"智商爆表"的诸葛亮拿不下的城池，于是诸葛亮的第三次北伐变成了一场乘着郝昭病重发起的"陈仓复仇战"，可《三国演义》里的诸葛亮在千辛万苦夺取陈仓后并没有一鼓作气东下长安，反而匪夷所思地调头往南走，向祁山方向攻打武都、阴平去了。正像之前提到的，在真实历史中，诸葛亮回军南返，并派陈式取武都、阴平正是由于攻陈仓不克的结果，可见《三国演义》把这些军事据点的地理位置完全搞混了。

《三国演义》涌现出这么多摸不着头脑的"胜仗"，与全书"尊刘抑曹"的主题思想是脱不开干系的，因为蜀汉与曹魏间的对立被描绘成了一场"正邪之争",尽管街亭失利与饮恨五丈原的事实无法改变,但除此之外,诸葛丞相的胜仗理应多多益善。

除了给诸葛亮增添战绩,《三国演义》在人物刻画上也开足了脑筋,着力去表现诸葛亮"无所不能"的形象。第九十三回,他在两军阵前骂死了王朗;第一百回,他又如法炮制,修书一封气死了曹真;第一百零一回,诸葛亮与司马懿在上邽对战时,甚至亲自开始"作法":

> 孔明见魏兵赶来,便教回车,遥望蜀营缓缓而行。魏兵皆骤马追赶,但见阴风习习,冷雾漫漫。尽力赶了一程,追之不上。各人大惊,都勒住马言:"奇怪!我等急急赶了三十里,只见在前,追之不上。如之奈何?"……后面司马懿自引一军到,传令曰:"孔明善会八门遁甲,能驱六丁六甲之神。此乃六甲天书内'缩地'之法也。众军不可追之。"

足见《三国演义》中的诸葛亮简直掌握了超能力,至第一百零三回,他又试图自行"续命":

> 我自于帐中祈禳北斗。若七日内主灯不灭,吾寿可增一纪;如灯灭,吾必死矣。

上述神化诸葛亮的桥段,不仅没有达成拔高形象的目的,反而令其显得怪异而滑稽,鲁迅先生"状诸葛之多智而近妖"的批评是恰如其分的。

在将诸葛亮神化的同时,《三国演义》中那些代表着"邪恶势力"的人物却遭到不同程度的丑化,以至于和历史上的本来面目大相径庭。譬如,曹真被塑造成一个庸懦无能,离开司马懿就不知道如何打仗的人物,实际上历史上的曹真在对抗诸葛亮的过程中,表现可圈可点,至于其最后的病逝,与伐蜀染病有关,而与被诸葛亮气死没有一点儿关系。

最不被《三国演义》善待的人要数魏延。在书中魏延被描绘成一个"脑有反骨"的恶棍,甚至最后诸葛亮"续命"失败也与魏延进帐时带来的脚风扑灭了长明灯有关。为了显示诸葛亮对这个"反贼"早已"洞烛其奸",《三国演义》里的诸葛亮时不时就要和下属表态,说他留着魏延不杀,只是"惜其勇而用之",以后会处理的,这简直是要让蜀军上下都知道他们的统军大将是个反贼,思路可谓十分清奇。

事实上,魏延是当时蜀汉屈指可数的将才,他在刘备征汉中的时候便已崭露头角,此后更是长期负责汉中防务,诸葛亮在北伐过程中的多次军事行动也必须仰赖魏延完成,尤其是第四次北伐,更是让魏延作为先锋,出击羌中地区,开辟"敌后战场"。的确,二人在攻魏的战略规划上有分歧,魏延也时常抱怨自己的"子午谷奇谋"没有被采纳,但这不能够被视为"敌我矛盾"。至于魏延在诸葛亮死后不遵调度、兵败被杀,与他和杨仪间的个人恩怨有关,无法作为其"脑有反骨"的证明,这也是已经得到历史学家澄清的。

由于《三国演义》在情节设计和人物刻画上缺乏章法，诸葛亮在六出祁山过程里的计谋运用也暴露出很多逻辑硬伤。

举例来说，第九十一回，诸葛亮在一出祁山之前即料定此时总督雍凉兵马的司马懿会对其北伐构成重大阻碍，于是诸葛亮施反间计，令明帝怀疑司马懿要谋反，削其兵权，调其赴宛屯守。可是根据此后的情节发展，司马懿不仅攻新城，诛孟达，还星夜驰援陇右，迫使诸葛亮动用"空城计"，其对蜀军的妨害没有丝毫减损，可以说诸葛亮的反间计没有起到任何效果。

根据正史记载，司马懿在曹真病重之前根本未统率雍凉兵马，而他在诛孟达后也压根儿不曾到过陇右，所以严格说来这场"反间计"是无的放矢的。《三国演义》既想要显示诸葛亮"未卜先知"的能力，又不能让司马懿在"空城计"的故事中缺席，直接导致了"反间计"故事自相矛盾、漏洞百出，类似的问题在《三国演义》的其他回目里还有许多。

尽管有如此多的缺憾，但不可否认的是，《三国演义》中"六出祁山"的影响力是十分巨大的，尤其像"空城计""火熄上方谷"这些经典桥段，早已广为流传、家喻户晓。囿于时代和思想的局限，《三国演义》中的许多错误在所难免。对这部文学巨著的批评，自然不是要苛责古人，而是想站在今人的立场上，对《三国演义》中什么是实、什么是虚，有一个比较清晰的认识。如果非要一口咬定诸葛亮北伐就是按照《三国演义》里那样打法，未免就有些憨直可爱了。

"依依东望,是人心":连续剧《虎啸龙吟》中的双雄对决

至于电视剧《虎啸龙吟》里呈现出的诸葛亮北伐,如果要用一个字来形容,那就是"新"。

可以看到,从上部《军师联盟》再到下部《虎啸龙吟》,《大军师司马懿》这部剧始终试图在既有的"演义"与史实之间,开辟出一条崭新的"三国叙事"。在这种叙事里,《三国演义》中的虚构故事依然得到采纳,所以我们仍能看到空城计、气死曹真或是火熄上方谷这些剧情,但这些故事具体放置在哪里,其蕴含的意义怎样,《虎啸龙吟》自有打算。

电视剧中的蜀魏对决开始于第五集,结束于第二十三集,恰好构成了全剧的前半部分。它没有试图面面俱到地讲诸葛亮的六次北伐,而只讲了四次,大体上对应到第一次的街亭之战、第三次的陈仓之战、第五次的上邽之战和第六次的五丈原之战。

第一次北伐的过程与《三国演义》的描写大体一致,令人耳目一新的是《虎啸龙吟》对"空城计"有了新的解释。过去人们对司马懿坚决不入城十分疑惑,这部剧却告诉我们,司马懿不入城并不是感觉城里有埋伏,而恰恰是识破了诸葛亮手头没有兵马,如果他现在就一举剿灭诸葛亮,便要遭遇"鸟尽弓藏"的厄运,不如借一个由头纵其归去。司马懿的上述行为可用一个成语描述,那就是"养寇自重"。

紧接着"空城计"的剧情,电视剧的第十集出现了"郭照事件",魏明帝由于甄后被逼自尽之事忌恨于郭太后,将其下狱,预

备处死。为了挽救郭照的性命，司马懿将兵权交给曹真，换取了曹真以宗室身份说情，明帝不得不释放了郭照。此时司马懿料定手握重兵的曹真绝不是诸葛亮的对手，于是给诸葛亮去信，怂恿其再度发动北伐。在这次与诸葛亮的对决中，主帅曹真损兵折将、大败亏输，最后在痛失爱将王双后被诸葛亮活活气死。兵权绕了一圈之后又回到了司马懿的手里。这可谓是"将欲取之，必固与之"。

曹真死后，司马懿开始全面负责对蜀汉的战事。诸葛亮与司马懿在上邽打得不分胜负，由于司马懿在战前暗地委派柏夫人游说李严，导致蜀汉后方不稳，诸葛亮在无奈之中班师。另一方面，明帝与司马懿的关系则随着曹真的故去空前恶化，司马懿开始在军中有意识地培植私党，郭淮、孙礼都成了其亲信，相比之下不那么"听话"的大将张郃则被司马懿借诸葛亮之手除掉了。

诸葛亮班师后肃清了李严势力，于第十七集卷土重来，此时司马懿在关中战场也成为最高统帅，双方了无牵挂、放手一搏，诸葛亮耗尽心智筹划了上方谷一役，却功亏一篑，最后在司马懿的坚守不出中，于第二十二集病逝。

经过电视剧编剧的一番巧妙安排，《三国演义》里那些老桥段在《虎啸龙吟》里实现了"旧瓶装新酒"。剧中的四次蜀魏对决，环环相扣，并被放置到了司马家权势崛起的大图景里面。

虽然我们无从知道，历史上的司马懿是否真像电视剧中那样料事如神，但正如学者仇鹿鸣所指出的，司马懿借着对抗诸葛亮的机会掌握魏国军权的确是曹魏政治的一大变局，也是司马懿个人权势扩张的一个重要机遇："司马懿总陕西之任多年，关中诸将多是其旧部或受其提携，其在关中的人际网络是日后支持司马氏代魏重要的政治筹码。"

关中军队对于司马懿维持权力的重要性，在电视剧里同样有所表露。在全剧的后半段，郭淮和孙礼两人的兵权成了曹爽与司马懿权力斗争的焦点。因此，电视剧还是从一定角度体现出历史上司马懿是如何攫取曹魏权力的。

很有意思的是，虽然《虎啸龙吟》在情节处理上的创新获得了好评，却也遭遇到了一些非议，特别是剧里司马懿在五丈原对峙时，穿上女装当着病入膏肓的诸葛亮的面，语带戏谑地背诵《出师表》的情节，被一些观众认为有故意贬低诸葛亮的嫌疑。

平心静气来看，虽然我们不必把一部电视剧上升到事关民族精神的高度，但这件事本身确实能引发一点思考，那就是作为晋朝事实上的开创者，千百年来司马懿的历史评价为什么从来无法达到像对诸葛亮的评价那样的高度？

以后事观之，西晋统一局面的转瞬即逝自然是一个原因，但更重要的原因，或许是诸葛亮身上凝结了更多值得仁人志士追慕效法的优良品质。其行为操守的高洁、待人处事的平允、勉力国事的辛劳，乃至于其对先帝知遇的忠诚、对理想信念的坚守，这些品质才是"六出祁山"无法替换的精神底色，它们令诸葛武侯流芳百世、光耀千古。因此无论是在正史、演义还是今日的艺术化的影视作品中，这段故事都被人津津乐道。

陈寿作为晋朝的史官，在撰写《三国志》时奉曹魏为正统，因此在立场之上，他只能评价诸葛亮北伐失败是"天命有归，不可以智力争也"。然而，陈寿依旧在字里行间流露出对诸葛亮的钦佩和赞美。诸葛亮"兴复汉室"的理想虽然有悖"天命"大势，但是陈寿仍称之为"大义"。诸葛亮"诋毁"曹魏的文字，陈寿只字未改，收录于史书之中，并评价道：

> 其声教遗言，皆经事综物，公诚之心，形于文墨，足以知其人之意理，而有补于当世。
> ——《三国志》卷三十五《诸葛亮传》

《虎啸龙吟》的结尾，年老的司马懿最终体悟到的哲理是：
"依依东望，是人心。"[1]
诸葛亮虽然没能实现"兴复汉室"的理想，但是，他赢得了千百年的"人心"。

【编者按】

陈寿对诸葛亮的评价，最后看来，亦算公允。《三国演义》电视剧中，诸葛亮病逝于五丈原的镜头，至今看来仍使人垂泪。诸葛亮"鞠躬尽瘁，死而后已"的精神，更是感动并激励了无数后人。

---

[1] "依依东望"之语，历史上出自诸葛亮给孟达的书信。《三国志·费诗传》载，诸葛亮第一次北伐之前"欲诱达以为外援"，故写信给孟达劝其叛魏，信中有言："寻表明之言，追平生之好，依依东望，故遣有书。"孟达阅信后"数相交通，辞欲叛魏"。电视剧的剧情中，司马懿擒杀孟达后，有可能看到了这封书信，故而会说出此语。——编者注

诸葛亮去世后，蜀汉"兴复汉室"的理想是否还能继续下去？诸葛亮和李严斗争的背后，究竟反映了蜀汉内部什么样的人心冲突？前文所提及的蜀汉内斗，究竟是不是致使蜀汉灭亡的元凶？下篇文章将揭晓答案。

参考文献：

史料：

1. [晋]陈寿：《三国志》。
2. [唐]房玄龄等撰：《晋书》。

专著：

1. [明]罗贯中：《三国演义》，人民文学出版社，1974年。
2. 陈玉屏：《魏晋南北朝兵户制度研究》，巴蜀书社，1988年。
3. 仇鹿鸣：《魏晋之际的政治权力与家族网络》，上海古籍出版社，2012年。

论文：

康世荣：《"六出祁山"辨疑》，《陇南文史》第八辑，甘肃人民出版社，2014年。

蜀汉真是一个窝里斗政权吗?

不识字

从章武三年（223年）刘备临终前的人事布局，人们似乎能感到蜀汉政权内存在着微妙的态势和不安的隐患。到了建兴九年（231年），诸葛亮罢免李严似乎更加印证了这种感觉。

在史学界，一直存在着"蜀汉内部矛盾论"的观点，大体指的是蜀汉荆州、益州、东州三个派系争斗严重，其中荆州派联合东州派一起打压本土益州派，以维持自身统治。这样的观点曾颇为流行，给人们一个这样的印象：蜀汉内斗严重，是一个"窝里斗"政权，而蜀汉的灭亡，似乎跟内斗有密切的联系。然而，事实真是如此吗？蜀汉果真亡于内斗？

益州人不被重用?

蜀汉内斗严重的"表象"先体现在益州人的地位上。晋朝时，巴西人龚壮曾言："豫州入蜀，荆楚人贵。"也就是说，在那时就有不少人认为以诸葛亮为首的荆州人占据了蜀汉政权的主导地位，而益州本土人则备受打压、不被重用，官职不居显位。

实际上，这种说法并不属实。从《三国志》及各种史料的记载看，不管是在刘备入蜀还是诸葛亮治蜀时期，蜀汉政权实施的用人政策都是广纳贤才，大力招揽包括益州本土人在内的四方有志之士，不存在刻意打压本土势力的行为。

有学者统计，《三国志》中记载的蜀汉官员有籍可考者189人，其中荆州人士66人，而益州籍的官员92人，很明显，后者在整个蜀汉集团内有着举足轻重的地位。

除了数据统计，具体到个人，更能反映益州人士不但没被轻视，反而被刘备和诸葛亮两位创业不易的当家人极尽拉拢和团结。比如：

黄权，巴西阆中人，刘璋帐下大将，曾竭力劝阻刘璋邀请刘备入蜀，甚至后来在大多数人都已归属刘备时，独自"闭城坚守"。但刘备入主成都后不仅没怪罪他，反倒拜他为偏将军，后来他官至镇北将军，成了刘备军事上的一大帮手。

李邈，益州广汉人，为蜀中名士，对刘备强占益州的行为非常不满，曾当面嘲讽刘备背信弃义，"有司将杀之，诸葛亮为请，得免"，后来历任犍为太守、丞相参军、安汉将军。

其他人，诸如：犍为人杨洪为蜀郡太守；犍为人张翼为车骑将军；犍为人费诗为牂牁郡太守；梓潼人李福为巴西太守、尚书仆射；广汉人秦宓为大司农；成都人张裔为巴郡太守；巴郡人张嶷为荡寇将军；巴西人王平为镇北大将军、汉中都督，还统领蜀汉一支精锐部队"无当飞军"；巴西人马忠为镇南大将军、庲降都督，一度"平尚书事"……这些都是处于蜀汉权力中枢的益州人士，其比例和重要性远远超过了大家眼中的特权集团"荆楚人士"。

所以，只凭一句"豫州入蜀，荆楚人贵"而不做具体分析，便得出益州人士在蜀汉政权中遭受打压的结论，其实犯了先入为主的错误。真正的情况是，益州人正是蜀汉政权的中坚力量，而且被刘备和诸葛亮等最高领导人重视和重用。

益州人敌视蜀汉政权？

在蜀汉建国初期，确实存在部分益州人敌视蜀汉政权的现象。

前面提到的广汉人李邈，他作为蜀中名士，曾当面嘲讽刘备强占益州："振威［即刘璋］[1]以将军宗室肺腑，委以讨贼，元功未效，先寇而灭。邈以将军之取鄙州，甚为不宜也。"刘备反问："知其不宜，何以不助之？"谁知张邈又补了一刀："匪不敢也，力不足耳。"就是这句话，给他带来杀身之祸，险些丧命。蜀郡人张裕在刘备得蜀后，凭借自身影响力，四处散布"刘氏祚尽"的消极言论。秦宓、费诗、来敏等人也都表达过不满。

但这都只是一时的愤慨。从根本上看，他们的不满只是作为刘璋旧臣，出于道义对刘备背信弃义的谴责，而非发自内心地敌视整个蜀汉政权。

---

[1]《三国志》卷三十一《刘二牧传》："璋闻曹公征荆州，已定汉中，遣河内阴溥致敬于曹公，加璋振威将军。"——编者注

事实上，当刘备听从诸葛亮的建议，对整个益州人士群体采取怀柔政策之后，除了个别特例（张裕）外，绝大多数益州人士投入蜀汉政权的怀抱，并为后来蜀汉事业的进一步发展做出了极大的贡献。

东汉建安二十四年（219年），正是刘备与曹操在汉中会战的最艰难时刻，蜀汉军力不支，刘备发急信回成都请求支援。诸葛亮收到信后，询问蜀部从事杨洪如何回应，杨洪果断回答："男子当战，女子当运"，支持诸葛亮尽发蜀地兵士为国征战。最终刘备成功夺下汉中。

蜀汉章武二年（222年），刘备因夷陵大败，溯江而走，蜀将巴西人程畿断后。吴军追杀而至，有人劝程畿弃大船乘轻舟而逃，他断然拒绝："吾在军，未曾为敌走，况从天子而见危哉！"他与吴军搏斗，英勇战死。后来杨戏作《季汉辅臣赞》，称其"立节明君"。

最感人的例子当属黄权。章武元年，刘备为关羽败亡之事东征吴国，曾经尤为敌视刘备的蜀中大将黄权主动请战，希望为大军先锋试探敌军虚实。刘备没有答应，让黄权驻扎江北，防备曹魏。后来蜀汉战败，黄权被断归路而被迫北投魏国。初到魏国时，曹丕问他是不是想像陈平、韩信背弃项羽投奔刘邦那样"舍逆效顺"，黄权答道：

臣过受刘主殊遇，降吴不可，还蜀无路，是以归命。且败军之将，免死为幸，何古人之可慕也！

——《三国志》卷四十三《黄权传》

黄权的忠诚让曹丕极为感动，于是给予他优待："拜为镇南将军，封育阳侯，加侍中，使之陪乘。"随后，又有传闻说，蜀汉要诛杀黄权的家人，曹丕建议黄权发丧，黄权却认定那是"虚言"，说：

> 臣与刘、葛［即诸葛亮］推诚相信，明臣本志。疑惑未实，请须后问。
>
> ——《三国志》卷四十三《黄权传》注引《汉魏春秋》

事实上，蜀中确有人提议刘备降罪于黄权的家人，但刘备并未采纳，对待黄权的家人一切如初，还说出了那句著名的"孤负黄权，权不负孤也"。

刘备病逝的消息传到魏国后，君臣幸灾乐祸，而黄权面无喜色。曹丕素来了解黄权对刘备的忠心，因而"察权有局量，欲试惊之"，数次遣使者传唤黄权，"累催相属""交错于道"，黄权府上之人"莫不碎魄"，但黄权"颜色自若"。

就这样，一个原本敌视刘备的蜀中旧臣，却上演了一番真实的"身在曹营心在汉"。

除此几人外，最典型的当属益州大学士秦宓。他原本是对蜀汉政权怀有偏见的代表人物，但经过诸葛亮的真诚相待后，他的态度发生了巨大转变，从敌视到发自内心地认同并拥护蜀汉政权。在后来三国史上闻名后世的那场辩论赛上，秦宓非常明确地表达了他的态度。

那时正是蜀汉和吴国重修于好之时。东吴名士张温出使蜀汉，诸葛亮与百官设宴相待，而秦宓姗姗来迟。张温认为秦宓有失礼节，便有意刁难，因此发起了辩论：

温问曰："君学乎？"

宓曰："五尺童子皆学，何必小人！"

温复问曰："天有头乎？"

宓曰："有之。"

温曰："在何方也？"

宓曰："在西方。《诗》曰：'乃眷西顾。'以此推之，头在西方。"

温曰："天有耳乎？"

宓曰："天处高而听卑，《诗》云：'鹤鸣于九皋，声闻于天。'若其无耳，何以听之？"

温曰："天有足乎？"

宓曰："有。《诗》云：'天步艰难，之子不犹。'若其无足，何以步之？"

这些对话看似只是对于"天"的无害争论，实际上却是对东（吴国）与西（蜀汉）谁为正统政权的犀利交锋。张温自诩饱学之士，发难于秦宓，结果没占到半点儿便宜。他随即提出了一个更直接的问题：

温曰:"天有姓乎?"

宓曰:"有。"

温曰:"何姓?"

宓曰:"姓刘。"

温曰:"何以知之?"

秦宓朗声回答:

"天子姓刘,故以此知之。"

——《三国志》卷三十八《秦宓传》

面对张温咄咄逼人的攻势,秦宓淡定自若,"答问如响,应声而出!"最终张温败下阵来,"大敬服"。

由此可见,不管是杨洪、程畿、黄权还是秦宓,他们都代表了益州中高层人物对蜀汉政权的认同和拥护。而所谓益州本土人士始终排斥、敌视蜀汉政权的观点,只不过是"没有调查就没有发言权"的反面教材,不足为信。

蜀汉政权内部从来没有发生过荆、益两派内斗的事实。除了这两个群体外,蜀汉内部还存在另一个特殊的"派系"——东州人。所谓东州人,指的是刘焉时期有"南阳、三辅人流入益州数万家,收以为兵,名曰东州兵",其中包括不少名士,成为刘焉、刘璋帐下大臣。后来,东州人泛指在刘备集团入蜀前,就在益州立足的荆州等地人士。但是,并没有任何史料记载这些东州人在后来蜀汉政权时期有过结党成派的行为。而刘备对这些东州人也委以重任，甚至不计前嫌。最典型的例子要属刘巴。

刘巴，字子初，原为荆州零陵人，因出身名门而看不起出身低微的刘备，还侮辱了他眼中的"兵子"张飞，惹怒了刘备。刘表病逝，荆州士人大多追随刘备，唯独刘巴北上投曹；刘备夺取荆南三郡后，时在零陵的刘巴特意辗转到益州为刘璋效力，其间还曾力劝刘璋不要邀请刘备入蜀，可见对刘备怨念之深。刘备攻破成都后，帐下人想替他出气杀了刘巴，刘备却下令："有害巴者，诛其三族。"刘备对刘巴甚是礼遇，拜他为左将军，后来刘巴官至尚书令。

还有不少东州人甚至进入了刘备集团的核心圈子，如之前文章提到的法正和李严。法正本是三辅地区的扶风郿人，东汉建安年间为躲避战乱而入蜀投靠刘璋，是典型的"东州人"。顺便一提，法正还有个同乡和他一起入蜀，此人就是孟达。而身为与诸葛亮一样的托孤重臣，李严原是南阳人，建安十三年（208年）曹操入荆州时赴蜀，被刘璋任命为成都令。

真正的"内斗"是什么？

三个集团内斗的事实虽不存在，但蜀汉政权确实有过其他的内斗。

比如，托孤大臣诸葛亮与李严，魏延与杨仪，以及后来姜维与诸葛瞻、黄皓等的内斗，这都是切切实实发生过的。然而，这种内斗并非蜀汉在三国之中最先灭亡的根本原因，真正的原因，其实是一种更深层次的精神上的"内斗"——兴复汉室的理想主义与偏安一隅的现实主义的冲突。

这一切可以从一名叫谯周的蜀汉老臣的转变说起。

在蜀汉政权建立之初，作为巴西人的谯周，同大多数益州本土人一样，都在刘备与诸葛亮的怀柔政策下对蜀汉事业怀有极高的热情。刘备称帝时，谯周与大批益州人士苦心孤诣地为刘备提供祥瑞和箴言等天命依据为其造势。诸葛亮病逝于北伐前线时，谯周不顾一切地在朝廷禁丧令下达之前，赶到五丈原奔丧：

> 亮卒于敌庭，周在家闻问，即便奔赴，寻有诏书禁断，惟周以速行得达。
>
> ——《三国志》卷四十二《谯周传》

谯周对诸葛亮的崇敬与真挚之情，跃然纸上。

到了蜀汉后期，谯周却一反前态，不仅作《仇国论》批驳蜀汉政权苟延残喘，最后还亲自劝说刘禅降魏。正因如此，谯周成了后人眼中益州人敌视蜀汉政权的代表人物。

为何谯周从蜀汉政权的拥护者变成了彻底的敌视派，这期间到底发生了什么，让他的态度有了如此大的转变？

其实发生改变的并非谯周，而是蜀汉政权。

在刘备与诸葛亮时代，蜀汉政权的目标非常明确，那便是"北定中原，兴复汉室"。为此，从刘备入蜀之始，发动汉中会战为继，再到诸葛亮北伐中原,都是奉行了"嗣武二祖、龚行天罚"和"汉贼不两立,王业不偏安"的政治纲领。

这些富有激情的口号,使益州人士前仆后继地为之奋斗,原本出身不同派系的士人,在这一口号和政治理想下团结起来,人心凝聚。因而才有了杨洪"男战女运"的坚定,程畿舍命护天子的忠诚;有了黄权请做先锋,身在曹魏不忘旧主的臣节,秦宓"天命在刘"的笃定;又有了谯周本人带头为刘备称帝造势,不顾一切奔赴前线吊唁诸葛亮的真诚……

然而,诸葛亮去世之后,蜀汉政权很快发生了本质上的变化。蒋琬主政时,虽然和姜维进行了"偏军西入"的数次北伐,但已远远不及诸葛亮时期的规模;费祎成为蜀汉大将军后,更是以"吾等不如丞相亦已远矣,丞相犹不能定中夏,况吾等乎!"的理由彻底放弃了对魏作战;姜维掌政后,尽管他继承了诸葛遗志,重新将"兴复汉室,还于旧都"的目标提上日程,但碍于能力有限,多次进行的北伐均徒耗国力而没能取得实质性战果。

可见,诸葛亮去世后,日益艰难的北伐形势严重打击了蜀汉的士人,他们对蜀汉政权的定位从自诩尚可与中原魏国争锋的正统政权,逐渐沦为承认偏安一隅的割据势力。换句话说,当初益州士人对刘备、诸葛亮时代蜀汉政权能"兴复汉室,还于旧都"的期望,彻底落空了。而更要命的是,连年北伐已使原本"疲弊"的益州不堪重负,后主刘禅亲政后,又开始贪图享乐,大修宫室,宠信黄皓、陈祗等奸佞,这进一步激化了蜀汉内部的矛盾。

因此,在蜀汉政治理想与现实社会发生严重脱节之后,以谯周为首的益州士人不由得对蜀汉政权是否为正统产生了深深的怀疑。从《上谏后主疏》到《仇国论》，从试图劝谏天子重振先帝遗志未果，到对蜀汉政权彻底死心，谯周的心路历程在《三国志》中展现得极为清晰。而谯周个人心态和思想的变化，正是蜀汉政权逐渐丧失人心的缩影。

一个国家精神信念崩塌的影响，永远比任何派系斗争带来的危害更为深刻。炎兴元年（263年）十一月，邓艾大军兵临成都之时，这位曾经如此爱戴蜀汉的老臣的劝降，便成了压倒蜀汉帝国的最后一棵稻草。

黄权和秦宓的故事体现了蜀汉人心凝聚和信念的统一，而谯周的故事又表明蜀汉人心离散和信念的崩塌，诚可叹矣！

【编者按】

随着诸葛亮的病逝，蜀汉的政治理想就此落空，随之而来的是人心的丧失和溃散。人没有梦想，就会变成咸鱼；国家失去了理想，就会如蜀汉一样，转瞬覆灭。从汉末乱世到三国鼎立，刘备创业之艰辛甚于曹操和孙权，而蜀汉却是三国中最先灭亡的，不得不说是一段历史的悲歌。

三国中灭亡的下一个，不是孙吴，而是实力最强的曹魏。曹魏的人心又是如何丧失的？这就要从它的奠基者曹操讲起了——曹操在创业之初，就埋下了曹魏覆灭的种子，虽然情况与蜀汉不同，但同样也是一段可叹的悲剧。

参考文献：

史料：

［晋］陈寿：《三国志》。

论文：

1. 安剑华：《"东州士"与蜀汉政权》，《成都大学学报》（社会科学版），2016年第6期。
2. 雷近芳：《试论蜀汉统治集团的地域构成及其矛盾》，《信阳师范学院学报》（哲学社会科学版），1992年第4期。
3. 王魂：《论荆州士人在蜀汉政权中的地位》，《湖北文理学院学报》，2018年3月。
4. 张东：《功过分明议谯周》，《成都大学学报》（社会科学版），2019年第4期。

解读《求才令》：隐藏着曹氏灭亡的无奈

羊菓

> 夫曹孟德者，旷世之枭杰也。其在汉末，欲取刘氏之皇位而代之，则必先摧破其劲敌士大夫阶级精神上之堡垒，即汉代传统之儒家思想，然后可以成功。
>
> ——陈寅恪

2017年热播的电视剧《大军师司马懿之军师联盟》，一经播出即引发不少争议。电视剧中离奇错乱的时间线索，把一拨三国铁粉整得晕头转向。最使人感觉荒诞的是，第一集的时间背景设置在官渡大战（建安四年，199年）之前，然而，编剧们却安排曹操把原本在建安二十二年写成的《求才令》挪到此时公诸天下。殊不知，历史上这道《求才令》颁布之时，曹操已经从魏公晋爵为魏王，赤壁之战也已打完近十年，哪里还能再口口声声自称"曹司空"呢？[1]

按照电视编剧们的设想，《求才令》引来了各路贤能之士，主角配角们应邀登场，可以为后来的剧情发展做铺垫。殊不知此剧情

---

[1] 建安元年八月，曹操迎献帝至许，十一月曹操任司空一职；建安十三年六月，曹操为丞相；建安十八年五月，曹操授封魏公；建安二十一年四月，曹操晋号魏王。——编者注

设置完全不符合历史事实,并且无意间抹杀了《求才令》的真正意义。那么,历史上曹操的《求才令》是在什么时候颁布的?曹操三次求才,真的招揽了大批贤才吗?颁布《求才令》,曹操的真实目的究竟是什么呢?

陈平的"铁杆粉":流氓也能当丞相

根据《三国志》的记载,曹操三次颁布《求才令》的时间分别是建安十五年(210年)、建安十九年和建安二十二年。最早的一次求才发生在赤壁之战(208年)两年之后。综观三份文本,均提及一个著名历史人物,即西汉王朝开国功臣之一的陈平。陈平是协助汉高祖刘邦打天下、治天下的重要谋臣之一,《史记》称之为陈丞相。

"求才三令"的第一份文本中说道:"今天下得无有被褐怀玉而钓于渭滨者乎?又得无盗嫂受金而未遇无知者乎?"其中提到两个著名历史人物:前一句说的是渭水河边垂钓的姜子牙,后一句所谓"盗嫂受金者"便是陈平。陈平在飞黄腾达之前,声名不佳。据《史记·陈丞相世家》记载,周勃、灌婴等人曾经向刘邦汇报陈平的"前科":

> 臣闻平居家时,盗其嫂;事魏不容,亡归楚;归楚不中,又亡归汉。今日大王尊官之,令护军。臣闻平受诸将金,金多者得善处,金少者得恶处。平,反覆乱臣也。

按这段"小报告"里的说法，陈平曾经对嫂子行为不端，而且收受将领的贿赂，在政治道路上三次改换门庭，可谓是不忠不义的"反覆乱臣"。

在第二份《求才令》中，曹操说道："陈平岂笃行，苏秦岂守信邪？而陈平定汉业，苏秦济弱燕。由此观之，士有偏短，庸可废乎！"这里又将陈平与苏秦并举，指出陈、苏二人都不是笃行、守信的人。所谓"笃行"，是指行为纯正、踏实。曹操指出陈平的"不老实"，颇耐人寻味。

在第三份《求才令》中，曹操再次拿陈平举例，说道："韩信、陈平负污辱之名，有见笑之耻，卒能成就王业，声著千载。"曹操承认陈平生前的名声和社会评价不太好。但是，偏偏是这么一个不被当时主流价值观认可的陈平，得到曹操的三次赞赏，甚至被视为全天下选拔人才的标准。这是何故呢？内中原因，值得深究。

我们不知道曹操自己有没有意识到，也不知道这是否为曹操赞赏陈平的原因，那就是他本人的经历与陈平确实存在某种程度的相似之处。第一，陈平通过个人奋斗最终做了汉朝丞相，曹操也做了汉朝丞相。第二，陈平曾被人骂作"反覆乱臣"，曹操则被骂作"乱臣贼子"，总之，两人都是"不安分"的人臣。第三，陈平被当时的人认为行为不端，曹操早年的口碑也不佳。据《史记·陈丞相世家》记载，陈平年少时曾被其嫂批评"不视家生产"，还被后人评价为有才无德。至于曹操，《三国志·武帝纪》上说，他年轻时"任侠放荡，不治行业，故世人未之奇"。《曹瞒传》云："太祖少好飞鹰走狗,游荡无度",因此多次被其叔父告状。第四,两人在男女关系上都受外界讥评。陈平有"盗嫂"绯闻,曹操亦有酷爱人妻的恶名。据《世说新语》中所叙,曹操年轻时外出游玩,参观民间婚礼后潜入主人园中,"抽刃劫新妇"后逃出。此外,曹操的多名妻妾都是从前夫家改嫁来的。众所周知,他收纳张绣伯母入侧室,又迎娶了秦宜禄的前妻杜夫人。曹操好娶人妻的作风,不仅给他造成不少麻烦,比如张绣兵变导致其子侄、爱将殒命,也影响了曹操身后的风评。

此外,曹操更有"宁我负人,毋人负我"的名言传世。此种言行不被儒家正统的道德评价体系认可。更何况曹操的父亲曹嵩被宦官曹腾收养,宦官养子的身份人所共知,因此曹操的家庭出身不受士人尊重。曹操在《求才令》中反复鼓吹陈平的"劣迹",不仅是为了寻求同路人,更重要的是想以"盗嫂受金"的陈平为典型,扭转自己早年的不光彩形象,向世人昭示:只要有才能,流氓一样能当丞相。"负污辱之名,有见笑之耻"的陈平能当丞相,我老曹为何不能呢?既然我老曹也当了丞相,你们吃瓜群众就不必再喋喋不休地数落我的过去了。

曹操的矛盾:说的不做,做的不说

曹操自称用人重才不重德,但在实际选拔过程中,他说的和做的并不一样。首先,曹操用人并非"不重德",据《三国志》和

《后汉书》记载,曹操听闻某人有高名至德,常前往遣征。《三国志·郑浑传》记载,郑浑的"高祖父众,众父兴,皆为名儒",曹操"闻其笃行,召为掾"。再如《后汉书·王烈传》记载,曹操征召"以义行称"的王烈。有时候,曹操用人不仅重视德行人品,甚至重视德行胜过重视才能。《三国志·崔琰传》中讲到,崔琰这个人"才好不足,而清贞守道",曹操称赞他"有伯夷之风,史鱼之直",仍然"礼辟之"。显然,对道德品质高尚但才能不足的君子,曹操并没有弃置不用。

其次,曹操很多时候也做不到"重才",他对文武百官中才能卓越同时又具有重大政治影响的人物防备心深重,必欲除之。杀死杨修,逼死荀彧,都是例子:受到荀彧推荐而走上仕途的贤才很多,他们围在荀彧周围,逐渐形成权力网络,被曹操视为心腹之患;而"以名公子有才能"的杨修,就是在曹操第三次颁布《求才令》后不久被杀死的,有才反而成为杨修被杀的诱因。

现在,我们再看看,三次颁布《求才令》是否真的为曹操招揽了大批人才。真实结论可能会使人们倍感惊讶:没有!

山西大学卫广来教授根据三十卷《魏书》分析,自《诸夏侯曹传》以下,所立魏臣九十一位传主都是赤壁之战以前已被曹操收揽录用的。卫广来教授指出:"事实显示,曹操集团最终形成于建安十三年(208年)平荆州,《魏略》所述曹操'拔出细微'的佐命人物,赤壁之战前夕已然全部到位。"也就是说,曹操大张旗鼓颁布"唯才是举"令,实际上并没有吸收什么新的重要人才。

"求才三令"的真相：为代汉做舆论准备

汉朝皇帝以孝治天下，自惠帝以后，汉朝皇帝谥号都有"孝"字，曹操偏偏声称"不仁不孝而有治国用兵之术"的人可以被举荐为官，这不明摆着拆汉家的台吗？东汉以儒生立国，曹操为"阉宦之后"，出身低微，不能代表儒学士族的利益，甚至被后者轻视。曹操要改变东汉以来的国家意识形态，首先要攻破的一处要害就是掌握在儒士手中的道德评判权。东汉王朝能摇而不坠，就是因为王朝的儒学色彩浓厚，能依靠儒家正统观念维持表面的统治。各路枭雄虽然野心勃勃，然而除了"妄人"袁术胆敢称帝以外，稍微明智一些的人，都不敢动摇纲常。像曹操这样的聪明人，自然选择先从意识形态领域进攻，逐步瓦解长久以来根深蒂固的社会观念。

对此，史学大师陈寅恪一针见血地指出："夫曹孟德者，旷世之枭杰也。其在汉末，欲取刘氏之皇位而代之，则必先摧破其劲敌士大夫阶级精神上之堡垒，即汉代传统之儒家思想，然后可以成功。"曹操的"求才三令"，以重才不重德的主旨，明白宣告"士大夫自来所遵奉之金科玉律，已完全破产"，为其子曹丕称帝代汉扫清了社会思想上的障碍。

但是，曹操的统治之术与东汉以来儒家士族的发展趋势并不相符，其统治的稳定较大程度上依赖其个人的非凡权术。假若人亡，则难免政息。曹操在东汉末年一手创建的魏王国孕育了后来的曹魏帝国，其子曹丕进行的汉魏禅让，是在曹操建立的基业之上摘取胜利果实。待曹操死后，子孙所做事功无法与其父祖相比，很快被司马家族夺取了江山。

曹操的三道《求才令》，其实是想打破士大夫阶级的精神堡垒，打破他们对选官任官的垄断。只可惜曹操与曹丕死后，曹魏家族的权力逐步被代表豪族利益的司马家族接管了。曹操的真正对手或许不是刘备、孙权，而是帮助他治理天下的世家大族。

曹操的个人形象与《求才令》中赞颂的价值观、人才观是紧密联系在一起的。在儒家正统观念被士大夫奉为圭臬的时代，曹操身后也只能作为"正统"的反面存在。尤其是随着《三国演义》的流行，刘备代表的蜀汉被视为正统，曹操父子则以篡汉奸臣的形象流传后世。

近代以后，随着儒家道统的瓦解，史家对曹操的历史评价逐步上升。1959年1月25日，郭沫若在《光明日报》发表了《谈蔡文姬的〈胡笳十八拍〉》，其中指出："曹操对于民族的贡献是应该做高度评价的，他应该被称为民族英雄。"郭沫若认为，把曹操当成坏人和奸臣，是受到宋以后所谓正统观念的影响，曹操因此"蒙受了不白之冤"。后来，郭沫若又写《替曹操翻案》一文为其正名。同时代的历史学家翦伯赞也在《应该替曹操恢复名誉》一文中指出，曹操的负面形象与正统主义之间有重要关联，"他们是带着正统主义的有色眼镜看曹操，在这种有色眼镜中，曹操只能是一个奸臣"。

对曹操给予特殊评价的还有史学大家陈寅恪。陈寅恪在研究魏晋思想的一篇文章（《书〈世说新语〉文学类钟会撰〈四本论〉始毕条后》）中说："读史者于曹孟德之使诈使贪，唯议其私人之过失，而不知此实有转移数百年世局之作用，非仅一时一事之关系也。"这段文字也明辨了私德与事功之间的区分，认为曹操的个人作风对"转移数百年世局"起了重要作用，其间的历史关联自然不可小觑。

【编者按】

"周公吐哺，天下归心"——如同利用黄老道为自己打造"救世主"的人设一样，曹操颁布《求才令》也是为曹魏代汉做舆论铺垫。但不同的是，宣传道教"黄德"，为曹操聚拢了一部分下层百姓的人心，而颁布《求才令》则是曹操对另一部分"人心"——两汉以来垄断仕途和社会道德价值评判话语权的豪族儒士——的一次挑战。

然而，一个人的才能难以扭转数百年来的历史大势。曹操改变天下的雄图最终人亡政息，代表豪族利益的司马家篡夺了曹魏的权力，而在后世豪族儒士的笔下，曹操成了篡汉奸臣。不得不说，这又是一个悲剧。

那么，在《求才令》的背后，曹操与豪族究竟进行了怎样的激烈斗争？曹操的继承者曹丕为什么没能坚持曹操的信念呢？司马家又是如何篡夺了曹氏基业的呢？下篇文章将揭晓答案。

参考文献：

史料：

［晋］陈寿：《三国志》。

专著：

柳春藩：《三国史话》，北京出版社，1981年。

论文：

1. 陈寅恪：《书〈世说新语〉文学类钟会撰〈四本论〉始毕条后》，《中山大学学报》，1956年第3期。
2. 柳春新、董惠贤：《〈求才令〉释证》，《襄樊学院学报》，2008年第3期。
3. 卫广来：《求才令与汉魏嬗代》，《历史研究》，2001年第5期。
4. 许春在：《曹操"唯才是举"是乱世揽才的权宜之计》，《江苏社会科学》，1996年第3期。

军师联盟：如何操盘才能颠覆曹魏政权？

任逸飞

陈寅恪先生曾指出："魏、晋的兴亡递嬗，不是司马、曹两姓的胜败问题，而是儒家豪族与非儒家的寒族的胜败问题。"我们应当怎样理解这句话的含义呢？

天下归心：曹操与豪族的生死战

在讨论司马氏代魏之前，我们需要对东汉以来的时代背景有比较充分的认识。这个时代的主基调便是豪族势力的兴起。

什么是"豪族"？简单来说便是"豪强地主""有钱人家"，依照日本学者川本芳昭的观点，豪族阶层的出现是秦汉社会发展的必然产物，随着生产力的不断提高，经济持续繁荣，财富的累积达到空前规模，广泛的贫富差距势必出现，从而产生阶层分化的新局面，而豪族正是上述阶层分化的结果。

表面上，一个社会里有一批相当有钱的人看上去不该是件坏事，但我们应当意识到秦汉时期的中国是农业社会，在"一君万民"的体制下，国家需要依赖数量庞大的农业人口收取赋税、征用劳役，而豪族的出现恰恰成了一股破坏这一稳定体制的力量。

豪族依靠其巨额的财富，在地方上兼并土地，导致大量农民破产，这些丧失了土地的农民不得不依附于豪族门下，成为其佃户、徒附乃至奴婢，上述被豪族隐匿了的人口也就此脱离了国家的掌控，不再向朝廷缴纳赋税了。随着国家掌握的人口不断减少，财政陷入紊乱。西汉覆亡便肇因于失控的土地兼并问题。

东汉的建立在某种程度上是地方豪族的胜利，光武帝刘秀正是倚仗着南阳地区的一批豪强势力的支持统一全国的。因此，与西汉相比，东汉豪族的势力更为强大，并且具有新的特点。

历史学家杨联陞先生在《东汉的豪族》一书中，将东汉时的豪族分成了两大类："一类是凭借中央势力而突然得意的，即宗室、外戚与宦官。一类是自己渐渐发展起来的，即一般高官及地方豪族。"这其中，前者是皇亲国戚，大富大贵，自无可说；而后者的所谓"渐渐发展"就大有玄机了。

所谓玄机，指的是东汉的地方豪族借着控制选举制度来巩固自身力量。众所周知，东汉实行的是征辟察举制：一方面，朝廷每年会要求州郡官以"乡举里选"的方式举荐若干人才（多为"举孝廉"）[1]以备中央选拔；另一方面，州郡亦可自行"辟除"，选拔人才，登用为地方官吏"掾属"，处理地方事务。

---

[1] 汉代察举时，一般是从不同的角度（科目）来甄选朝廷需要的人才。比如寻求德行出众的人才，即孝悌、廉洁，是为"孝廉"科，这也是汉代察举最普遍的选拔科目。除此之外，还有"茂才""贤良方正""明经""明法"等科。——编者注

随着地方豪族介入选举，大量豪族成员被输送到各级官府，他们开始逐渐左右仕进门路，只推荐和选拔自己的亲信担任官职。如此一来，被选举者自然对选举之人感恩戴德，全心全意地团结在几个强有力的豪族周围，形成"门生故吏遍天下"的局面。

更有甚者，东汉选官制度上"任子"的规定又给予地方豪族扩充政治影响的机会。"任子"是一种荫袭的特权，汉安帝时曾下诏"以公卿、校尉、尚书子弟一人为郎、舍人"，在如此"特别优惠"下，到了东汉晚期，朝廷中累世为官的豪族已不罕见。

比方说，在电视剧《军师联盟》中与司马懿"针尖对麦芒"的杨修，其家族——弘农杨氏，自太尉杨震以来，已是"四世三公"（家族四代中皆有人担任司徒、司空、太尉三项官职），是名副其实的显宦大族；无独有偶，袁绍的家族——汝南袁氏，自司徒袁安以来，也同样是"四世三公"，政治力量大得惊人。陈寿在《三国志》中评价袁家是"势倾天下"，裴松之又引《魏书》补充，说袁氏"自［袁］安以下，皆博爱容众，无所拣择；宾客入其门，无贤愚皆得所欲，为天下所归"。可见，一个人无论才能如何，只要能进得了袁家的"门"，就能飞黄腾达。

像袁氏这样的豪族，在政治和经济上都具备优势，一旦在军事上也建立了自己的武装，很容易发展成强大的割据势力。东汉自黄巾起义之后，朝廷统治分崩离析，各地豪强开始拥兵自重，互相杀伐，这其中有许多主要的割据力量脱胎于旧有的豪族集团，如河北的袁绍、淮南的袁术、荆州的刘表等等。

然而，一个人的出现粉碎了豪强领袖们称王称霸的美梦，这个人便是曹操。曹操并非豪族中人，他的父亲太尉曹嵩虽然位居三公，却是靠给宦官中常侍曹腾做养子得到的官职，鄙夷曹操的人便说他是"赘阉遗丑"。微贱的出身让曹操一直很自卑，建安十五年（210年），他在有名的《己亥令》里还念叨着："自以本非岩穴知名之士，恐为海内人之所见凡愚……"

不过，曹操在统一中原的过程中，寻求到了新的力量——如之前讲到的，他利用家族的黄老道信仰背景，获得了社会下层百姓的支持。这一定程度上意味着，曹操不必像其他政治势力那样要依靠豪族的支持了，他有了属于自己的"民心"。于是，曹操便义无反顾地站到了豪族的对立面。官渡一战，他以少胜多，击败袁绍；庙堂之上，"挟天子以令诸侯"的他也不手软，孔融、杨修等世家大族的代表人物一个个做了他的刀下鬼，其中甚至包括一路与他创业的肱股之臣荀彧——如上篇文章所讲，荀彧本身就是颍川荀氏的豪族代表人物，而他又举荐了大批人才，这与两汉豪族逐渐掌握仕途的手段如出一辙，因此荀彧也就注定难逃一劫。曹操视豪族势力为阻碍其统一进程的敌手，他厉行法家的治理手段，去浮华、抑豪宗、清吏治，所谓"魏武好法术而天下贵刑名"（傅玄语）、"魏之初霸，术兼名法"（《文心雕龙·论说》）。这种统治政策，在很长一段时间里压得豪族喘不过气来。

与政治上的"法术"相配合，曹操在选举制度上废弃了察举制中有关儒家"名教礼法"的一整套取士标准，鼓吹"唯才是举"，他多次下令求贤，声称不管过去是多么寡廉鲜耻、不仁不孝的人，只要真有"安邦定国"的本事，都能在他麾下讨碗饭吃。这样的取士标准被作为正式的官方文告发布出来,对当时人的影响,无疑是爆炸性的。

后世儒者多有痛责曹操的"唯才是举"极大败坏了社会风气,例如顾炎武在《日知录》中就说:"夫以经术之治,节义之防,光武明章数世为之而未足;毁方败常之俗,孟德一人变之而有余。"但是应当看到,曹操的"唯才是举"与政治上的打击豪族是一体之两面,"唯才是举"削弱了东汉以来豪族人物借由干预选举而垄断仕进门路的能力,用人和行政大权自此集结于曹操之手,这在日后无疑起到了巩固曹魏政权的作用。

总之,曹操抑制豪族的一整套办法,对于其最终削平群雄,统一中国北方,结束东汉以来中原战乱的局面是具有积极意义的。

三马同槽:"九品中正制"的出台与异化

曹操的"唯才是举"确实在一个时期内自底层拔擢了许多人才,然而它毕竟只能在戎马倥偬的战争时期有效,到了曹魏对中原地区的统治大体稳固,社会趋于安定时,就难以再采取这种随机和弹性的用人方式。上篇文章提到,卫广来教授指出,曹操集团吸纳的人才多是在赤壁之战以前,赤壁之战以后并没有什么新的人才被任用,这一现象的原因就在于此。因此曹魏代汉后需要重新引入一定的选才标准。

具有讽刺意味的是,建立一套有章法可循的选举制度最终却只有利于豪族成员入仕。因为，对于一个稳定的社会来说，选官用人的标准必须把德行、品行等要素纳入考虑范围，而这些衡量标准与过去东汉时代的察举制没有什么显著区别，最符合豪族人物的"脾胃"。

曹操的"法家治术"尽管极大压制和打击了豪族阶层，但并不能从根本上消灭豪族。相反，曹操的成功终究离不开大批豪族出身人物的支持与效忠，这些豪族就包括司马懿所代表的河内司马氏和陈群所代表的颍川陈氏。

魏文帝曹丕与这些世家大族的关系远比其父密切，就像《军师联盟》中描绘的，陈群、司马懿等人在曹丕尚未被立为世子之前，就陪伴在其左右，赞襄擘画，曹丕最终能顺利登基与上述豪族成员的鼎力相助是分不开的。曹丕登基后，面临的情况与其父有了很大的不同：他不必像其父那样在乱世中与群雄竞逐，争取人心，故而相比从下层争取人才，曹丕更需要的是得到社会中上层的支持，这样才能巩固他的地位。如此一来，一方面，初挑大梁的曹丕还需要继续获取豪族阶层的支持，借以维系其统治；另一方面，豪族势力又希望在一个标准化的选举制度中恢复其久已沦落的政治影响力，两者一拍即合的产物便是一种新的选举制度——"九品中正制"，或称"九品官人法"。

什么是"九品中正制"呢？简单来说，就是朝廷会委派一些富有声望的官员前往各郡县担任"中正官"，察访各地士人，做出"品"和"状"等方面的评判，供吏部选官参考。所谓"品"，是综合士人德才、门第评出的等级。一共有九品，通常一品为虚设，二至三品为上品，可以立即授予中央官职。所谓"状"，则是对士人德行、才能的评语，一般都很简短，只有一两句话，类似"天才英博，亮拔不群"、"清言明理，文义可观"等等。

魏晋史学者唐长孺先生曾指出，九品中正制并非什么凭空创造出来的东西，而是东汉末年名士"清议"，品评人物风气的制度化。这项制度在一开始是很有些兼顾曹魏统治者与地方豪族两者利益的倾向的，因为尽管豪族人士有望获得更为上乘的"品"和"状"，可毕竟中正官是由中央委派的，理论上选拔之权还是操诸朝廷之手。

但是，随着时间推移，一旦各级中正官亦皆由"著姓氏族"充任，势必出现豪族人物"既是运动员又是裁判员"的局面，九品中正制中仅存的一丝"唯才是举"的气息也尽数消散。自此，定"品"全凭门第，"状"则成了可有可无的废纸，九品中正制继东汉察举制后，再度成为豪族阶层实现政治垄断的工具，豪族势力在东汉时代的"旧日荣光"不仅得以全盘恢复，而且"在政治上的力量比以前更为雄厚"。

"万事俱备，只欠东风"，九品中正制为豪族最终颠覆曹魏政权打下了坚实基础，他们等待的只是一个最合适的人选来实现对曹魏的致命一击。

第三条道路：曹魏政权的内在局限和司马氏代魏的逻辑

偶然中蕴藏着必然。恰恰是司马懿，成为代表豪族势力篡夺曹魏政权的不二人选。

《军师联盟》里出现了这样一个有意思的情节，当曹魏宗室围聚在一起，为曹丕代汉和可以预想到的封王晋爵弹冠相庆的时候，座中的一位年轻人却对司马懿执意在此时上表曹丕要求实施新政（其主要内容便是"九品中正制"）的行为感到疑惑和不解，这位年轻人正是夏侯渊堂侄夏侯尚之子——夏侯玄。

作为曹魏宗室中少有的才干家，夏侯玄对九品中正制蕴藏的危险是有预见的，《三国志·夏侯尚传》里记载了他对九品中正制的负面看法：

> 自州郡中正品度官才之来，有年载矣，缅缅纷纷，未闻整齐……中正干铨衡之机于下，而执机柄者有所委仗于上，上下交侵，以生纷错哉？

他发现中正官用人职权过重，正在逐渐侵蚀朝廷权柄，导致"机权多门"的状况。

然而，如同电视剧里夏侯玄的叔伯们痛骂他"小毛孩儿胡说八道"一样，曹魏宗亲贵胄对于豪族势力的复兴和壮大缺乏忧患意识。尤有甚者，随着时间流逝，宗室成员的才能素养开始出现断崖式下跌，像夏侯惇、夏侯渊、夏侯尚、曹仁、曹洪、曹休、曹真那样文武兼资的干才已经难觅踪影，代表宗室集团活跃在曹魏晚期政坛上的人物是曹爽、曹羲这样的纨绔子弟，要他们与老谋深算的司马懿较量，又怎么会成功呢？

文帝曹丕、明帝曹叡父子两代的统治进一步加快了曹魏"自毁"的速度。曹丕好大喜功，两次伐吴皆无功而返，徒耗国力；曹叡则耽于逸乐，大兴土木，招至民怨沸腾。两代帝王还有一个共同的致命弱点：享祚不永、盛年早逝。曹丕统治魏国七年，终年四十岁，曹叡统治魏国十三年，终年三十六岁。当临终前的曹叡有气无力地把年仅八岁的齐王曹芳托付给司马懿，让他十分"荣幸"地第二回担任顾命大臣的时候，明眼人都意识到曹家气数将尽了。

与曹魏王室的日薄西山形成鲜明对比的是司马氏家族的蒸蒸日上。通过联姻，司马懿编织起一张豪族的巨网：他的妻母来自河内山氏，是"竹林七贤"中山涛的姑祖母；长子司马师娶的泰山羊氏，是西晋名臣羊祜的姊姊；次子司马昭娶的东海王氏，即司徒王朗之女；女婿则是出身京兆杜氏的杜预。这些姻亲戚属无一不来自世家大族，司马懿也就名正言顺地成为地方豪族的代表和社会精英的领袖。

司马懿崛起的另一至关重要的因素在于他掌握了相当的武力。身处三国乱世，军事力量在多数情况下是奠定个人权位的唯一基石，司马懿在曹真过世之后便开始全面负责针对蜀汉的战事，长期统率大量的部队，渐渐拥有了军事实权。到了曹叡统治末期的景初二年（238年），司马懿更是亲统四万大军远征辽东，平定公孙渊之叛，足见此时司马懿在军中的威望已达到了首屈一指的程度。

就这样，司马懿成为曹魏后期在政治和军事领域举足轻重、不可或缺的头面人物，作为豪族代表的他又得到了世家大族的鼎力支持，故而其在正始十年（249年）的"高平陵之变"中，能以迅雷不及掩耳之势诛杀曹爽，轻松攫取魏国军政大权，也就不足为奇了。

东吴的末代丞相张悌曾这样阐述他对司马氏代魏的看法：

> 曹操虽功盖中夏，威震四海，崇诈杖术，征伐无已，民畏其威，而不怀其德也。丕、叡承之，系以惨虐，内兴宫室，外惧雄豪，东西驰驱，无岁或安，彼之失民，为日久矣。司马懿父子，自握其柄，累有大功，除其烦苛而布其平惠，为之谋主而救其疾，民心归之，亦已久矣。故淮南三叛而腹心不扰，曹髦之死，四方不动，摧坚敌如折枯，荡异同如反掌，任贤使能，各尽其心，非智勇兼人，孰能如之？其威武张矣，本根固矣，群情服矣，奸计立矣。
>
> ——《三国志》卷四十八《三嗣主传》注引干宝《晋纪》

张悌认为曹操祖孙三代的统治没有获得民心，相反司马氏父子却能争取到民众的支持。张悌或许只解答了问题的一半，因为"民心向背"在很大程度上是由地方豪族操纵的。

正如著名汉学家陆威仪（Mark Edward Lewis）所说，曹魏的固有局限在于，像曹操这样的开国者大都富有领袖魅力，凭借着军事力量南征北讨、开疆拓土，可他的继承者却难以用相同的方法维系统治，只能寻求三种途径来巩固权力：整顿军队、建立官僚体系，或者寻求地方豪族的支持。

显而易见，曹丕选择了第三条道路，可他不会料想到，豪族的支持是有代价的，经由"九品中正制"，整个官僚队伍实现了"换血"，而曹魏赖以起家的军队又旁落司马懿之手，上面提到的这三条路径皆成为权力让渡的"高速公路"。曹氏集团已慢慢被架空孤立起来，张悌所谓的"丧失民心"正源于此。魏国政局沦落到如此田地，即便没有司马懿，一定也会有别的人取而代之。如果当初笼络黄巾信徒、打压豪族的曹操，看到自己的子孙走上了这样的道路，不知会作何感想。

【编者按】

可以说，在曹操与豪族的战斗中，豪族最终获胜。故而看似强大的曹魏，早已被豪族的代表司马氏从内部蚕食。曹丕创立九品中正制，本来是想笼络豪族阶层的人心，结果适得其反，人心未获，反而基业尽失。

下一个因豪族灭亡的，就是孙吴了。这个依靠江东的豪族势力崛起，终成霸业的政权，最后也陷于同豪族争权夺利的泥潭之中。

参考文献：

史料：

[晋]陈寿：《三国志》。

专著：

1. 陈寅恪：《魏晋南北朝史讲演录》，贵州人民出版社，2007年。
2. 韩国磐：《魏晋南北朝史纲》，人民出版社，1983年。
3. 唐长孺：《魏晋南北朝史论丛》，中华书局，2011年。
4. 田余庆：《秦汉魏晋史探微》，中华书局，2004年。
5. 王仲荦：《魏晋南北朝史》，上海人民出版社，1979年。
6. 杨联陞：《东汉的豪族》，商务印书馆，2011年。
7. [日]川胜义雄：《六朝贵族制社会研究》，徐谷梵、李济沧译，上海古籍出版社，2008年。
8. [日]川本芳昭：《中华的崩溃与扩大：魏晋南北朝》，余晓潮译，广西师范大学出版社，2014年。

是谁种下东吴政权毁灭的种子?

逆 北

> 举江东之众,决机于两陈之间,与天下争衡,卿不如我;举贤任能,各尽其心,以保江东,我不如卿。
>
> ——《三国志》卷四十六《孙破虏讨逆传》

孙策的遗愿:改弦更张,重振父兄霸业

建安五年(200年),江东霸主孙策遭仇人暗算,匆匆撒手人寰,临终之时,他将自己的基业,托付给了弟弟孙权,而以上这段话,既是小霸王临终时的遗言,也多少预告了自孙坚创业以来的东吴政权,即将迎来一场政治发展的转向。

东吴高层当家人的更替,到底预示着什么呢?要想理解东吴内部发生的变化,还得从孙权的父亲说起。自黄巾军起义以来,东汉帝国四分五裂,军阀混战,其中,以江东人士孙坚为首的一支武装力量,先依附于袁术,后向东南发展,渡过长江,占领了大片土地,后来参与三分天下的东吴政权雏形,即于此时期形成。

但是,由于轻敌,孙坚在进攻长江中游的江夏时被刘表手下黄

祖（一说为吕公，见前文）所杀，而他的儿子孙策，则在经历了短暂的丧亲之痛后，迅速从痛苦中走出来，接过了父亲手中未竟的霸业。

孙坚一家，原为江东的寒族，所以回归家乡的朴实情感，自然成为其政治事业的推动力。可是，此时孙策接手的政权当中，大多为跟随父亲南征北战多年的江西旧人（淮泗集团），江东士族虽然控制乡里的财富和人丁，但很少被其接纳。所以双方的矛盾不小，而更重要的是，孙策一家出身卑微，江东士族仍奉东汉王朝为正朔，这也在无形中不断撕裂着新生的东吴政权。

此时，对于孙坚的儿子们来讲，最为可取的办法就是团结江东士族，利用其钱粮和威望做支撑，巩固来之不易的基业。可是，孙策并没有这么做，他崇尚武力征伐，不肯轻易向被压制的江东士族抛出合作的橄榄枝，所以对方看他缺乏合作诚意，也处处与其作对，例如许贡门客刺杀孙策，即是孙策与江东士族关系恶化的后果。

不过，创业的坎坷和艰辛，毕竟在逐渐改变着孙策的政治理念，可命运之神并没有留给他行动的余地。俗话说，人之将死，其言也善。当死亡向孙策袭来时，他最先想到的，也是最后想到的，就是告诫自己的兄弟，一定要改变自己以往过于刚硬的政策，注重团结江西旧人和江东士族，尤其是后者。

冲上更高峰：团结新旧势力

孙权何等聪明，他掌权后，十分重视兄长的经验，克制伤悲，卧薪尝胆，除了继续重用来自江西的旧人，如彭城张昭、庐江周瑜、临淮鲁肃，以笼络父兄留下的人才，还特意主动开放政权，积极联合江东地方势力。所以在孙权当政以后，东吴迎来了发展的高峰，不但结束了孙策死后的短暂动荡局面，还主动出击，击杀了与自己有杀父之仇的黄祖，引得荆州刘表叫苦不迭。

在取得一部分江东士族的支持后，孙权继续对南用兵，进攻南方的少数民族山越。东吴大军层层围困，后逼迫其离开山林，迁到平原丘陵从事农业生产，成为东吴政权治下的编户齐民，这又加强了孙权的实力。

日后，统一北方的曹操出动超过二十万大军南下赤壁，试图进攻长江以南地区。江东士族为保全财富，主动与孙权亲近，以抗拒曹操，维护一方安宁，免受战乱波及。

因此，在孙策遗言的影响和现实政治的需要下，东吴内部凝聚力大大加强，此时是东吴国力的上升期，也是孙权与江东士族关系的蜜月期。

当然，政治讲究刚柔相济，孙权之所以能巩固自己的政权，除了主动向地方势力分享利益，允诺对方保留"复客制"与"世袭领兵制"等特权制度外，其长期依赖的江西旧人也起到了牵制、平衡江东本地势力的作用。

不过，这种短暂的平衡很快遭遇挑战，先是周瑜、鲁肃等旧臣离世，江西勋贵凋零殆尽，继之的则是来自江东的后起之秀，例如出自吴郡大族陆氏旁支的陆逊，因屡立战功，坐到了丞相的高位。

收服山越、奇袭荆州袭杀关羽和夷陵之战痛击刘备，这些都是陆逊的政治资本，而这也暗示着江东士族在经历了被压制的低谷后，将迎来政治局面的柳暗花明。

拥抱帝位：东吴进入难得的安定期

面对江东士族的壮大，孙权也并非无动于衷。一方面，此时汉献帝禅让帝位予曹丕，割据益州的刘备也在诸葛亮等人的支持下即位称帝。孙权得到这些消息后，也按捺不住效法对手称帝的心情。所以，为了服务于自己的这个最高目标，他还需要承认江东士族的既得利益，以换取地方势力对他称帝的认可。

另一方面，他也看到本地的江东士族集团不受抑制地膨胀，这必将威胁皇权的稳定，所以在称帝后不久，他又相继设立校事、察战等官职，负责监视群臣动向。其中，依附于皇权的中书校事吕壹检举揭发臣下不轨行径，东吴内部人人自危，而这正有利于孙权展现自己身为皇帝的威严。

此一时期，东吴外部环境趋于稳定，西边的蜀汉在经历夷陵之战的惨败后，主动向孙权示好，其势力被限制在三峡以西，尚无法对东吴构成威胁。至于北边盘踞中原的曹魏，虽数次以重兵出击淮河流域，甚至在东汉建安二十五年（215年）逍遥津之战差点儿俘获孙权本人，给东吴造成不小的威胁，但是，吴黄武七年（228年）东吴鄱阳太守周鲂假意投降，将魏将曹休的精锐诱骗到石亭重创，有效缓解了北部防线的压力，使得江东迎来一个难得的安定期。

颓势初现：各打五十大板，匆匆了结储位之争

孟子云，生于忧患，死于安乐。此时外部环境的安定没有激发孙权的发展雄心，反而把他引到了整肃内部、排斥异己的歧路上来。原来，此一时期，身为东吴重臣的陆逊卷入了东吴的储位之争。

孙权称帝后，长子早逝。不得已，他只能立第三子孙和为太子（第二子早亡），但是，从内心深处讲，他又更喜爱第四子孙霸，所以孙权封孙霸为鲁王，待遇上同太子几乎没有差异。很明显，如果不是舆论所迫，他将选择孙霸为自己的皇位继承人。

东吴群臣眼看孙权在立皇储的事情上举棋不定，纷纷提前站队。作为朝中重臣、江东士族出身，又曾为捍卫孙氏政权立下汗马功劳的陆逊，早把"伴君如伴虎"的道理忘得一干二净，他对孙权偏爱孙霸的做法不以为然，于是联合大将军诸葛恪等支持太子孙和，而骠骑将军步骘和中书令孙弘等则以孙权喜好为指向，无论何时都力挺鲁王孙霸。

双方围绕皇储与"可能的"皇储各自站队，东吴内部政治斗争无比激烈，开国之初团结一心的景象，早已消失了踪影。

常言道，无利不起早。陆逊等认可太子孙和的地位，不仅仅是维护宗法制度伦理，还与其借助干预储位之争，以扩张江东士族势力的目的有关。孙权何等的精明，他不可能察觉不出陆逊的意图，所以在涉及储位之争的事情上，孙权批评起陆逊来毫不留情。

随着孙权与孙和关系的恶化，孙权产生废立之念。孙和为了自保，便让其亲信陆胤、吾粲、杨竺等人联系陆逊为其说情。陆逊虽

上疏直言，但不被孙权采纳。杨竺、陆胤、吾粲等人先后被下狱治罪。孙权虽未惩罚陆逊，但仍"遣中使责让逊"。陆逊的外甥顾谭、顾承、姚信，也因"亲附太子，枉见流徙"。在这种微妙的政治环境和饱受主公猜忌的情况下，陆逊不堪受辱，于赤乌八年（245年）"愤恚致卒"。

陆逊死后，东吴的储位之争未见降温，反而愈演愈烈，其激烈程度，简直同清朝时康熙晚年的"九龙夺嫡"不相上下。眼看局面逐渐脱离自己的控制，孙权后悔不已，连忙废掉太子孙和，又赐死鲁王霸，以平息这场内斗。至于皇位继承者，则改为小儿子孙亮。幼小的太子怎能理解复杂的宫廷政治，当孙权病逝之时，他才只有十岁。

楼塌了：无休止的内斗，谁种下的恶果？

主上年幼，正给了宫廷内部有野心者上位的良机。孙权生前光注意防备文武百官，却忘记提防宗室势力。结果，身为皇亲的武卫将军孙峻调动军队，大杀朝臣中的异己势力，以诸葛恪为首的江西旧人剩余力量和江东士族因此遭遇重创。到了孙峻堂弟孙綝接盘的时候，掌握权柄的宗室势力更是膨胀到公然废立皇帝的地步，年轻的孙亮被赶下皇位，而继承者则是孙权的第六子孙休。

孙峻、孙綝的倒行逆施，终于惹来了报应。孙休成人后，暗中联络反对者，将孙綝解除权柄处死，暂时结束了宗室篡权的危机。

孙休可能受此影响，心中也留下了无穷的阴影，那就是不择手段以确保帝位的稳定。在他任内，江东士族未能翻身，而孙休的继承人孙皓，更是把宫廷内部的权力斗争推向了高峰。

孙皓为集权而在朝中展开残酷的杀戮，让东吴政权离心离德，曾经对孙家寄予厚望的江东士族也寒了心，主动同其保持距离。当完成篡魏自立的晋武帝挥动六路大军征伐东吴时，孙皓竟然无法组织起像样的反击，而西晋灭吴的整个过程，仅仅用了不到四个月的时间。曾经凭借长江天堑数次挫败曹魏南下的江东猛虎，如今却成了纸老虎。

回顾东吴兴衰的历程，作为整个政权统治架构的设计者，孙权理应承担一定的责任。继承父兄事业，促成三分天下之局，这是他的功业和成就，曹操曾赞叹"生子当如孙仲谋"，诚非虚语。

可是，在外部环境趋于安定后，孙权逐渐退去了开国之初的进取之心，而以维护手中帝位为统治重点。为了一己私欲，他不惜为群臣内斗推波助澜，结果不得不以"各打五十大板"草草收场，而最终折损的，是东吴的智库和精英，还有让当初江东猛虎能够立足的士人之心。陈寿评价他"性多嫌忌，果于杀戮"，可谓是一语中的。

孙权晚年对宗室的刻意扶植和纵容，不但没能换得皇权的稳定，反而更加激化了内部的种种矛盾。而日后西晋重蹈覆辙，不知是巧合，还是司马炎与孙权的措施有相似性。不过无论如何，孙权亲手铸就了东吴的霸业，也在无意中亲手种下了毁灭它的种子。

眼看他起高楼，眼看他宴宾客，眼看他……

楼塌了，且一干二净。

【编者按】

孙权为掌控权力，丧失了进取之心。曾经的江东猛虎消失不见，取而代之的则是一个被权力欲冲昏头脑，以致人心散尽的"孤家寡人"。当晋朝军队挥师南下时，长江天堑再也无法保卫江东了。

随着孙吴的灭亡，三国的时代画上句号。自秦汉以来，这段中华帝国第一次陷入分裂的历史，见证了人心的向背离合，给了后人宝贵的经验。但重塑帝国大一统的西晋王朝，并未像秦汉那样给中国带来一段长期的统一时期。此后，中华帝国开始面对一个新的主题，这个主题一直伴随帝国的历史长达千年，直到清王朝方才尘埃落定。让我们进入下一个篇章，感受一段帝国霸业的历史。

参考文献：

史料：

[晋] 陈寿：《三国志》。

专著：

1. 田余庆：《秦汉魏晋史探微》，中华书局，2004年。
2. 王仲荦：《魏晋南北朝史》，上海人民出版社，2003年。
3. 朱绍侯：《中国古代史教程》，河南大学出版社，2010年。

霸业篇

第三章

帝国荣耀

时运、铁血、权谋

唐太宗为什么一定要征讨高丽？
经略西土：唐朝在西域的经营失败了吗？
续命百年：唐朝如何收拾藩镇割据？
北方草原权力游戏的玩法
强者崇拜：被征服也是一种荣耀
失去的天命：清朝如何降服蒙古？

西晋王朝统一天下不久，皇室内部就为争夺权力展开血腥的斗争。最终，西晋在五胡入华的乱潮中轰然崩塌。此后，北方陷入长期的纷争战乱，这也引出了中华帝国历史上的另一个主题——胡汉之争。在帝国的历史上，从来都不缺少塞北游牧民族的身影。有日本学者将中国划分为东南地区农耕民族的"东南弦月"与西北地区游牧民族的"西北弦月"。两大弦月之争贯穿了中国古代历史，此消彼长，在金戈铁马中互相建立着自身的霸业，书写了一段荣耀的历史。

中原王朝更迭，历来得民心者得天下；广袤的东北亚大草原上亦是"你方唱罢我登场"，各游牧部族生生不息，那是因为他们也有着自己的"权力密码"。即使中原王朝势力强盛，亦无法完全打破草原上的规则，反之亦然。

"东南弦月"极盛的代表——大唐帝国，倾尽国力征服高丽，接下来又要面对日益壮大的契丹；同时又向西与吐蕃争夺西域。最终，唐朝在开疆拓土的道路上衰落：给帝国致命打击的安史之乱，与契丹有着千丝万缕的联系；帝国为防备吐蕃，不得不依赖藩镇，最终分崩离析。

大唐之后的中原王朝荣光不再，帝国的旋律开始进入游牧民族的乐章。在草原政权的运行法则中，强大的蒙古部落横空出世，撼动欧亚，"西北弦月"占尽上风。而不可一世的蒙古竟然被同是来自塞外、代表中原王朝的清朝统治者"降服"，此后再无弦月之争，帝国真正的大一统来临。

为什么两大"弦月"的斗争千年来难解难分？草原民族权力游戏的密码究竟是什么？大清帝国又是如何打破这个千年格局的？本篇将带你一览中华帝国的边疆霸业，解开这些千古谜题。

唐太宗为什么一定要征讨高丽？[1]

徐 飞

唐太宗在位期间，曾两次发起征讨高丽的战争。劳师远征，广征丁夫，靡费巨大，可以说是在透支唐朝的国力。大唐虽处盛世，家大业大，却也经不起这么折腾。

唐太宗身为一代明君，吸取了很多隋朝灭亡的教训。当初隋朝覆灭，有一个很重要的原因就是隋炀帝三次征讨高丽，以致出现"男丁不足，役使妇人"的可怕局面，各地百姓纷纷揭竿而起，天下大乱。

那么，这里有一个巨大的疑问：唐太宗为什么会像隋炀帝一样，一定要置高丽于死地？难道他不知道前朝实际上间接亡于征高丽之役吗？

有很多历史学者对此提出了看法，其中以唐朝要维系宗藩关

---

[1] "高丽"在中国历史上的称谓有"高句丽""高句骊""句丽"等。有学者认为"句丽"在高句丽民族的语言中是"城"的意思，"高句丽"即为"高城"。大体上，在南北朝之前，中国史籍多称其为"高句丽"，而南北朝之后的史籍中，则多称之为"高丽"。学者们普遍认为，这主要是由于高句丽从南北朝开始向中原王朝朝贡，由于建立了册封关系，南朝、北朝均以"高丽"为国名称之，以标榜其朝贡国的地位，隋唐以后则只称"高丽"而不见其他称谓。本文根据不同时期选取称谓。——编者注

系，不容他国挑战自己构建的世界体系为主。此外，还有渊盖苏文弑主、高丽违诏、援救新罗、收复辽东领土、雪隋代之耻、防止后乱、平定天下等具体原因。但是，笔者想从华夏民族的心理层面来探讨这个问题。

东北亚的小霸王

首先，简单介绍唐太宗征讨高丽的历史背景。

据《史记》记载，在朝鲜半岛最早建立国家的是商朝的遗民箕子。武王伐纣灭商时，箕子率众东走，到朝鲜半岛建国，臣服于周朝。到了秦汉时期，燕人卫满东渡浿水（今朝鲜大同江），灭了箕氏朝鲜，建立卫氏朝鲜。后来汉武帝出兵灭了卫氏朝鲜，在这里设立了乐浪、玄菟、临屯、真番四郡，将朝鲜半岛正式纳入西汉的行政管辖范围。

东汉末年，辽东太守公孙康在乐浪郡南又设置了带方郡，三国曹魏时期，魏国版图还包含这块土地；直到西晋末年"五胡乱华"，中原陷入动荡，这片地区才脱离中原的统治，落到了长白山地区的少数民族高句丽人手里。

在中原王朝大一统的空窗期，高句丽像藤蔓一样野蛮生长。强大起来的高句丽，四面开弓，北面的夫余、挹娄、寇漫汗，西北边的契丹、库莫奚，南边的新罗和百济，都不是它的对手，这些国族还成为它的附庸。就这样，高句丽成为在东北地区称王称霸的"座山雕",日子过得好不舒坦。

但是,中原王朝政治上的空窗期总会过去。开皇九年(589年),隋朝灭南陈,并向北收复辽东地区,将边境线稳定在营州(今辽宁朝阳),与高丽形成了军事对峙。隋文帝还给高丽王写了一封诏书:

……王谓辽水之广,何如长江?高丽之人,多少陈国?朕若不存含育,责王前愆,命一将军,何待多力!

——《隋书》卷八十一《东夷传·高丽》

如此咄咄逼人的言辞,令高丽的神经紧张到了极点。

开皇十八年,由于契丹归附中原,不再臣服于高丽,高丽竟然想染指辽西地区,出兵攻伐营州,隋文帝大怒,中原王朝就这样与高丽结下了梁子。隋文帝即命汉王杨谅、上柱国王世积为行军元帅,周罗睺为水军总管,率大军30万,分水陆两路进攻高丽。途中遭遇大风,船多漂没,最后水陆两路军队被迫退还,死者十之八九。

严格来说,这场战争,只是隋文帝对高丽的一次军事反击,并非主动征伐。

然而,隋文帝的儿子隋炀帝征伐高丽,就是主动的战争行为。大业七年(611年),隋炀帝以高丽不遵臣礼为由,下诏征讨高丽。事实上,高丽早已派使臣来隋朝称臣纳贡,作为边陲国家,即使有礼仪上的不当之处,也情有可原。炀帝曾警告高丽的使者说:"归语尔王,当早来朝见。不然者,吾与[突厥]启民[可汗]巡彼土矣。"这完全是一个借口。

隋炀帝此次征讨高丽，全军共计113.38万，号称200万，可以说是倾举国之力，史称"近古出师之盛，未之有也"。最后因指挥失误等原因，隋军大败，上百万人的生命葬送在辽水以东。

遭受如此惨重损失的隋炀帝，没有想着让天下人休养生息，反而于大业九年（613年）、大业十年又连续两次征战高丽，结果都以失败告终。隋炀帝耗尽了国家的元气，最终将隋朝送上了不归之路。

历史的舞台让给了大唐，然而大唐也跟高丽死磕上了。唐太宗破降突厥、平定吐谷浑、灭高昌后，将目光锁定在了这个东北小霸王身上。

于是，贞观十九年（645年），唐太宗御驾亲征高丽，各军首尾相接，鼓角相闻，旌旗相连长达千里，声势浩大，揭开了新的东北亚大战的序幕。这次出征失败之后，唐太宗并没有气馁，也没有放弃征服高丽的目标，他多次训命边关进扰高丽。直到晚年，太宗还在命蜀地伐木造船，以备征高丽之用，结果引起山民暴乱，唐朝动用了数万大军，费了几个月才将起义镇压下去。可见差一点儿，唐太宗就落得跟隋炀帝一样的可悲下场了。

历史造成的不安全感

其实，隋唐两代统治者不惜消耗国本，远征高丽这样一个边陲小国，很大程度是根源于历史的不安全感。

自西周灭亡之后，宗周的统治已经名存实亡。中原各国，由于内斗不止，力量分散，开始面临周边其他部族的生存威胁。《公羊传·僖公四年》载："夷狄也，而亟病中国。南夷与北狄交，中国不绝若线。"在当时，周边少数民族与中原华夏民族之间的矛盾已经演化为种族之争；而尊王攘夷的齐桓公，"以此为王者之事也"。王道，是儒家对统治者的一种美好期许。

但是，齐桓公救得了一时，救不了一世。周边少数民族对中原华夏民族的进犯与袭扰，始终延绵不绝，成为中原文明生死存亡的巨大威胁，引起中原地区人们对未来的忧虑与恐惧。自西周末年以来，与周边少数民族持续进行的战争，使得中原华夏民族的心里有着强烈的不安全感。

在这种危急关头，中原的很多有识之士开始强调"华夷之辨"，并提出一系列与之相配套的激进口号——华夷之防、华夷之别、以华制夷、以夷制夷、用夏变夷等等，期望以这种激进的思想，来唤醒中原民族的危机感，使大家团结抗敌。就连温和、中庸的孔子都担心，如果中原民族无法抵御外敌的入侵，那么自己将有可能"被发左衽"，跟他眼中的"野蛮人"一样。到那时，中原地区的先进文明将彻底毁灭，人类社会将倒退到原始时代。

好在孔子的期望没有幻灭，在"尊王攘夷"口号的推动下，中原各个诸侯国都开始了积极的军事变革和政治变革。军事上，最典型的是赵武灵王实行的胡服骑射。政治上，各国都在从封建贵族的领主制向中央集权的君主独裁制过渡。最终，在历史的合力作用下，秦王政二十六年（前221年），秦始皇扫清六合，建立了大一统的君主独裁的中央集权帝国。秦帝国和后来的汉帝国，不管是施行霸道还是王道，不管是施行暴政还是仁政，有一点都是相同的，那就是屡次大兴讨伐北方游牧民族，有效地维护了中原农耕民族稳定的生活方式。

不过，形势也有变化。就在秦汉大一统之时，北方游牧民族也出现了一个统一的帝国，那就是匈奴帝国。它先后征服草原上的各个民族，建立起东达辽东平原、西至天山南北、北控西伯利亚的庞大帝国，与秦汉帝国不相上下，并对后者构成了严重的威胁。

中原帝国因而不得不以强有力的姿态，动用一切资源，倾举国之力，与北方草原帝国展开殊死搏斗。西汉大儒董仲舒曾经明确表示，"夷狄不得与中国为礼……中国不得与夷狄为礼"。这是一种极其强硬的、势不两立的对外态度，并深深地影响了汉武帝。

高丽的悲剧命运

秦汉第一帝国灭亡之后三百多年，中原迎来了隋唐第二帝国，在此之间，中原大地已经历了长期的分裂动乱。国家刚刚重新统一，中原民族处于百废待兴、养精蓄锐的关键时刻。然而，隋唐两朝的统治者都迫不及待地发动对高丽的大战，其中的原因当然不简单。

贞观十九年（645年），唐太宗对左右大臣讲：

> 今天下大定，唯辽东未宾，后嗣因士马盛强，谋臣导以征讨，丧乱方始，朕故自取之，不遗后世忧也。
>
> ——《新唐书》卷二百二十《东夷传·高丽》

唐太宗说的"天下大定"，既是指国内统一，也是指北方草原民族的没落。自魏晋南北朝民族大融合之后，对中原王朝构成主要威胁的北方势力已被分割瓦解，自秦汉以来的草原民族侵扰中原的问题，此时已不再发生，北方少数民族已被中华文化同化。唯有东北地区还保有特色文化，在此地区建立牢固统治的国家，成为此时中原王朝边境最主要的威胁。至此注定了高丽逃不掉的悲剧命运。

尽管高丽一再俯首称臣，但是对于中原王朝的统治者而言，它的存在就是一种威胁。这不取决于高丽是否有进犯中原的意志，而取决于它的自身实力是否对后者构成威胁。当时的高丽在东北已经成为第一强国，如果放任不管，假以时日，它定有实力窥伺中原。

更何况，高丽在朝鲜半岛上的一系列小动作表明，它绝非一个安分守己的国家。武德九年（626年），高丽阻塞百济、新罗前往唐朝朝贡的道路，三国间互相侵扰。贞观十五年（641年），半岛局势大变，百济国王更迭，挑起与新罗的战争，后与高丽结盟，破坏唐朝在朝鲜半岛的均势政策。贞观十六年，高丽强硬派渊盖苏文杀荣留王，另立新主，无视唐朝的宗主国地位。这一切虽然没有侵犯唐朝的边境，却让唐朝看到了高丽蠢蠢欲动的小心思。唐朝的确担心自己构建的世界体系遭到挑战，但更担心的是这个区域强国的野心。

另外，虽然在隋炀帝时期，北方突厥民族已经分为东西两部，不成什么气候，但是突厥跟匈奴一样都是骁勇善战的马背民族，隋唐两朝统治者都担心东突厥会与高丽联合起来。论单打独斗，隋唐帝国不怕任何一个，但是如果两个小弟沆瀣一气，那么大哥恐怕也招架不住，毕竟双拳难敌四手。

所以，唐太宗为了杜绝"丧乱方始"，必须先发制人，对高丽进行毁灭性打击。这不是因为唐太宗好大喜功，也不是因为唐太宗喜好侵略，而是历史传承下来的强烈的不安全感，让唐朝统治者必须消除一切可能的边境威胁。

事实也证明，高丽这个国家的确有窥伺中原的军事潜力，这可以从它屡次击退隋朝大军看出来。隋朝在平陈的时候只动用了50余万的兵力，而面对远比陈国弱小的高丽，却先后共计出兵200余万。唐太宗对高丽的多次征伐中虽然有一些取得了胜利，也占领了一些城池和土地，但是高丽政权依然苦苦支撑，拒不投降，可见这个民族的彪悍和韧劲。

贞观二十三年（649年），唐太宗驾崩，依照太宗遗愿，攻打高丽的计划被取消。不过，一向暗弱的唐高宗继位后，竟然也视高丽为自身的威胁，必须要除之而后快；而此时高丽爆发内乱，乾封元年（666年），掌权的渊男生、渊男建、渊男产三兄弟（渊盖苏文之子）受人挑拨相互猜疑，大哥离开平壤城视察，有人进谗言离间，对两个弟弟说："哥哥十分厌恶你们逼迫他，计划铲除你们。"但是，弟弟们并不相信。又有人对哥哥说："两个弟弟打算把你驱逐出去。"于是，哥哥派间谍前往平壤探听消息，弟弟捕获该名间谍，立即假传国王高藏王诏令，哥哥心生畏惧，不敢回到平壤，没办法只能请求唐朝出兵平叛，这给唐朝提供了可乘之机。唐高宗借此机会，以李勣为辽东道行军大总管，统帅诸军，分道合击高丽。总章元年（668年）九月，各路唐军推进至鸭绿江畔，高丽各城守军或逃或降。唐军进至平壤城下，九月十二日，高丽僧信诚打开城门，唐军冲进城中，擒高藏王及渊男建，高丽亡国。

谁都想不到，这块硬骨头，隋炀帝、唐太宗两代雄主都没有啃下，却被后世眼里软弱无能的唐高宗李治啃了下来，这真是历史的奇妙之处。

【编者按】

为了推进中原王朝的霸业，唐太宗甚至冒着隋炀帝亡国之失的风险，征伐高丽。不过这一次，大唐帝国大获全胜。北定突厥、东平高丽，盛唐就如当年灭卫满朝鲜、出击匈奴的强汉一样，成为中国历史上中原王朝巅峰时代的象征。

如同汉帝国一样，唐帝国接下来将目光锁定在了西域。不同的是，这次大唐帝国经略西域的道路上，出现了一个以往中原王朝没有面对过的对手，它对唐朝经略西域的霸业产生了重大影响。唐朝在西域的霸业究竟能否成功？请看下篇。

参考文献：

史料：

［后晋］刘昫等撰：《旧唐书》。

专著：

1. 韩昇：《东亚世界形成史论》，复旦大学出版社，2009年。
2. 朱立熙：《韩国史——悲剧的循环与宿命》，台北：三民书局，2003年。
3. 杨雨蕾、魏志江、蔡健：《韩国的历史与文化》，中山大学出版社，2011年。

经略西土：唐朝在西域的经营失败了吗？

王满损

唐朝是中国历史上少有的强盛王朝。唐朝强大的政治、军事实力，使它成为亚洲强权时代的支配性力量之一，而唐朝与其他支配性力量如吐蕃和大食，最直接的交流和冲突就发生在一片各种势力缠绕的土地上。这里就是中国历史上所说的西域。

唐朝对西域进行了自己的探索与经营。一直以来，唐朝在西部边陲的武功被后代赞颂宣扬不绝。但是，近来也有许多不同的声音，如认为唐朝在与不同强权势力的斗争当中，对西域的经营是完全失败的。问题是，他们经营的西域究竟指哪里？他们在西域的经营究竟是成功还是失败？

断其"右臂"：唐朝早期经营西域的历史

唐朝早期对西域的经营是从摧毁突厥的霸权开始的。

突厥汗国是原先在柔然统治下的阿史那氏部族于552年在今蒙古国地区建立的古代帝国，一度控制漠北、中亚等柔然故地。全盛时，其疆域东至辽海，西抵西海（今咸海），北越贝加尔湖，南至阿姆河以南。突厥汗国建立了官制，有律法，有文字，与一般的文化落后的游牧民族截然不同。立于和硕-柴达木湖畔的《阙特勤碑》，以史诗般的词句赞扬了东突厥汗国名将阙特勤的事迹，追溯了突厥汗国的历史：

当上面蓝天、下面褐色大地造成时，在二者之间［也］创造了人类之子。在人类之子上面，坐在我祖先布民可汗和室点密可汗。他们即位后，创建了突厥人民的国家和法制。

［这时］四方皆是敌人。他们率军征战，取得了所有四方的人民，全部征服了［他们］。使有头的顿首臣服，有膝的屈膝投降，并使他们住在东方直到兴安岭，西方直到铁门［关］的地方。

他们统治着二者之间的没有君长的蓝突厥。他们是英明的可汗、勇敢的可汗。他们的梅录也是英明、勇敢的；他们的诸官和人民也是忠义的［直译：正直的］。因此，他们这样统治了国家，他们统治了国家并创建了法制。

——译文参照林幹：《突厥与回纥史》，内蒙古人民出版社，2007年

然而，曾经东西绵延万里的突厥帝国，在唐朝建立前（隋开皇二年，582年）就已分裂为东突厥和西突厥两大部，实力严重削弱。从隋唐王朝东北部边境到阿尔泰山以东，为东突厥；从阿尔泰山以西一直延伸到咸海和波斯，为西突厥。阿姆河南岸以及阿姆河与莫夫河之间的边境地区把西突厥与波斯分开。兴都库什山以北的整个

1. [日]月冈芳年绘:《月百姿:南屏山升月》。图中为曹操横槊赋诗的情景

2. [日]小林清亲绘:《桃园三结义》

3. 明代画作《卧龙出山图》，作者不详。现藏于爱尔兰切斯特·贝蒂（Chester Beatty）图书馆

4.位于吉林集安市的高句丽墓葬壁画。上图为高句丽的铠甲武士,下图为高句丽人狩猎场景

5. 现藏于故宫博物院的唐代大食人俑、胡人俑。唐朝经营西域为中外交流提供了便利

［后唐］胡瓌绘：《出猎图》。图中契丹骑士带着猎鹰出猎。现藏于台北故宫博物院

7. 明代画作《出警入跸图》，作者不详。该图描绘了京城军队护送明朝皇帝出行的盛大场面。现藏于台北故宫博物院

8.《明代东西洋航海图》,发现于牛津大学博德利安(Bodleian)图书馆。约为17世纪初绘制,后被当时的欧洲商人带回。图中清晰地标注了月港等重要的亚洲港口

9. [清]姚文翰绘:《紫光阁赐宴图》(局部)。该图表现了乾隆二十七年(1762年)乾隆帝在修缮后的紫光阁设宴款待文武百官、蒙古王公,以及平定准部、回部将士的情景。现藏于故宫博物院

10.［清］徐扬绘：《日月合璧五星连珠图》（局部）。描绘了乾隆二十六年正月初一日午初一刻时，天空出现"五星连珠"的"祥瑞"，一时间街上众人围观，百官朝贺。现藏于台北故宫博物院

11. 现藏于美国弗利尔和赛克勒（Freer-Sackler）美术馆的乾隆帝佛装唐卡（局部），画面中的乾隆帝以文殊菩萨形象示人

2.〔清〕桂馥:《黔南苗蛮图说》插图,清代彩绘本。该书图文并茂,记载了贵州地区的各个少数民族风貌

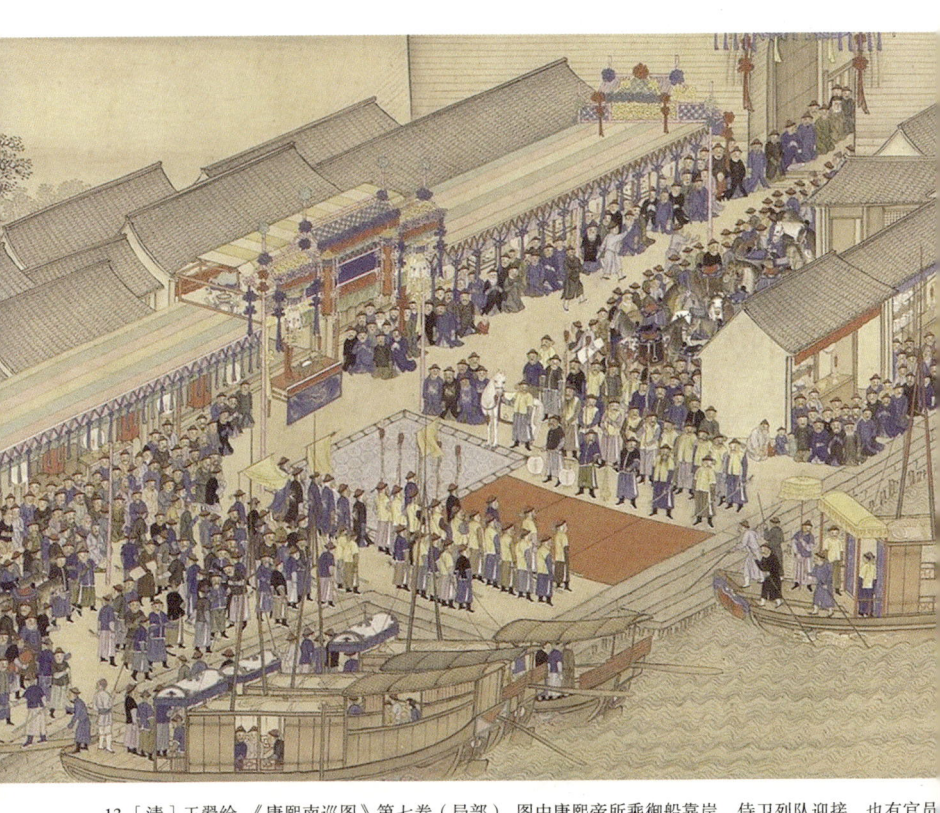

13. [清] 王翚绘:《康熙南巡图》第七卷（局部）。图中康熙帝所乘御船靠岸，侍卫列队迎接，也有官员和百姓。现藏于美国大都会博物馆

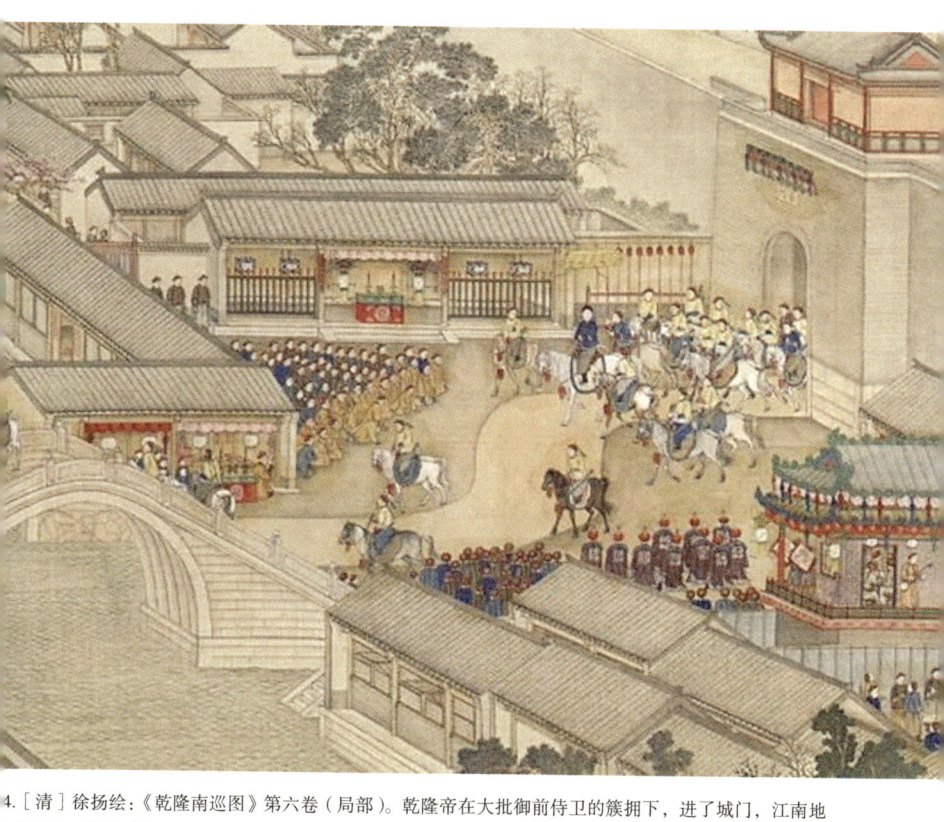

4.［清］徐扬绘:《乾隆南巡图》第六卷（局部）。乾隆帝在大批御前侍卫的簇拥下，进了城门，江南地方官员和百姓在道路两旁接驾。城门的一侧放置着香案，右侧的戏台上，戏班正在唱戏。现藏于中国国家博物馆

15. ［英］伯吉斯绘。1896年8月22日，李鸿章在英国霍瓦登城堡去拜访英国首相格莱斯顿先生。刊于英国《图片报》第54卷，第1395期，第232页

清光绪二十九年（1903年）张之洞（前排右一）、魏光焘（前排左一）和三江师范学堂等机构的官员合影

THE FALL OF THE PEKIN CASTLE THE HOSTILE ARMY BEING BEATEN AWAY FROM THE IMPERIAL CASTLE BY THE ALLIED ARMIES.

17. [日] 葛西虎次郎绘：《联合军皇城内敌兵击退之图》。该图描绘了八国联军入侵北京的场景

吐火罗地区都囊括在西突厥的疆域之内。

唐朝建立不久之后，原本在西域绿洲诸国建立了霸权的西突厥汗国也渐渐衰落了。这时唐朝乘虚而入，唐太宗与唐高宗在位的几十年时间里，唐朝逐次消灭了突厥在西域的残余势力，将西域的高昌、龟兹等国纳入版图。此举与当年汉武帝派张骞"凿空"西域以断匈奴"右臂"一样。在中原王朝与北方草原强权的争夺中，西域的战略地位尤为重要。

征服西域的前期，在唐太宗的坚持下，唐廷在刚征服的天山南麓的高昌设立了伊州、西州、庭州等，建立了与中原汉地相同的州县制度。后来在征服天山北部的西突厥残余势力和天山南麓的焉耆、龟兹等国时，唐朝在龟兹设立安西都护府，又在新招抚地区设立羁縻州府制度。所谓"羁縻州府"，即册封当地的少数民族首领为王公，仍旧由他们统治当地，但是羁縻州府负有纳贡并为西域唐军提供兵源、资粮等义务。事实上，中央王朝已经将这些具有一定自主权的羁縻州府视为本国疆土的一部分。

著名的安西四镇龟兹、于阗、疏勒、焉耆，就是这时设立的军事重镇，隶属安西都护府，镇抚着归入大唐疆土的天山南麓的土地。此时，大唐王朝直接统辖的政治区域已经伸延到帕米尔地区。唐太宗自豪地说：

> 囊之一天下，克胜四夷，惟秦皇、汉武耳。朕提三尺剑定四海，远夷率服。
>
> ——《新唐书》卷二百二十一《西域传·疏勒》

即使在突厥人中，唐太宗的威信也非常高——草原民族多崇拜强者。唐太宗也利用了这一点，他采取突厥对个人表示效忠的传统，把他们笼络在身边，他们也都称唐太宗为天可汗。

然而，唐太宗并没有掉以轻心，他了解突厥对于大唐边陲始终是个威胁。这时西域政策的主要目的，就是防止突厥的复兴，而被设立羁縻州府、分而治之的突厥部落，也并不甘心就这样臣服于唐王朝，这为后来兴起的吐蕃王朝联合突厥介入西域事务提供了契机。

百年宿敌：唐、蕃激烈争夺安西四镇

唐朝接替突厥掌控了整个西域局势之后，随着吐蕃王朝的兴起，青藏高原孕育的部族开始向四周扩张，与大唐的冲突不可避免。从此，西域地区的主旋律演变为唐朝与吐蕃对西域统治权的激烈争夺。

事实上，吐蕃王朝是唐朝西南地区的主要边患，而唐王朝在很长一段时间内都没有意识到这一点。当吐蕃连年进取，在吐谷浑多次打败唐军，并北连突厥侵入西域之时，唐朝仍然将王朝的主要精力放在东北进攻高丽。高宗咸亨年间（670—674年），安西四镇已经渐次易手，安西都护府也不得不退至碎叶。

到了高宗仪凤年间（676—679年），唐朝多次从吐谷浑进军，甚至打出了直捣吐蕃都城逻些的旗号，但均告失败。《旧唐书·吐蕃传》记载：吐蕃"地方万余里，自汉、魏已来，西戎之盛，未之有也"。唐朝在四镇失守之后又开始谋求反击。仪凤四年（679年），天山地区的西突厥十姓部落联合吐蕃，意欲脱离唐朝控制。于是，西州都督崔知辩率军出击吐蕃，打败了多次在青海大败唐军的吐蕃将领，一举收复天山以南，重设安西四镇。这时安西四镇已经不止于过去镇抚地方之用，还不得不承担起隔断吐蕃、突厥两番，防范入侵的重要军事作用，之后武周于天山以北新置北庭都护府，吐蕃、突厥南北互通的渠道就此切断。

此时，就在唐朝与吐蕃战况胶着之际，东突厥势力又趁着唐朝边防相对空虚之际重新兴起；中原王朝内部也不安宁，平定徐敬业事变同样牵扯着唐王朝的精力。一些唐朝士大夫曾幻想不费大唐一兵一卒、单凭一项羁縻政策就能安抚西域，加之武则天在平定徐敬业事变之后，为了笼络人心，宣扬自己将"行乎三皇五帝之事"，于是主动弃置四镇，只留下当地部落贵族军队负责镇守。唐朝主动弃置安西四镇的后果，就是垂拱二年（686年）吐蕃乘虚而入，掌制了天山南麓的西域，也攻占了没有中央唐军驻扎的四镇。

武则天在处理了李唐内部问题后，已少后顾之忧；这时的武后好大喜功，四镇落入吐蕃之手，也给了她炫耀武功的机会。长寿元年（692年），武周重新发兵进军西域，武威道总管王孝杰率军征战四年，终于收复四镇。这时吐蕃在西域诸国的统治已历六年之久。武后已经不再相信羁縻政策能有效掌控西域，重新在西域驻扎重兵。自此，中原王朝紧紧地将四镇握在自己手中，结束了吐蕃控制西域的局面。随后的几十年内，吐蕃数次试图进攻西域，都以失败告终。

在此之后，大食，也就是阿拉伯帝国，渐渐登上了中亚历史舞台，并且渐渐发挥出举足轻重的作用。之后的几十年里，吐蕃在与唐朝争斗时，又与大食渐渐发生矛盾，在三方的纠纷当中疲于奔命。到了唐玄宗天宝年间（742—756年），唐朝国势趋于极盛。天宝六载，唐军在高仙芝的率领下，平大小勃律，在西域取得了一系列重要胜利，扬威西土，拂菻（拜占庭帝国）、大食等国都来与大唐相通。天宝十载，高仙芝率军与大食战于怛罗斯，大败而归，安西精兵元气大伤。天宝十四载，安史之乱爆发，唐朝不得不调西域之兵回到中原，任由吐蕃接管整个西域。至此，唐朝国势走向衰颓，再也没有能力经营曾经的西部国土了。

"张我右掖"：唐朝在西域的经营难言失败

唐朝在西域开疆拓土，功绩直追两汉，是历史上少有的扬兵威于西域的王朝之一。但是，随着安史之乱爆发，唐朝国运也走上了下坡路，无暇在西域耀武扬威、再逞军功了。但是，我们能否因为唐朝经营西域有过几次反复，最终失掉西域，就认为唐朝在西域的经营失败了呢？

事实上，总体来看，唐朝前期在西域的统治是非常必要的，也是比较成功的。

首先，唐朝退出西域主要是战略性撤退而非经营失败。西域作为唐朝边陲，族属构成纷乱，多方关系复杂，不在汉人传统农耕文明的范畴之内，因此中央只能采用羁縻州府制度进行控制，很难在这里建立与帝国彻底融合的有效统治。吐蕃地处青藏高原，土地贫瘠，对外扩张则是民族发展的必然之计。在唐朝与吐蕃的长期竞争当中，西域是吐蕃谋求进一步发展的必争之地，而中原地区是唐朝立国之本，是战略上的重中之重；唐朝后期由于内乱没有能力再次经营西域，对此地进行战略放弃也是被迫之举，而非在西域统治竞争中彻底失败。

其次，对西域的经营，降低了唐朝受到西南边患直接威胁的可能性。在唐太宗开始出兵西域、整肃突厥残余势力之前，敦煌一直是国家西部边陲的桥头堡，直到唐军占领高昌国、设立西州之后，西部桥头堡的位置才真正发生改变。垂拱二年（686年），在唐朝弃置安西四镇之后，吐蕃联合突厥侵占了整个西域，军队直抵敦煌；至于安史之乱后，西域失守，更有吐蕃军队趁着唐朝内乱之际东进长安，大唐都会惨遭劫难。可见，如果没有西域作为缓冲，华夏腹地将会更容易地暴露在外族的威胁之下，西域的战略地位可见一斑；而唐朝前期成功地遏制了吐蕃东进的势头，也防止了突厥与吐蕃联合形成对大唐更大的威胁，可见，唐朝在西域的统治达到了其设定的战略目的。

事实上，吐蕃管辖西域之后，不得不面对阿拉伯帝国东扩的局面；两大亚洲强权的碰撞是一场耗时长久的竞争。唐朝后期，吐蕃为防范和抵御阿拉伯帝国已经耗费了大量的精力，较少对汉地构成直接威胁了。

再次，大唐通过招抚并统治西域诸国，重现了大汉荣光，提高了唐人的自豪感。唐人对汉朝有着极其强烈的向往之情，试图在西域和东北重新建立大汉王朝的功业。唐人在诗文当中不自觉地流露出在西域建功立业的想望,这与唐朝科举制重视《史记》《汉书》等汉代史书不无关系。相比汉朝,唐朝在西域的疆土更为广袤,虽然东北版图尚无法覆盖汉朝在朝鲜半岛设置的乐浪郡,但是,国家在西域的接连胜利也已经满足了这种想望,在唐人的头脑中重现了辉煌的大汉荣光。例如,唐代诗人"汉皇重色思倾国""武皇开边意未已"等著名诗句,都以汉家故事比拟本朝,此类语言表达习惯正是这种心理状态的自然流露。

因此,尽管唐朝随着国势的倾颓退出了西域统治权的争夺战,但唐朝在这个强权时代举足轻重的政治地位不容抹杀,经营西域的功业也不容否定。

大历七年(772年),因河西走廊被吐蕃攻陷,已与中原联系断绝多年的北庭都护府遣使来到长安。唐廷君臣得知孤悬西域的唐军仍在坚守,莫不垂泪,唐代宗为此下诏:

> 以威以怀,张我右掖,稜振于绝域,烈切于昔贤。微三臣之力,则度隍蹄陇,不复汉有矣!
>
> ——《喻安西北庭诸将制》

无论如何,唐朝军人在西域乃至更远的中亚地区构建了强大的军事力量,都是中国历史上最辉煌的几笔之一。正像唐人向往汉朝荣光那样,后人也长久沉浸在唐朝张扬的凛凛威风的想望之中。

【编者按】

安史之乱彻底打破了大唐帝国的盛世,对此后中国历史的发展产生了巨大影响。一方面,大唐帝国荣光不再,内部藩镇林立,为了维护统治,唐廷只得专注国内,再无力开疆拓土,稳固边陲;另一方面,一些曾经臣服于中原的草原民族,开始慢慢发展起来,成为日后中原王朝的劲敌。让我们先来看看,安史之乱后的唐朝,该何去何从。

参考文献：

史料：

1. [宋]李昉：《文苑英华》。
2. [清]董诰等辑：《全唐文》。

专著：

王小甫：《唐、吐蕃、大食政治关系史》，中国人民大学出版社，2009年。

论文：

1. 荣新江、文欣：《"西域"概念的变化与唐朝"边境"的西移——兼谈安西都护府在唐政治体系中的地位》，《北京大学学报》(哲学社会科学版)，2012年第4期。
2. 海滨：《试论唐人的汉代情结在西域的现实对应》，《昌吉学院学报》，2015年第4期。

续命百年：唐朝如何收拾藩镇割据？

流惜子

我们日常能接触的历史信息都在告诉我们：唐朝在安史之乱后，进入藩镇割据的时代。更有甚者，在一般人眼里，唐朝到安史之乱好像就忽然打住了，不想之后居然还存在了一百多年。至于发生了什么事，没人知道，也没人关心——大家只喜欢盛世，那种节度使混战的衰亡时代，有什么必要关心？

藩镇真的都是割据吗？节度使真的都是拥兵抗上的军阀吗？

历史上并非如此。唐后期的藩镇事实上变成了普遍的一级行政区，相当于今天的省。把藩镇与割据不加分辨地混为一谈的看法，没有什么道理。

藩镇是怎么形成的？

在了解一团乱麻的藩镇史前，先得说说藩镇是怎么形成的。藩镇源于唐玄宗时代的节度使与采访使的权力合一。在唐朝前期，行政区划只分两级：州和县。中央直管各州，州下辖各县。但是大唐地域辽阔、人口众多，国家直接管着三百多个州，难免力不从心，又怕在州上再设置一级行政机构后,会引起东汉末年的割据局面,于是采取了折中办法,派中央大员到地方去,作为只有监察权但没有行政权的采访使,后改称观察使。观察使有固定的监察区,就被称为道——在玄宗时代,一共有十五个道。

实际上,这还是汉朝的老路子。东汉时,地方行政机构分为三级:州、郡、县。此"州"非彼"州",唐代的州相当于东汉的郡。有意思的是,东汉的州是怎么来的呢?在西汉武帝时,为了监察地方,武帝下令将全国划分为"十三州部",每州派遣一名刺史——同样是只有监察权而没有行政权——来监察各郡、县的官吏。

可是后来刺史的权力越来越大,到了东汉后期,州成为正式的行政建制,在郡之上,而刺史也相应地获得了州的行政权;再后来,刺史不但获得了行政权,还开始掌握军权,并拥有一个更响亮的名字——州牧。《后汉书》如是记载:

> 时灵帝政化衰缺,四方兵寇,焉以为刺史威轻,既不能禁,且用非其人,辄增暴乱,乃建议改置牧伯,镇安方夏,清选重臣,以居其任。
>
> ——《后汉书》卷七十五《刘焉传》

于是,刘焉"为监军使者,领益州牧",成为东汉末的第一个"州牧"。此后各地的州牧纷纷设立,割据一方,拉开了东汉末年军阀混战的序幕。

说到这里，读者恐怕就能想到，唐朝设立的观察使后来会变成什么样子了——剧本早就写好了。

唐朝玄宗时期，战争规模巨大、次数繁多，原有的府兵制向募兵制转化，在边境上形成了新的大军区，由节度使总管辖区内的一切军事事务。节度使和观察使二者权力都很大，但如果权力不合二为一，不同时拥有军、政权是无法形成割据的。节度使、观察使分立这一点，与东汉时还是不同的。

但是玄宗末年，出现了第一个利用皇帝宠信而实现二者合一的节度使——安禄山，这样，他就相当于把他管辖的河北道变成了自己的地盘，所以才有同中央叫板的实力。天宝十四载（755年），他终于掀起了安史之乱——唐朝历史的转折点。

这次叛乱规模太大，唐廷猝不及防，为了方便兼顾各条战线，必须分配各战区，而观察使与节度使并行的二元体制显然无法适应战局，于是唐廷为平叛而设置的一系列节度使，已经实现了二者权力的合流：一级行政区节度使也兼观察使，拥有辖区内的军政监察权力，管辖属下州县。唐朝的行政体制至此由二级变为三级。

非常时期，当然要赋予非常权力。

安史之乱时期的各节度使权力极大，比如平叛的头号功臣郭子仪、李光弼，都是大节度使。但是，权力一旦放出去，就不好收回来了。于是河南、江淮地区的不少藩镇就这样实际脱离了朝廷的掌控；再加上唐廷无力彻底平叛，对于河北地区投降的那些安史降将，只能保留他们的原始地盘，让他们继续当节度使，著名的割据"大佬"河朔三镇——范阳、成德、魏博节度使就是这么形成的。

唐代宗收权

于是在宝应二年（763年）安史之乱刚刚平息后，登基不久的唐代宗发现他面对的局势是：整个帝国的北部，自己已经无力掌控，权力被十几个兵强马壮的节度使瓜分殆尽。可是国家刚从死亡线上挣扎回来，朝廷无力也不敢轻动藩镇，对安史系统的河北藩镇只能姑息容忍；而对京西北[1]、河南、巴蜀等地区的那些翅膀硬了不听话的藩镇，则动用各种手段，翻云覆雨，试图把它们重新纳入朝廷的轨道。

在暗中调配藩镇权力的同时，唐廷还在明面上积极培养新的禁军——神策军。广德二年（764年），吐蕃人乘虚而入打入长安，代宗仓皇跑到陕州避难的时候，各镇军队居然没有及时赶来勤王，只有宦官鱼朝恩率领的一支边军——神策军火速救驾。

此事对代宗的心灵造成了极大的伤害。他由此明白拥有一支强大中央军的重要性。拥有一支能够掌握的军队，不但能保护中央，在讨伐不听话的藩镇时也不至于无兵可调，只能靠藩镇互相攻击。同时，在这个时候，藩镇已经在全国广泛设立起来，只不过在北方重兵云集的地方多为节度使，南方财赋之地多为观察使，而唐廷始终未失去对南方广大地区的控制。

---

[1] 京西北是指唐代的都城长安西、北的地区，主要包括凤翔、泾原、灵盐等地，约为今陕西西部、北部以及宁夏一带。安史之乱时，吐蕃趁机攻占河西走廊，因此京西北成为唐廷防御吐蕃的前线地区。——编者注

不得不说，唐代宗是一位尚可称道的政治家，稳住了国家百废后缓慢兴复的大局，局势确实大有可观，河南、江淮地区的很多藩镇重新归朝廷控制，河朔藩镇也比较恭顺，没有挑起战端。

"中二少年"与四镇之乱

建中元年（780年）唐德宗登基后，情况骤变。德宗是个血气方刚的"中二少年"，做梦都想着在自己手里中兴高祖、太宗创立的辉煌基业，上台以后立马彻底改革唐朝的税制——变租庸调制为两税法。搞完经济后就该搞军事了，他迫不及待地要把不听话的藩镇全部干掉。

恰逢建中二年，河北割据藩镇成德镇的节度使李宝臣死了，该镇要求遵循割据藩镇的习惯，自立李宝臣之子李惟岳继位，请朝廷批准。德宗觉得："天予不取，反受其咎。"——这不是撞上门的机会吗？于是大笔一挥，发动各镇军队，猛打成德藩镇。

李惟岳兵败，为部下所杀。唐廷想趁机一鼓作气消灭藩镇之患，于是用尽各种手段挑拨河北诸镇自相残杀，没想到玩过了火，平定成德的河北诸镇对唐廷积怨颇深，四大割据藩镇节度使范阳朱滔、魏博田悦、淄青李纳和淮西李希烈又联合起来造反，还自封为王，史称"四镇之乱"。

四镇之中，尤以身居唐朝腹心的淮西节度使李希烈对唐廷威胁为大，这个丧心病狂的疯子最后居然称帝，杀戮遍及河南。唐廷有马燧、浑瑊、李抱真等猛将，军队虽然尚可一战，但毕竟还没从安史之乱中恢复过来，财政非常紧张，在各个战场只能与割据藩镇形成拉锯局面。为了打破僵局，唐廷只能不断从京西北藩镇抽调边军增援河北战场，最后又激起了泾原兵的叛乱，叛军攻入长安，拥立范阳节度使朱滔之兄朱泚为帝，史称"泾原兵变"。德宗抱头鼠窜，逃到奉天县（今陕西乾县）和梁州（今汉中），唐廷险遭灭顶之灾。

贞元元年（785年），朱泚之乱被平定。唐廷为了平定这场叛乱，只能承认河北藩镇割据的既成事实，在整个贞元年间（共二十一年）都采取姑息政策。"中二少年"德宗在朱泚之乱中受惊过度，刚登基时经略天下的锐气就此磨平。

但是，不能说德宗一无是处——毕竟割据的只是小部分地区，二十年的长期和平使得国家大部分地区恢复了元气，积攒下了丰厚的经济储备，为日后宪宗大展宏图奠定了基础。

同时，因为四镇之乱的影响，唐朝在本来铁板一块的河北安插进了两个亲朝廷的桥头堡——义武节度使管辖的义武军和横海节度使管辖的横海军，再加上朝廷重镇昭义军在太行山东麓还拥有磁、邢、洺三州，从此河北也是朝廷与割据势力犬牙交错的态势了。

中兴皇帝唐宪宗

贞元二十一年，德宗的孙子宪宗，在把他病重的爸爸顺宗赶下台后，[1]成功登基——有唐一代最伟大的中兴皇帝出现了。大概是觉得少年皇帝好欺负，德宗在位那么多年，在藩镇面前一直都是个忍气吞声的"小媳妇"，唐朝廷的两大后花园——向来稳固的剑南西川和浙西两镇，居然也想效仿河朔藩镇搞割据。宪宗力排众议，坚决平叛，大刀阔斧地解决了螳臂当车的两镇，天下为之震动。

宪宗的宏伟目标是实现真正的全国统一，在全面清理国家积弊，整顿内政的同时，元和四年（809年），成德节度使王士真死后其子王承宗"自为留后"，宪宗派大军讨伐成德，虽无功而返，却发现河朔三镇中的弱点竟然出现在素来最嚣张的魏博镇。

元和七年，魏博节度使田季安死后，军中擅立其堂叔大将田弘正接任。此人是坚定的亲朝廷派，上台后立刻全面倒向朝廷，上户籍，纳赋税，交出人事任免权，自此，在以后平叛战争中，魏博始终冲在第一线。这一下可乱了割据藩镇的阵脚，范阳、成德再也不敢造次，河北一片宁静，唐宪宗也终于能腾出手来收拾头号心腹大患——淮西镇。

占据今河南南部申、光、蔡等州的淮西节度使，虽然身处大唐的心腹之地，被中央势力包围，却是铁杆割据势力，安史之乱后半个世纪都没有归过"王化"。元和九年继任的淮西节度使吴元济更是四处煽阴风点鬼火，还想直接派兵威胁漕运，宪宗于是打算

---

[1] 贞元二十一年（805年）正月，德宗死，顺宗继位。而在此之前一年，顺宗已患"风病"，口不能言，卧病在床。顺宗即位后，锐意改革，意欲外抑藩镇，内抑宦官。八月，宦官俱文珍等人发动政变，拥立宪宗，改元永贞，顺宗被迫退位为太上皇，史称"永贞内禅"。——编者注

拿它开刀，立天下之威，由此进行了四镇之乱后唐朝规模最大的战争——淮西之役。但是战役初期，因指挥不统一，唐军虽具有压倒性的兵力优势，但仍然被主场作战的淮西军各个击破，战局极为不利。

同时，又有更加骇人听闻的事情发生。与淮西勾结的淄青节度使李师道居然暗中派出刺客，于长安大街上刺杀了主战派宰相武元衡，一时朝中人心惶惶，皆主张退军。勃然大怒的宪宗力排众议，倾全力支持平叛，派遣同样遇刺受伤的宰相裴度亲自到前线指挥。元和十二年（817年）十月，神策军大将李愬发动"斩首行动"，在一个雪夜奇袭蔡州，俘获吴元济，淮西平定。

至此，还在抗上的只剩占据山东地区的淄青节度使李师道了。宪宗也不客气，元和十三年，大军三面合围淄青，次年淄青兵杀李师道，投降朝廷。淮西、淄青相继覆灭，范阳、成德两镇恐惧异常，主动向朝廷交出节度使之位。中原藩镇中不那么听话的宣武镇等，也立即遣使入朝，服从朝廷号令。唐朝至此在安史之乱后第一次实现真正统一。

唐廷认识到，彻底削平藩镇不可能实现，不如尽最大可能使藩镇体制适应唐朝的统治需求。从这时到唐末僖宗时期，是藩镇局势的稳定期，全国大致有五十个藩镇左右。

唐朝的藩镇结构也终于在元和时期成形，可以分为四类：

一、河朔割据型：主要分布在河北地区，半割据状态，不向朝廷上户口赋税，完全自任僚属。

二、中原防遏型：主要分布在山西、河南、山东河朔周边地区，负责重兵防范河北藩镇。

三、边疆御边型：主要分布在京西北、陕甘等地，负责防备吐蕃、回纥等。

四、江南财源型：主要分布在南方，负责向朝廷提供财政支持，兵力薄弱。

值得一提的是，宪宗年间对藩镇体制进行了改革，取消了节度使对下辖各州军队的指挥权，同时赋予各州自行支配财赋的权力。这一改革在当时作用不甚明显，却是后周北宋时期肢解节度使权力的滥觞。

在河朔三镇外的其他藩镇，基本上是朝廷的普通政区，朝廷握有包括人事调动权在内的正常权力；哪怕是河朔三镇，也只能保持半独立状态，不仅节度使在名义上要受朝廷任命，而且朝廷一有战事，这些藩镇照样要派兵援助。也就是说，割据的藩镇事实上只占唐朝藩镇中极小的部分罢了。因此，唐代后期的"藩镇割据"，并不像东汉末年的军阀混战，唐王朝在这种情况下继续支撑了近百年，而不是像东汉那样很快就走向了灭亡。

安史之乱后的国策

唐朝能在安史之乱后维系上百年，依靠的国策就是：保持藩镇之间的势力平衡，使得中央神策军对一个藩镇和几个藩镇的联合势力能保持绝对优势，并主要利用藩镇来制衡藩镇。

这样的稳定局面持续了近一个世纪,在这期间,除了唐文宗大和元年(827年)的李同捷沧景之乱和唐武宗会昌四年(844年)的刘稹泽潞之叛外,基本没有发生过较大规模的藩镇战争。这一稳固体制从唐懿宗咸通九年(868年)庞勋起义开始动摇,到黄巢起兵后国家大乱,唐廷再次远走成都,各地藩镇剧烈变动,拥兵自重,彻底变成军阀,那是唐末最后一二十年的事了。

到昭宗年间,唐廷彻底受制于京西北藩镇的控制,中原则变成河东节度使李克用、宣武节度使朱温两大强藩的对决。唐哀帝天祐四年(907年),朱温最后推翻了大唐王朝,建立后梁,为长达一个半世纪的唐朝藩镇史画上了句号。

藩镇本身的历史,还要延续至五代和宋初半个多世纪。正如阿诺德·汤因比(Arnold Toynbee)在《人类与大地母亲》一书中所说:"唐朝政权从763年一直苟延残喘到874年……唐政权对755—763年灾难反应的各种改革,却未能阻止其最终崩溃。唐王朝于907年灭亡,宋王朝,统一中国的下一个统治王朝,直到960年才建立。事实上,统一政权的空白期从874年一直延续到979年,而且,中华帝国并没有完整地重新统一,它在四面八方都丧失了边缘领土。"

【编者按】

安史之乱打破了大唐帝国的格局。在中原,唐廷与各地藩镇斗智斗勇;在帝国的边疆,一个原本不起眼的草原部落正在慢慢积蓄力量。有趣的是,安禄山之所以能够坐大,也与这个草原部落有着千丝万缕的联系。这个草原部落就是曾经臣服于高丽的契丹。

唐灭高丽后，东北亚草原上形势的变化，给了契丹登上历史舞台的机会，契丹民族把握住了天赐良机，历经数百年的发展，最后成为一个能与中原王朝分庭抗礼的草原强权。那么，契丹是如何一步步登上历史巅峰的呢？这背后又蕴藏了怎样的历史规律？下篇将揭晓契丹的创业史和草原上的秘密。

参考文献：

史料：

1.［后晋］刘昫等撰：《旧唐书》。
2.［宋］欧阳修、宋祁等撰：《新唐书》。

专著：

张国刚：《唐代藩镇研究》，中国人民大学出版社，2010年。

北方草原权力游戏的玩法

钊　君

熟悉古代历史的人都知道，从秦汉建立统一大帝国开始，北方蒙古高原上不断兴起的草原部落，对于中原王朝一直构成强大威胁。中原王朝只要一势弱，北方的草原民族就会对汉族的生存空间进行压迫式进攻。所谓的"统一"与"分裂"，多数情况下包含着草原民族与中原王朝的对峙。

为什么北方蒙古高原一直不断出现游牧政权，并持续几千年对中原王朝构成战略威胁？为什么在历史的进程跨过唐宋变革的门槛后，屡次出现草原民族成功入主中原，建立大一统帝国的"逆袭"？

根据历史学家的研究，以蒙古高原为核心的北亚草原地带，有一套"草原民族权力游戏"的密码，"其兴也勃焉，其亡也忽焉"的背后，是一套迥异于汉族政权的生存法则。我们就以契丹族为例，来尝试解释这套"草原民族权力游戏"的密码。

小部落大智慧

契丹族建立的辽国并非如孙悟空般横空出世于"塞北草原"之

上，而是遵循着北亚游牧政权更迭的基本法则，经历了百余年的筚路蓝缕，更凭借着一丁点儿的"运气"，最终才由一个蕞尔小邦发展成历史上和《天龙八部》中那个人人耳熟能详的北方强权。

关于契丹族的起源有这样一则传说。契丹的祖先是一个被称为奇首可汗的人，他居住在"松漠之间"[1]，生的八个儿子分别组建了八个部落，契丹族人便是这八子的后代。当然这只是一则传说，不是事实，但传说也非空穴来风，往往包含了部分史实。根据现在的人类学研究，契丹族很有可能源于东胡后裔鲜卑的柔然部，分为悉万丹部、何大何部、伏弗郁部、羽陵部、日连部、匹絜部、黎部、吐六于部八个部族，自北魏起至唐初，世代居于辽水之畔、松漠之间。不过，契丹八部落并非各自分散，而是组成了一个部落联盟，每三年选举一次联盟最高统治者。

目前，史书上所知最早的契丹部落联盟酋长名为大贺咄罗，他大概生活在隋末唐初之时。当时的契丹，尚不过是东北亚众多小部族中的一支。在契丹的东北方是强大的高丽，西北为彪悍的突厥汗国，南方则是国势日隆的大唐王朝。为了生存，处于诸多东亚强权包围下的契丹，必须做出它的政治选择。

最初，契丹主要在突厥与唐朝两大势力间摇摆不定。大贺咄罗在唐初曾屡次侵扰大唐的边境，唐高祖武德六年（623年），又曾向大唐进贡。之后的酋长大贺摩会于贞观二年（628年）决定不再依

---

[1] "松漠之间"指的是松林平地与沙漠之间，具体位置学界尚有争议，学者普遍认为其在今内蒙古自治区与辽宁省交界处的努鲁儿虎山一带。——编者注

附于突厥,率部降唐。突厥曾向唐朝提议,愿意用依附于其的梁师都换取对契丹部落的控制权,但遭到了唐太宗的拒绝。

契丹在突厥与大唐夹缝中求生存的状态,被部落联盟的下一任酋长大贺窟哥改变。贞观二十二年(648年),大贺窟哥做出了一个决定契丹民族未来命运的选择——他将契丹的命运押注于大唐王朝之上,举族内属大唐。

大贺窟哥的举族内属,使契丹成为第一个主动归顺大唐的东北亚民族。这令唐太宗龙颜大悦,更令其对契丹高看一眼。他不仅敕封大贺窟哥为归顺郡王,官拜松漠都督,还赐国姓李。一看唐太宗高兴了,大唐上下自然对契丹这个"小老弟"照顾有加,而契丹搭上大唐这部极有潜力的"顺风车"后,在大唐的"羽翼"庇护下自然一步步走向强大。

武则天万岁通天元年(696年),契丹部族在老大哥大唐(此时应该叫大周)的庇护与支持下,已历近百年的休养发展。相较早期聚族而居、松散分离的部落联盟,契丹政权已有长足进步。此时契丹领袖是大贺窟哥的孙子,大唐为了表彰契丹的忠诚给他赐名李尽忠。然而讽刺的是,这个李尽忠却一点都不向中原王朝尽忠,相反他认为契丹羽翼已丰,不再甘于成为中原王朝附庸。于是,契丹族人在李尽忠的带领下,联合归州刺史孙万荣发动了反抗中原的行动。

武则天听闻契丹反叛,十分震惊,不仅将李尽忠改名为李尽灭,还亲命侄子武三思为帅,三度兴师讨伐,意图一举平灭契丹。不料契丹人的战斗力极为强悍,大周讨伐契丹的军队屡战屡败,战局毫无进展,甚至当年为大唐扬威西域,打败吐蕃收复安西四镇的一代名将王孝杰也在战争中坠谷殒命。无奈之下,武则天只得找来后突厥默啜可汗充当外援,南北夹攻,加之李尽忠因病身亡,契丹群龙无首,中原王朝方才平定契丹叛乱。

契丹的这场叛乱虽然最终被中原王朝镇压,但它深居塞北草原,中原王朝在平定叛乱后,也无法通过武力强行控制契丹各部,只能眼睁睁看着契丹独立自主、逆风高飞。

安禄山与吐蕃人民的神助攻

李尽忠的举兵反叛,尽管宣告着契丹民族的独立,但为契丹带来了一个无比强大的对手——大唐帝国。李尽忠事件后,大唐意识到契丹的威胁,便于东北边境(今河北北部、北京一带)设范阳节度使,领河北劲卒,专门防备契丹。此时的契丹虽然摆脱了唐朝控制,不再对李唐王朝称臣纳贡,但契丹政权内部尚处稚嫩的部落联盟阶段,又受大唐与后突厥围困,势力日衰。

不过,上天可谓十分眷顾这支弱小的民族。唐玄宗天宝十四载(755年),上天为契丹送来一份大礼。唐王朝的范阳、平卢、河东三镇节度使安禄山伙同部将史思明举兵叛乱,二十万本用于防备契丹与奚的河北劲旅,兵锋向内,直指洛阳、长安,拉开了"安史之乱"的大幕。为平定安史叛军,李唐王朝不得不紧急抽调驻守西域的军队,回师勤王,最终在经历了八年的苦战之后,才大体平定安史叛军。安史之乱绝非一次普通的叛乱,在中国历史上有着划时代的意义。安史之乱的爆发，不仅标志着李唐王朝由强盛转向衰弱，进入藩镇割据的时代，更彻底改变了整个8世纪至9世纪的东亚局势，也为日后契丹民族的腾飞，埋下伏笔。

正如前文提到的，李唐王朝为平灭安史之乱，不得不命驻守西域与河西走廊的唐军回调救援，这给吐蕃以可乘之机。吐蕃趁大唐西陲空虚之际攻陷河西走廊，将势力扩展至河湟、陇西一带。自此，李唐王朝的西部防线悉数陷落，不但丢失对河西走廊与西域的控制权，甚至连都城长安的防卫都显得力不从心。每当吐蕃大军兵临无险可守的长安城下，大唐的帝王们只能望城兴叹，不知如何是好，守不住时更是脚底抹油，逃之夭夭。毕竟祖宗社稷"好说好说"，还是先保命要紧。

可是，皇帝总是逃跑不仅有失颜面，更不是长久的办法，李唐王朝不得已在安史之乱后调整全国战略部署，将重心放在西部（今甘肃、陕西西部）防御上，同吐蕃"刚正面"。唐朝同吐蕃百年战争的帷幕就此拉开。

唐朝同吐蕃在西部打了起来，位于东北方的契丹同这事本应八竿子打不着，又怎会因此获利呢？其实不然。唐朝与吐蕃的冲突看似只是唐、蕃两国间的战争，但由其引发的连锁反应却如"蝴蝶效应"般遍及整个东亚地区。安禄山的叛乱虽直接削弱了唐朝正面守备契丹的力量，但只要叛乱一停，李唐就能腾出手解决契丹问题。吐蕃这时来找唐朝"搞事情"，成功牵制了唐朝的有生力量，使其无力东顾。唐朝在吐蕃的折腾下，对关东的诸多藩镇都失去了控制，自然也就无暇对付契丹了。

再看看原本用于攻击与防御契丹的范阳节度使（或称幽州节度使）。它作为安史元凶，名义上虽被李唐政权收复，但早已不受中央控制，加之中原王朝经此大乱，军力式微，已无力大规模征伐契丹，这直接减缓了契丹南部的压力，为契丹谋取了喘息之机。可以说，在安史之乱与吐蕃人民高涨的"战斗热情"的帮助下，契丹才得以转危为安，继续闷声发大财。

东亚各国连环套下的"胜利者"

如果说安史之乱是契丹转危为安的转折点，那么，唐开成五年（840年）至后梁贞明二年（916年）便是契丹民族崛起的关键期。这七十余年的时间，简直是上天给契丹的恩赐。

安史之乱后，东亚局势由李唐王朝一家独大变为李唐、回纥、吐蕃三家争雄。此时的契丹依旧偏居东北一隅，不过因李唐的衰弱，契丹南部的范阳节度使带来的威胁已被解除，然而大唐西北的草原腹地，自突厥后又兴起了另一强权——回纥。

万幸的是，此时的回纥，致力于联合李唐同吐蕃争夺西域霸权，三者僵持在西域近一个世纪，偏居东北的契丹则无人理会，继续泰然发育。当时间来到开成五年时，契丹民族又迎来了一次登上历史舞台中心的契机。这一年回纥政权爆发内乱，回纥将领叛变，引着回纥的世仇黠戛斯的军队直扑回纥可汗牙帐，回纥被彻底击破，部族分裂逃亡，一代草原强权就此轰然瓦解。

就在回纥败亡的同时，三强中的吐蕃也陷入"麻烦"。因赞普朗达玛（又称达磨）的禁佛行动，吐蕃内部的宗教冲突上升为政治斗争，从而酿成内乱。唐会昌二年（842年），朗达玛被杀，吐蕃王朝旋即崩溃，开始陷入长期的内乱。随着回纥、吐蕃的败亡，东北亚草原也就此陷入了权力"真空期"，按理说，下一个崛起于草原的民族本不该是契丹，而应是攻灭回纥的黠戛斯，可"保守"的黠戛斯在攻灭回纥后，竟然放弃了广袤的草原，退回自己位于叶尼塞河上游的"老巢"。

这成为契丹的天赐良机，因为安史之乱，位于契丹南部的唐王朝势力衰弱，契丹南部威胁解除，如今随着回纥与吐蕃的败亡，契丹西北方的压力也彻底消失，呈现在契丹民族面前的是广阔无比、出现权力真空的北方大草原。

英雄造时势，时势造英雄

"天予不取，反受其咎。"面对这样难得的历史机遇，契丹人自然不会放过。自回纥败亡后，契丹民族经过五十余年的努力，蚕食了北方草原，为日后大辽王朝的建立奠定了基础。

契丹民族扩张领土的同时，契丹政权的建立也提上了议程。契丹民族自大贺窟哥、李尽忠起，一直到9世纪，其政治形态都停留在原始的部落联盟。部落首领原本由大贺氏担任，但由于遥辇氏与世里氏的崛起，大贺氏被迫放弃了酋长之位。遥辇氏与世里氏掌权后，创立契丹可汗与掌握军权的"夷里堇"分立的制度，两个职位分别由两大氏族担任。这种顶层分权的做法，虽然可以平衡各部族间的权力，但对创建一个帝国而言还远远不够，改革制度迫在眉睫。正在这样一个关键时刻，契丹历史上最为重要的人物——耶律阿保机登上历史舞台的中心。

耶律阿保机出自世里氏，本为掌管军事的夷里堇，但因其彪炳的战功，他在907年被推选为契丹可汗。随后，阿保机利用自己手中的权力，取消了可汗选举制度，改为世袭制度。同时，为加强集权，他又取消契丹顶层分权的做法，将政治权力与军事权力正式合二为一，使契丹可汗的酋长权力向皇权转变。

有改革，必然就会有反对。915年，契丹各部旧贵族与既得利益者趁耶律阿保机征伐室韦之时，群起反对耶律阿保机的统治。耶律阿保机迫于各部压力被迫交出了汗位，但这并不能阻止阿保机改革的步伐。此时的阿保机早已是契丹部族中的最强者，他设计于盐池城（今河北张家口沽源县一带）伏杀反对他的契丹各部首领，并一举兼并了契丹各部，彻底打破了契丹部落的共同体治理结构，加强了君权，史称"盐池之变"，至此，契丹完成了由部落联盟向帝制国家的转变。

结语

916年，耶律阿保机称帝，建元神册，契丹正式建国。称帝后的耶律阿保机并未停止进取的步伐,二十年间先后吞并渤海国,取得幽云十六州,使契丹国由一个单纯的游牧政权演变为兼具游牧与农耕的复合政权。同时,耶律阿保机积极吸收汉族文化,结合本国实际情况创建了"投下军州""南北面官"等制度,为契丹帝国建立起一套完整而高效的行政体系。在耶律阿保机的领导下,契丹民族可以说完成了由游牧政权向大帝国转变的"临门一脚"。

自此,在历经两百余年的筚路蓝缕之后,契丹民族正如其族名之意"镔铁"一般,依靠着顽强的意志和坚不可摧的民族精神,最终成功地由一支弱不起眼的东北亚民族,成长为翱翔草原的塞北雄鹰。

契丹民族固然有着强旺的运气,但运气的加持只是表面现象,背后真正的本质是中国北方游牧政权的一个循环规律,或者说是"草原民族权力游戏"的密码——一个东北亚强权的崛起往往基于国际局势的变化。当一个雄踞北方多年的游牧政权在被中原同化或击破后,东北亚地区常常会出现权力真空,继而会为新兴北方部族的崛起创造机会,创造新的草原强权继续同中原王朝抗衡。契丹民族的兴起,乃至早先的匈奴、鲜卑与日后的蒙古,无不是这种草原"连环套"下的典型。

【编者按】

草原上"连环套"的游戏规则,孕育了能与中原王朝争霸的草原帝国。在草原各部族与中原王朝征伐及互相取代的过程中,"崇拜强者"成为他们的至高法则,正如前文所提,大唐帝国强盛之时,草原民族称唐太宗为"天可汗";安史之乱后,回纥、契丹便又遵循自身的法则,与中原争锋。

在这种"崇拜强者"的思维下,东亚草原最终诞生了一个无比强大的游牧民族——蒙古,它以独有的强者姿态,撼动欧亚。让我们进入下篇文章,感受草原帝国的巅峰时代。

参考文献：

史料：

1. [后晋]刘昫等撰：《旧唐书》。
2. [元]脱脱等撰：《辽史》。

专著：

1. 陈述：《契丹史论证稿》，山西人民出版社，2014年。
2. 黄永年：《六至九世纪政治史》，上海书店出版社，2004年。
3. 刘浦江：《松漠之间——辽金契丹女真史研究》，中华书局，2008年。
4. 姚从吾著，札奇斯钦、李守孔、陈捷先等辑：《姚从吾先生全集（二）辽金元史讲义·辽朝史》，台北：正中书局，1972年。

论文：

赵卫邦：《契丹国家的形成》，《四川大学学报》(社会科学版)，1958年第2期。

强者崇拜：被征服也是一种荣耀

鬼子六

"强者定律"：从大唐、日本到蒙古

> 我们厮杀吧，胜者为汗！
>
> ——《史集·成吉思汗纪》

人类有个很诡异的心态：强者崇拜。这种心态不认"理"，只认"力"。当对手的实力只比你高出一点儿的时候，你被他打败时会愤愤不平；当对手的实力碾压你的时候，你被打败时反倒会产生一种强者崇拜。

以历史为例，盛唐之时，中国不但在文化上领先世界，而且在军事上也极为强大。白江口海战中，唐朝水军几乎全歼日本（倭国）水军，日本由此更加崇拜中国，自觉地向中国学习。到了19世纪末，中国的北洋海军在甲午海战中被日本海军打败后，全国一片哗然，许多士大夫哭爹喊娘，不服气，我们泱泱天朝怎么会被一个蕞尔小国打败？很多中国人自此便开始崇拜日本，认为日本明治维新是中国学习的榜样。

时间再往前推五十年，鸦片战争初期，虽然清廷对于连战连败很不爽，但是当满朝文武知道洋人的船真坚、炮真利，我们真的跟人家不在一个等级上时，心里也就平衡了。头一低，一窝蜂开始"师夷长技"了。

"师夷长技以制夷。"——嘴瘾还是要过的，但内心是真服了。

再比如，自诩已"脱亚入欧"，成为列强的日本，"二战"时打美国是真费了狠劲，但美国人在广岛、长崎丢了两颗原子弹，日本人没脾气了，拥有原子弹的美国，日本根本打不过，膝盖一屈，夹道欢迎美国大兵进入日本。从不共戴天的仇敌到谦卑恭顺的小弟，这转变也太快了吧，连美国人都感到震惊。

为什么当年蒙古以区区十几万骑兵就能横扫欧亚大陆？按理说，当时汉人眼中的塞外"蛮族"还是"茹毛饮血"的状态，怎么可能懂得治理一个庞大的帝国？然而，代表落后生产力的蒙古征服汉人后，妥妥当了近一百年汉人的皇帝，最让人意外的是明朝初年，一大拨士大夫竟然还偷偷思念元朝的统治。

印度总理尼赫鲁在《怎样对待世界历史》一书中说："蒙古人在战场上取得如此伟大的胜利，这并不靠兵马之众多，而靠的是严谨的纪律、制度和可行的组织。也可以说，那些辉煌的成就来自成吉思汗的指挥艺术。"但是，蒙古人的成功真的就只有这些表面上的原因吗？

为什么成吉思汗带领的蒙古部族，能在13世纪击溃欧亚大陆几乎所有不可一世的大国，在世界历史上建立起一段蒙古秩序的时期？为什么汉人甘愿被统治近百年？有些事不是看起来那么简单的。

草原大乱斗：强者的舞台

在蒙古高原的自然地理区域里，可以看到草原、戈壁、沙漠和森林四种自然景观。草原面积最大，蒙古高原四分之三的区域都被青草所覆盖。高原的南部和北部都是水草丰美之地，中间则是一片草木稀疏的戈壁，被称为"漠"。于是，广袤的蒙古高地就有了漠南与漠北之分。

这片草原孕育过许多堪称伟大的游牧部落，他们常常让南方的汉族政权承受巨大的压力，甚至能够深入中华文明的腹地，开疆扩土。

匈奴、鲜卑、柔然、突厥、回纥、契丹，在蒙古兴起之前，草原上的这些游牧民族你方唱罢我登场，上演着草原上的"权力游戏"，构成了中国历史叙述中一条隐蔽的主线。草原上的兴衰荣辱，犹如今天的沙尘暴席卷华北平原，常常会影响到千里之外的中原帝国政治格局。

唐朝末年，草原上的霸主回纥人的统治瓦解，他们迁移出了这片水草丰美之地，权力的真空很快由来自大兴安岭的室韦部落填补，室韦与鲜卑、契丹、女真等东胡族系关系更近，不同于之前操着突厥语族语言的草原霸主。漠北的草原开始一轮蒙古力量与突厥力量的融合，游牧世界的新秩序，也在两股力量的融合中渐渐开启。

11世纪时，蒙古部落开始强盛起来。其中势力最大的氏族有两个，一个是泰赤乌部，一个是乞颜部。成吉思汗就是乞颜部的贵族成员。

除了蒙古部落以外，当时的蒙古高原还有塔塔尔、蔑儿乞惕、乃蛮、汪古等大的部落集团，他们将草原分而据之。各部落之间常年征战，逐鹿草原，在看似动荡不安的斗争中形成了一种均衡。那么，有谁能打破这种均衡，完成草原上的"大一统"呢？

逆流而上：成吉思汗崛起的逻辑

游牧民族逐水草而居，居无定所，难以像南方的农耕民族一样形成稳固的地域性组织。列土封疆，开府任官，管束一地的居民，在蒙古高原是行不通的。

游牧社会的纽带只能是血缘氏族关系。每一个氏族部落都共同认可自己为某个祖先的后裔，而这些祖先又能够相互联系，接续到蒙古最原始的传说中，构成一个想象的血缘共同体。这个传说世界中的"想象的共同体"，进而又为当时蒙古高原上各部落的统合提供了心理依据。

1162年，铁木真出生在斡难河畔的蒙古乞颜部的贵族家庭里。铁木真出生时，正值他的父亲也速该打败了塔塔尔部，俘虏了他们的首领铁木真兀格，因此就给刚刚出生的儿子取名铁木真，以此来纪念他们的胜利。这种以敌人的名字给亲儿子命名的操作，实在不是我们这些现代人能够理解的。但是，这次胜利为后来铁木真的父亲埋下了祸根。

九岁那年，铁木真被带到另一个部落去定亲，定亲后他留在岳父家里，而父亲在回程时被世仇塔塔尔人毒死了。

乞颜部的宿敌泰赤乌部乘此机会夺走了也速该的部众。父亲留下的家底全没了，年轻的铁木真瞬间沦落为草原上被狼狗追逐的绵羊，连妻子孛儿帖都被一个叫蔑儿乞惕部的强大部落抢走了。铁木真母子二人只好在不儿罕山周围以采摘野果和捕食鱼鼠为生，一夜间从贵族沦落到居无定所，可以说是命运跟铁木真开了一个天大的玩笑。

他该如何在绝处求生，完成一场惊世骇俗的人生大逆转呢？

艰苦的环境，母亲的教诲，以及肩负的部落复兴大业，使铁木真在小小年纪就已经心智成熟。他意识到凭借自己单薄的势力很难与泰赤乌部抗衡，必须借力打力，才能有一线生机。

因此，铁木真首先借用了他父亲在世的时候留下的关系：也速该和克烈部首领王汗互为安答（拜把兄弟）。当时的克烈部正是漠北势力最大、牧地最辽阔的部落，父亲虽然离他而去，却也给他留下了这样一个天大的契机。铁木真带着妻子嫁妆中最珍贵的宝物"黑貂皮"来到克烈部，敬献给自己的"义父"王汗，寻求他的庇护。此后，当铁木真再次遭到攻击时，王汗就派出军队来帮助他完成反击。

这样，有了漠北最强大的部落作为支持，本就具有领袖魅力的铁木真很快吸引了一群年轻的勇士效忠于他。这些勇士成为他日后征战四方的核心力量，如"四杰"博尔术、木华黎、赤老温、博尔忽，"四狗"哲别、者勒蔑、速不台、忽必来。有趣的是，这八个人都来自乞颜部之外的部落，而被泰赤乌部掳走的乞颜旧部，似乎从人间蒸发,并没有积极联络他们的"少主"铁木真。

非但如此,我们甚至发现铁木真的家族对他的支持有限,虽然他能够获得哈萨尔、别勒古台两个弟弟的支持,但他的叔父答里台、堂兄弟们都曾站在敌对阵营攻击他,也就是说,铁木真并没有获得家族的支持,而是依靠个人魅力凝聚起一批跨越氏族部落的效忠者。

这样的局面虽然在争霸创业之初步履维艰,但是也为日后铁木真能够掌握超然的权力奠定了基础。铁木真并未太多依靠自己的家族,因此也就摆脱了草原民族常有的"宗室贵族"血缘纽带的制约,能够更加方便地将征服世界的权力,不受约束地握在自己手中。

1185年,铁木真在克烈部的帮助下,一举消灭了蔑儿乞惕部,夺回了被蔑儿乞惕部抢走的妻子孛儿帖,终于出了一口恶气。这场战争,是铁木真一生当中的第一次战争,它的胜利,不仅增强了铁木真复兴蒙古的信心,而且为铁木真在蒙古诸部中赢得了威望,铁木真及他所率领的部众从此登上了蒙古高原的政治舞台。

草原上的"天命":强者崇拜与草原之神

消灭蔑儿乞惕部后,铁木真成为草原上的潜力股。当时就有二十余部人马归顺了他。

蒙古部落有一种天然的强者崇拜的心理,单纯而强烈。所有人都希望成为强者或能追随强者,他们崇拜着力量和果敢,仰望着胆魄和铁腕，甘愿受到绝对权威的驱使。

随着铁木真的军事才华渐渐展露，许多蒙古牧民纷纷自愿投靠他，他被看作"能为地方操心、为军队操心、将兀鲁斯好好地掌管起来的人"。

那些被铁木真征服的部落，并不会觉得耻辱。相反，他们会为被纳入强者铁木真的麾下而感到荣幸。在四方征战的过程中，铁木真能够不断收编俘获的部落民众，几乎实现了无缝对接，化零为整，不断将雪球越滚越大。

草原社会有着比农耕社会更为深厚的"人身依附"关系。君臣关系就是主奴关系，而且这种关系不仅适用于君臣之间，也适用于君民之间。在法理上，谁都没有人身自由，所有人从属于大汗。蒙古君主的权力能够伸展到的边界，比汉族帝王的遥远很多，其对臣民的控制力也绝非汉族帝王可比。这也就是铁木真能够轻易调动蒙古高原的力量进行世界性征伐的原因所在。

草原民族崇拜强者的心态，在人世间体现为服从一个强大的首领，在精神上体现为他们一向对自然敬畏有加。在生产力落后的时代，蒙古人信奉万物有灵论，他们崇拜的万事万物的主宰是"腾格里"（长生天），崇拜日、月、山、川、土、地、雨、雪、火和电。在蒙古人眼中，这些就是自然世界中的"强者"。在蒙古游牧社会，有名为"孛额"的萨满巫师，负责与神鬼沟通。

铁木真利用蒙古人的这种心理，借助萨满教的力量，宣称"天地商量着，国土主人教铁木真做"。有孛额还向铁木真传达长生天的旨意："我已经把整个地面赐给铁木真及其子孙，名他为成吉思汗。"

在1202年的一次战役中，乃蛮、蔑儿乞惕等部的联军想与铁木真乞颜部和克烈部的联盟决一死战，还不惜使用巫术招来风雪。没想到天不遂人愿，天地陡然晦暗下来，而风雪竟然逆着方向，朝着草原联军的方向袭来。大自然的强者竟然选择了帮助这个人！迷信天威的草原军队，很快就将之视为上天庇佑铁木真的证据，军队不击自溃。

经过几年的征战，在1206年的大会上，铁木真被推举为成吉思汗，意为"海内之主"，建立大蒙古国。蒙古诸部落的贵族在此发誓，无条件效忠成吉思汗。在誓词中，蒙古诸部称：

> 立你做皇帝。你若做皇帝呵，多敌行俺做前哨，但掳得美女妇人并好马，都将来与你。野兽行打围呵，俺首先出去围将野兽来与你。如厮杀时违了你号令，并无事时坏了你事呵，将我离了妻子家财，废撇在无人烟地面里者！
>
> ——《蒙古秘史》卷四

铁木真被推举为成吉思汗后，更如天神般行使权力，普通的臣民根本无法制约其权力。出使蒙古的欧洲传教士加宾尼说：

> 鞑靼皇帝对于每一个人具有一种惊人的权力……一切东西都掌握在皇帝手中，达到这样一种程度，因此没有一个人胆敢说这是我的或是他的，而是任何东西都是属于皇帝的……不管皇帝和首领们想得到什么，不管他们想得到多少，他们都取自

他们臣民的财产；不但如此，甚至对于他们臣民的人身，他们也在各方面随心所欲地加以处理。

——《出使蒙古记》

这就是铁木真赖以强大的无形力量。

为了实行有效的统治，成吉思汗建立了一套比较严密、完备的统治体制，使蒙古国完全由大汗及宗亲、功臣直接控制。蒙古各族的政局从此更为稳定和团结，经济、文化等方面也得到前所未有的发展。

在稳定内部之后，成吉思汗即将带领他的十万蒙古勇士，开始谱写另一部改写历史的征服者史诗。

【编者按】

成吉思汗及其子孙对全世界的历史产生了重大影响。在中国，蒙古帝国更是将中原王朝和草原强权的争霸推至顶点，建立了第一个少数民族的大一统王朝——大元。元朝灭亡后，明朝和北元同样也进行了二百多年的斗争，难分胜负，中华帝国边疆争霸的主线仍未改变。

但是到了清朝，这场两千年持续不止的斗争，终于画上了句号。草原上的天命究竟如何臣服于中原王朝？下篇将揭秘，大清帝国边疆统治的艺术。

参考文献：

史料：

1. [明]宋濂等撰：《元史》。
2. 余大钧译注：《蒙古秘史》，河北人民出版社，2001年。
3. [英]道森编：《出使蒙古记》，吕浦译，周良霄注，中国社会科学出版社，1983年。
4. [伊朗]拉施特主编：《史集》，余大钧、周建奇译，商务印书馆，1983年。
5. [伊朗]志费尼：《世界征服者史》，何高济、翁独健译，内蒙古人民出版社，1981年。

专著：

1. 张振佩：《成吉思汗评传》，中华书局，1943年。
2. [美]杰克·威泽弗德（Jack Weatherford）：《成吉思汗与今日世界之形成》，温清海等译，重庆出版社，2006年。

失去的天命：清朝如何降服蒙古？

任逸飞

康熙三十五年（1696年），正当大清帝国与雄踞漠北的噶尔丹准备一决雌雄的关键时刻，古北口总兵蔡元向康熙帝报告："古北口一带边墙倾塌甚多，请行修筑。"

没想到，这个在过去为巩固边防再平常不过的举措，却遭到康熙帝的严厉驳斥：

蔡元所奏，未谙事宜。帝王治天下，自有本源，不专恃险阻。秦筑长城以来，汉、唐、宋亦常修理，其时岂无边患？明末，我太祖统大兵，长驱直入，诸路瓦解，皆莫敢当。可见守国之道，惟在修德安民，民心悦则邦本得，而边境自固。

——《清圣祖实录》康熙三十年五月丙午

"修德安民"固然不假，但像康熙帝这样的雄主是不会真以为只靠儒家的德政就能确保边境平安的，那么，他不需要修长城的自信又从何而来呢？康熙的回答是：

昔秦兴土石之工，修建长城，我朝施恩于喀尔喀，使之防备朔方，较长城更为坚固。

——《清圣祖实录》康熙三十年五月壬辰

等到二十多年后的康熙五十六年（1717年），康熙帝又一次提及这个问题：

本朝不设边防，以蒙古部落为之屏藩耳。

——《清圣祖实录》康熙五十六年十一月丙子

原来，在康熙帝眼中，蒙古就是他的"长城"。依靠对蒙古的有效控制，曾经困扰中原王朝的北方游牧民族南侵的问题，在清代可以说彻底解决了。可是，曾经兵强马壮、剽悍善战的蒙古人为什么会心甘情愿地臣服于清代统治者，与其共同打造一个"满蒙一家"的新帝国？从成吉思汗时代到康乾之世，蒙古人的世界经历了怎样的变化？"一代天骄"的伟岸身影又会在其生活于清代的子孙中间激起什么样的回响呢？

没有第二个成吉思汗

1206年春，铁木真在斡难河上游召开"忽里台"（集会之意），被推举为"成吉思汗"，并以蒙古作为"兀鲁斯"（集团、人民之意）之名，称"也客忙豁勒兀鲁斯"，即"大蒙古国"。自此，一个统一的游牧民族联合体在亚洲腹地诞生了,过去草原上部族割据、各自为战的局面一去不返。在成吉思汗的麾下,每一名蒙古战士都获得了崭新的身份,分享着相同的荣耀。凭借着这股强大的凝聚力,配合高效的军事组织,蒙古铁骑席卷欧亚,所向披靡。

可以说,成吉思汗既是蒙古国家的创立者,又是蒙古民族的缔造者,通过他的征服事业,蒙古人的族群认同达到了前所未有的高度,即便在往后的漫长岁月里亦罕有其匹。不仅如此,对于蒙古人来说,成吉思汗更是一代圣主。他创制了蒙古文字,颁布了第一部成文法典《大扎撒》,为蒙古民族的长远发展奠定了坚实基础。

然而,再伟大的征服者也毕竟是肉体凡胎,成吉思汗于1227年离世,而他开创的世界帝国也在不到二百年的时间里分崩离析,消解于无形。蒙古民族重新回到了内亚草原,重新以部落为单位过起了逐水草而居的生活,再没有谁能具备成吉思汗般的才智和勇力把他们重新统合起来了。

日本学者冈田英弘指出,大清帝国的前身——女真人努尔哈赤所缔造的后金,于白山黑水间崛起,成了断送蒙古在漠北草原"天命"的决定性事件。后金天聪九年(1635年),承继父业的后金大汗皇太极挥师平定察哈尔,而此时蒙古的末代大汗林丹汗已在一年前病死于逃亡青海的途中。面对声势浩大的八旗铁骑,林丹汗之子额哲无力抵挡,不得不与母亲苏泰献上元朝传国玉玺向皇太极投降。

皇太极获取元朝皇帝的玉玺是一件十分重要的事,这意味着他可以借此宣示自己一手接过了成吉思汗以来蒙古历代大汗统治中原以北地区的正统。就在获取元代玉玺的第二年,皇太极于盛京(今沈阳）登基称帝，定国号为"大清"，改元崇德。凭借草原天命的转移，清代在建国伊始，便拥有了统治蒙古的坚实"法理依据"，这无疑为此后清廷制定行之有效的对蒙政策提供了巨大便利。

康熙三十五年（1696年），以旋风般的速度崛起于内亚的厄鲁特蒙古准噶尔汗噶尔丹，率三万铁骑在昭莫多与康熙亲统之十万清军展开决战，最终兵败身死。至此，蒙古人独自恢复成吉思汗遗业的希望完全破灭，至乾隆三十六年（1771年），随着土尔扈特部的内属，蒙古各部全数并入大清帝国的版图。

多封众建：清代控制蒙古的政治手腕

为了消弭来自蒙古的不安定因素，清廷动用了一整套严密的制度来管理蒙古。漠北蒙古地区的最高统治者是只有满族、蒙古族旗人才可充任的乌里雅苏台将军，数量可观的清军驻扎在蒙古地区各地，保持军事上的高压态势。

而在政治领域，清代蒙古实行盟旗制。漠北蒙古地区和漠南蒙古地区总共被划分为十个"盟"（漠北蒙古地区四盟、漠南蒙古地区六盟），盟每三年举行一次，并非行政单位。"旗"（和硕）作为游牧民的基本行政单位，旗下划分"苏木"（箭），六苏木设一"札兰"（参领）。旗的疆界是固定不变的，除非遇到重大灾害，旗下属民（阿勒巴图）不能越界放牧或自由迁徙。在漠南蒙古地区，各旗由朝廷任命的官员统治，在漠北蒙古地区，旗的统治权则交给札萨克世袭王公，可是，由于清廷的多封众建，札萨克的权力已经大为缩水，无法对中央构成威胁。

出于笼络蒙古上层集团的需要，清廷对蒙古王公优礼有加。所有札萨克都获封贵族爵位，自和硕亲王、多罗郡王到四等台吉共有十等。为了展现对清廷的臣服，蒙古王公每年照例要前往位于承德的热河行宫，向皇帝进贡，贡品一般是一定数量的畜产，譬如蒙古诸王公会进贡有名的"九白"之贡，即包括八匹白马和一匹白骆驼在内的丰厚贡品。相应地，大清皇帝会赐予绸缎、瓷器和金银作为回礼。通过上述仪式，"满蒙一家"的概念在制度上得到了反复确认。

清代在蒙古推行的各项政治制度，有效地弱化了蒙古民族曾引以为傲的军事能力。譬如，严格执行的分旗制度切断了蒙古诸部之间传统上的联系；各旗的牧场都被限制在有限的地域，自由放牧被禁止，进一步压缩了各旗经济上的发展空间；曾经归属同一首领的部落，如今被分割成了许多旗，没有哪一个旗的王公可以再获得凌驾于其他部族之上的权力。

而那些往昔统治着广袤土地的大汗，像车臣汗、土谢图汗、札萨克图汗、赛音诺颜汗的后裔，尽管如今依然在清廷享受着崇高的地位，但他们手中的领地早就被剥夺殆尽。清廷利用受到严密监管的盟来处理草原上的事务，定期举办的盟除了调解旗民的纠纷，不具备什么实际权力。在这样的政治高压环境下，蒙古王公们的斗志日益消磨，他们每天除了想着怎样靠役使农牧奴或是勒索较为富裕的苏木属民来维持挥金如土的生活外，已经不再有别的追求。

精神引导：清代羁縻蒙古的宗教手段

除了政治制度上的规定，清代对蒙古的统驭还渗透到了精神领域。尽管蒙古人的宗教信仰由原始萨满教向藏传佛教转变肇始于元代的帝师八思巴，但藏传佛教（格鲁派）真正植根于蒙古人的日常生活并建立起完整的寺庙系统还是在清代。

仿照藏地达赖、班禅"两大活佛"并立的形式，清廷于漠南蒙古地区和漠北蒙古地区分别设置了章嘉和哲布尊丹巴两大活佛世系，同为格鲁派在蒙古地区的最高宗教领袖。与此同时，清廷又全力强化蒙、藏之间的传统宗教纽带，通过"金瓶掣签"等一系列的仪式仪轨将两地的活佛世系与专制皇权勾连起来，借以宣示清代皇帝在处理蒙藏事务中最后仲裁者的地位。

譬如，乾隆四十四年（1779年），为庆贺次年乾隆帝七十寿辰，六世班禅罗桑华丹益希从日喀则扎什伦布寺启程，长途跋涉二万余里至承德参加乾隆帝的祝寿庆典。途中，六世班禅特意抵达多伦诺尔（今内蒙古自治区锡林郭勒盟多伦县），与三世章嘉若贝多吉会面。

班禅在多伦诺尔停留了八天，引发了轰动，据史书记载，有十多万蒙古僧俗信众拥向多伦诺尔，聆听班禅讲经说法，向他捐献"供养"，接受"洗礼恩典"。此后章嘉又一路陪同班禅前往承德觐见乾隆帝。这件事很生动地反映出格鲁派藏传佛教在清代蒙古社会的巨大影响力，以及蒙、藏活佛与清廷之间的密切关系。

对于利用藏传佛教作为抚绥蒙古的工具，清代皇帝向来是不讳言的。乾隆帝亲笔书写的《喇嘛说》石碑如今依然矗立在北京雍和宫的大殿前院，其中写道："兴黄教［即格鲁派］即所以安众蒙古，所系非小……予若不习番经，不能为此言。始习之时，或有议为过兴黄教者，使予徒泥沙汰之虚誉，则今之新旧蒙古，畏威怀德，太平数十年可得乎？"在乾隆帝眼里，蒙古地区的安定局面正是"兴黄教"的最大成果。

格鲁派藏传佛教在清代蒙古地域的流行，其影响是多方面的。由于活佛的寺庙系统受到朝廷庇护，喇嘛可以免役免税，还享有各种特权，于是大量青壮年劳动力为躲避赋役，出家当喇嘛。到了19世纪，喇嘛人数一度占蒙古成年男子人口的一半，传统畜牧经济由此遭到极大破坏。为供养不断增加的喇嘛，普通蒙古牧民的负担变得越发沉重，失去土地卖身为奴的情况屡有发生，而寺庙却以各种形式从牧民手中榨取财富，高级僧侣成了腰缠万贯的特权阶层，社会矛盾因之也不断积累。

随着喇嘛这一特权寄生阶级的人数越来越多，一个最严重的后果便是蒙古社会人口锐减。喇嘛作为僧侣，按教规不会结婚生子，蒙古社会的生育率因而降低；而由于蒙古社会男丁越来越少，女性不得不从事更加繁重的体力劳作，身体状况下降，生育能力更是严重滑坡，这就进一步降低了生育率。

清代统治的近三百年间，全中国的人口达到了创纪录的四亿人。形成鲜明对比的是，蒙古的人口非但没有增长，反而持续减少。人口基数的大幅降低，使得蒙古人再也没有能力掀起一点点波澜。蒙古的喇嘛们在晨钟暮鼓中享受着岁月静好，却意识不到这正是清代统治者求之不得的事。

清代蒙古的衰落

凭借盟旗制与藏传佛教的"双管齐下",清代蒙古确实实现了"长治久安",甚而在格鲁派藏传佛教的巨大影响下,一小部分蒙古人还树立起了身为大清臣民的崭新认同。然而,这些变化无法掩盖清代蒙古社会全面衰败的现实。

死气沉沉的寺庙、汉商的高利贷、不断恶化的生态环境、肆虐的传染疾病,一同将昔日生气勃勃的蒙古草原引向贫穷残破的绝境。到了清末,蒙古各部合计人口仅剩171万余,较清初人口减少了45万余。

在如此处境下,蒙古人又开始寻求他们失去已久的"天命"。成吉思汗的伟岸形象再度被很多蒙古人追忆起来。在他们心中,成吉思汗的时代是蒙古民族最强盛和光辉的岁月,远去的英雄一定能再度护佑他的子民渡过眼前的苦难。于是,成吉思汗崇拜慢慢在清代蒙古人中兴起,成吉思汗开始被视为天神,一些蒙古牧民会按季来到高山之上为其供奉祭品,这种仪式往往混杂着浓烈的萨满教和佛教元素。

由于格鲁派藏传佛教在蒙古的兼容并包特性,类似成吉思汗崇拜这样会被视为"异端"的信仰常常能够巧妙融合进佛教仪式里,因此清代统治者对其也没有过多干涉。不过,正像美国学者罗茂锐(Morris Rossabi)所言,成吉思汗形象在清代蒙古的"苏醒",标志着草原上的蒙古人开启了新一轮凝聚自我认同的过程,"满蒙一家"的神话正在逐渐丧失效力。

对清廷来说，尽管它能靠着削弱蒙古的方式一劳永逸地根绝战乱，但是彻底收服蒙古的民心是其永远无法完成的任务。

【编者按】

大清"降服"蒙古，两千年游牧文明与农耕文明的争斗终于尘埃落定。清朝统治者来自塞外，但在汉文化的影响下成为一个正统的中原王朝。自此之后，再无汉夷，四海之内，皆为中华——多民族的大一统国家，就此奠定。

但是，清朝统治蒙古的方式，不是一味地武力征伐，基层治理和宗教手段也起到了重要作用。两千年的争霸战竟以如此方式分出胜负，确实有些出人意料，但是仔细想来，在中华帝国历史上，政治智慧永远比武力手段更为有效。下一章，我们将一览帝国的统治之道。

参考文献：

史料：

《清实录》。

专著：

1. [日]冈田英弘：《世界史的诞生：蒙古的发展与传统》，陈心慧译，北京出版社，2016年。

2. [日]冈田英弘：《从蒙古到大清：游牧帝国的崛起与承续》，陈心慧、罗盛吉译，台北：台湾商务印书馆，2016年。

3. Johan Elverskog, *Our Great Qing: The Mongols, Buddhism, and the State in Late Imperial China*, Honolulu: University of Hawaii Press, 2006.

4. John K. Fairbank ed., *The Cambridge History of China*, Volume X: *Late Ch'ing, 1800-1911*, Cambridge: Cambridge University Press, 1978.

5. Patricia Berger, *Empire of Emptiness: Buddhist Art and Political Authority in Qing China*, Honolulu: University of Hawaii Press, 2003.

论文：

1. Morris Rossabi, "Modern Mongolia and Chinggis Khan." *Georgetown Journal of Asian Affairs*, 2017, pp.24-30.

权谋篇

第四章 政出一门 帝王的铁腕

大明王朝的困境
清朝如何统一台湾?
党争闹起来，乾隆帝也头疼
乾隆帝：我不要你觉得，我要我觉得！

在王朝的更迭中，中华帝国的统治者们意识到了，帝国真正的敌人，不在边疆塞外，而在宫廷朝堂。

宫廷朝堂，是整个帝国权力汇集的焦点。那么，权力该如何分配，就成了君臣永恒的议题。两千多年来，权谋诡计、党争倾轧、兵谏政变……激烈的斗争，形成了帝国内部的一个战场，这个战场的惨烈程度丝毫不亚于边疆。

在内部权力争夺的过程中，帝国的政治家们意识到了一点，权力的分散，势必导致政局动乱："政出多门，权去公家""政出多门，不合众心""政出多门，纪纲紊乱"……政出多门的弊端在史书中一次次地被提及，成为崇尚儒法霸王之道的统治者眼中最大的敌人。所以帝王和权臣们用尽手段，都要"政出一门"，如此方能成为帝国的主宰。

帝王该如何在这场斗争中立足？如何掌控和运用帝国的钥匙——权力？康熙帝玄烨、乾隆帝弘历，这些强势的帝王如何展现自己的政治手腕？朝堂之上的权臣也不会无动于衷：李东阳和江彬、姚启圣和施琅、鄂尔泰和张廷玉，这些权臣的争斗又会对帝国的命运造成怎样的影响？

大明王朝的困境

营三千

正德七年（1512年）十一月，对于大明帝国而言，岁月并不静好，因为蒙古铁骑依然威胁着京师。

自打土木堡之变后，明朝的北部边防就以收缩防御为主。虽然在成化朝有过几次主动出击，夺回了河套地区，但从弘治朝开始，随着蒙古小王子崛起并逐渐统一漠南，蒙古铁骑又一次成为威胁明朝九边的军事力量。整个弘治朝，小王子屡次入境劫掠，掳走大量人口、牲畜，骚扰边防，搅得大同、固原等地的守军不得安宁，而明朝方面却一直对其无可奈何。这种局面，一直延续到了正德朝。

为了打理父亲弘治帝朱祐樘留下来的烂摊子，提高军队的战斗力，时任皇帝朱厚照有了一个大胆的想法，然后派太监去问内阁的意见。万万没想到，一向温文尔雅、跟和事佬差不多的内阁首辅李东阳这回反应却异常激烈，死活不肯奉诏。他直接把正德帝的命令顶了回去，并且告诉传话的太监：

> 某等职在论思，预闻国计。知其不可，若勉强曲从，即有后患，献司者不知何在而执笔者固存，国事一坏，虽死何赎？
>
> ——《李东阳集·年谱》

李东阳深知，一根筷子一折就断，一把筷子却很难折断。于是他发动六部、科道官等一批大臣集体反对，一时之间，搞得正德帝很是下不来台。

这条激起强烈反对声浪的旨意，就是"京、边官军兑调操习"。这八个字解释起来很简单：把京营的官军调到边关，再把边军调到京城。用现在的话讲，就是京军下基层锻炼，基层军队到京城充实队伍。那么，皇帝他老人家的这个想法到底好不好呢？

日益衰弱的京军

顾名思义，京军就是京城的军队，边军就是驻扎于明朝北部九边，如宣府、大同等地的军队，二者向来各安其位。上一次让边军进京，已经是近一百年前永乐年间的事了；而让边军和京军定期换防，在明朝更是前所未有。后来有人评价说："祖宗时，只有调士兵赴各省杀贼之例，未有调边兵入内地者。"换言之，正德帝这么干，完全是不把祖宗的规矩放在眼里。

朱厚照为啥要大费周章地推动这一举措？主要还是因为正德朝京军的战斗力实在太差了。

曾经的京军，可以说是整个明朝最精锐、最骁勇的部队，当年明成祖朱棣屡次北征，率领的可都是京军人马。但自宣德朝之后，京军的战斗力便日益衰弱，不复当年之勇。后来土木堡之变，正统帝朱祁镇御驾亲征，兵败被俘，从征的京军几乎全军覆没，经此一役，之后重新建立起来的京军，虽然架子依然在，但早已没有当年的精气神。

到弘治年间，承平日久，没有战争的锤炼，京军已相当孱弱，无论兵士还是将领，都弥漫着颓靡之气。弘治十三年（1500年），弘治帝满怀期待地派遣平江伯陈锐操练京军兵马，主动出击，抵御蒙古侵袭。陈锐是将门之后，世袭伯爵之位，而他的对手火筛，则是小王子的得力干将。陈锐听说火筛"赤面颀伟，骁勇善战"，畏惧不前，不敢承担重任。临行之时，弘治帝举行仪式，亲自赐给他军印，他竟当着皇帝的面跌了一跤，把军印直接摔在地上，让弘治帝很是尴尬。不敢上也得上，陈锐并非将才，赶鸭子上架，自然干不好。刚开始他不敢主动出击，龟缩不出，还忽悠弘治帝，说这叫作"坚壁清野"。时间长了，弘治帝渐渐失望，眼见并无成效，只得把他撤了回来，陈锐也就成了京城的笑柄。

对于这种局面，弘治帝自己也很焦虑，弘治十七年的一次召对中，他问李东阳和刘大夏：为什么当年老祖宗朱棣能够亲率京军北征蒙古，现在却不行了呢？关起门来聊天，也不怕丢人，刘大夏便说了大实话：

> 太宗［即成祖］之时何时也？有粮有草，有兵有马，又有好将官，所以得利。今粮草缺乏，军马疲弊，将官鲜得其人，军士玩于法令……
>
> ——《李东阳集·续集·文遗补·燕对录》

想当年永乐朝,粮草充足,兵强马壮,将领能征善战,现在却什么都没有……总之一句话:皇上,时代变了。

其实,更直接的话,刘大夏和李东阳没敢说:京军战斗力之下降,不能只怪时代变了、祖宗们没留下好东西,弘治帝自己也要承担不可推卸的责任。

弘治六年(1493年),京城里有几场大工程要忙,首先是去年弘治帝的妹妹仙游公主去世,她的坟还没修好,紧接着是修弘治帝的老丈人,也就是张皇后亲爹的坟,再加上玄武门以及护城河的修缮,这么多事,人手不足,弘治帝便下令,让京营的官军去干活。兵部尚书马文升觉得不妥,极力反对,弘治帝不仅不听,还命令这几项工程都要加快进度,早日完成。

之后,弘治帝屡次从京军中调拨人马,修宫殿、盖房子,每次都是万余人应役,搞得京军疲于奔命。兵部尚书马文升再次上疏,说如今"民困于征求,军困于工役",工程方面的事应该停一停了。那么皇帝什么反应呢?"嘉纳之",意思就是:你讲的很有道理,但下次再说吧。

这就是困扰明朝京军百余年的"役占"问题。搞点儿军事工程建设,还属于军队的分内之事,可是弘治朝连京师的城隍庙、东岳庙都要京军负责修葺,这就实在过分了。而且,因为都是重体力活,每次被挑选去盖房子的,都是京军中身强体壮者,也就是京军中相对比较精锐的部队。大明帝国捍卫京城的精锐部队,就这样成了施工大队。如此沉重的劳役负担下,指望本来就久疏战阵的京军一面搞土木建设,一面还能保持强大的战斗力,岂不是天方夜谭?

光靠边军抵御蒙古，自然是不够的，必须得有京军的配合，然而京军一直烂泥扶不上墙。所以，弘治十七年（1504年），当蒙古铁骑再次犯边时，弘治帝面对的，就是一个无兵可用的尴尬局面。

新皇帝锐意改革

一年后，弘治帝去世，把这个烂摊子丢给了他的儿子，出了名的"顽童天子"正德帝朱厚照。朱厚照特别热心军事，他看着皇城脚下无能的京军，越看越不顺眼。

不久，事实再次证明了京军战斗力低下。正德五年（1510年），刘六、刘七农民起义在河北爆发，规模迅速壮大，在河北、河南、山东一带都有活动，直逼京师。为了平乱，明廷多次派京军出战，没想到京军一触即溃，屡战屡败，指挥张英等人被杀。最后，明廷不得不从宣府、大同、辽东等边防前线调来久经沙场的边军，才扑灭了这场起义。

刘六、刘七逃亡过程中，在真定碰上了伏羌伯毛锐率领的京军，没想到一万多人的京军竟然连这支败军都打不过，全赖许泰率领的边军出手，才救了毛锐一命。

京军磨了半天也解决不了的问题，边军一来就搞定了，二者战斗力形成鲜明对比，让正德帝印象深刻。于是，他一拍脑袋，想出了主意：京军与边军对调操练，参与调换的将士，每人赏银一两。

正德帝的思路很直接：京军的战斗力差，是因为练得少，那就把京军送到边关去，在边关实战演练，等练好了再回来；再把一部分战斗力较强的边军调到京城，让孱弱的京军见识见识，仗该怎么打。这等于是把刘六、刘七起义那会儿临时应变的措施，改成了常态。

当然，对于这种完全将"祖宗成法"置之不理的行为，正德帝一开始心里也有点儿发怵。他担心内阁老臣们不答应，就先让太监去探探内阁的口风，结果首辅李东阳坚决反对，并上疏皇帝，一口气列出了十条反对理由。

李东阳明白，正德帝向来标新立异，跟他掰扯祖宗成法是没用的。所以在奏疏中，他并未纠缠于"旧制"，而是从可执行性方面，指出了对调操练的种种问题。他认为，以边军的人数，防御蒙古本来就捉襟见肘，如果再抽调大量边军进京，会使边防守备空虚，造成不可预料的后果。另一方面，京军长途出动，有扰民之嫌。最要紧的是，这样距离远、规模大的换防，靡费军饷，加重了财政负担，明朝未必能付得起这么大一笔开支。

这几个理由，讲得条分缕析，头头是道。但朱厚照可不是一般的皇帝，只要他想做，你怎么反对都无济于事。为了通过这项旨意，朱厚照先是派太监去和李东阳辩论，理所当然地被饱读诗书的李东阳一一驳倒。如此"往返再日"，打了好几天的拉锯战。最后，眼见李东阳没有答应的意思，朱厚照使出了绝招——坐乾清宫门口！

堂堂一国之君，竟一屁股坐在乾清宫的门口，跟李东阳耗上了。他让小太监带去口信，非要李东阳当天晚上拟好旨意不可。但即使皇帝做到这个份儿上，李东阳依然不为所动，绝不松口。眼见李东阳软硬不吃，朱厚照也就不再给他机会了。几个月后，李东阳半是被迫、半是自愿地致仕退休，回家休养，而朱厚照则绕过不听话的内阁，通过"内旨"，直接下达了调换京军、边军的命令。

正如李东阳所料，事情的发展并不顺利。换防开始后，辽东、宣府、大同、延绥这四大重镇的边军来到京城，号称"外四家"，规模高达数万人。因为是"奉旨轮换"，他们在京城作威作福，有恃无恐，把京城搞得乌烟瘴气。而京军的人马到了边关，天高皇帝远，更加没人管，战斗力也没怎么进步。原本的一箭双雕之计，却两头都没落到好。

不仅如此，对调操练还给京城带来了另一个不稳定因素——正德朝官员们最头疼的"佞幸"问题越发严重了。之前，朝官们好不容易诛杀了大太监刘瑾，震慑了其他宦官，可边军一进京，又给正德帝带来了新的"佞幸"。边军将领江彬成为最炙手可热的宠臣，他骄横不法，贪污受贿，把京城搞得乌烟瘴气，甚至忽悠皇帝，要他把关中的田地改成牧场，用于养马，幸好杨廷和等大臣据理力争，此事才没有办成。

李东阳的担忧是对的，再好的想法，也需要严谨的制度设计和执行，而正德帝及其亲信，是没有能力把这么大规模的事情办好的。管理不善，反而给某些人提供了新的从中牟利的空间。

可是，"变"未必好，"不变"却必然更糟。京军战斗力差，是动摇明朝基石的大问题，如果再不解决，只会贻害更深。而以李东阳为代表的大臣们，虽看出了对调操练的弊病，却并没有提出更切合实际的方针，又如何能指望正德帝回心转意呢？

这就是明朝最大的问题：人人都知道体制有问题，需要改革，但是当皇帝冒天下之大不韪下决心改变体制时，朝臣却不配合，就算有好的政策，落到下面也会荒腔走板，变成一些利益集团牟利的工具。于是越改越乱，越改越麻烦，人人心中咒骂体制不行，却没有人敢打破僵局。就连李东阳这样的内阁首辅，虽学富五车，却也提不出什么好的解决方案，只能消极地反对皇帝的改革措施。

这么玩儿，迟早得玩儿完。

随着正德帝去世，对调操练也没了下文，京军的战斗力并没有实际改善，而吃空饷、虚报人数的现象越发严重。正德帝的继任者嘉靖帝，为了"革除正德弊政"，将进京的边军尽数遣返九边，但这只是治标不治本罢了：虽然边军不能继续在京城作威作福，可京军孱弱这一根本问题，依然没有得到解决。

三十年后，随着边防形势日趋严峻，嘉靖朝爆发了庚戌之变，俺答从古北口长驱直入，驻军通州，包围京师。十几天中，京军从头到尾不敢出战，眼睁睁看着俺答在京城周围大肆掳掠后扬长而去。嘉靖帝曾经致力于扫除正德帝留下的"弊政"，如今也不得不重新恢复正德帝的安排，顶着沉重的财政负担，让边军进京入卫。终明一朝，京军的战斗力再无起色，终于使明朝付出了惨痛的代价。

【编者按】

正德帝在史书中"恶名"颇多，边军为乱京师，边将江彬更是借此进入帝国权力中枢，兴风作浪，让二人在历史上留下了"昏君奸佞"的名声。但正如文中所述，大明帝国体制积弊严重，以至于改革不但不能解决问题，还会滋生新的问题。从这个角度来看，这场改革失败、滋生乱象的责任，不能由正德帝一人承担——以李东阳为首的官僚也难辞其咎。即使正德帝以自己手中的帝王权力罢免李东阳，也不能解决根本问题。这场君臣矛盾、争夺权力的背后，是一个王朝的没落和失败。

同样是军事战略的决策，康熙帝的手段就明显要高于正德帝。在下一篇文章里，我们能看出一个英明成熟的帝王是如何制定国策、驾驭朝臣的。

参考文献：

史料：

1.《明实录》。

2.[明]李东阳：《李东阳集》，岳麓书社，1985年。

3.[清]褚人获：《坚瓠集》，上海古籍出版社，2012年。

论文：

1. 刘志刚：《明正嘉年间边军内调研究》，山西师范大学，2018年。

2. 王宝全：《明代前中期京军役占问题研究》，黑龙江大学，2016年。

清朝如何统一台湾？

赵佳文

台湾，七省藩篱，东南屏障，对于中国的战略意义不言而喻。

自康熙元年（1662年）以来，台湾被郑氏家族收复后，一直奉明朝为正朔，不剃发不易服，成为大清王朝的一块心病。时间在慢慢过去，康熙帝经历过诛鳌拜、平三藩、雅克萨抗俄后，已经成为一个稳健的帝国掌舵人。卧榻之侧的郑氏台湾政权如何平定，只是时间问题。

兵者国之大事，即使是当时国力强大的清帝国想进军台湾，也绝非一蹴而就的事。

对于是否要统一台湾，清朝高层还有诸多不同声音。对台用兵什么样的时机才算好？谁来负责前线的指挥调度？是否需要遥控指挥？台湾平定之后人员如何安置？台湾岛是弃是留……

一系列事关历史走向的问题需要一一考量……

战前形势

割据台湾的是郑成功、郑经家族，又称"明郑"。明末清初兴起的郑氏海商集团，表现出了东南海商商业文化的鲜明特征。当年郑氏海商集团在商业上采取了"海陆十大商"分工合作的经营方式。"海五商"是设在厦门及附近各地的"仁、义、礼、智、信"海商机构；"陆五商"是设在浙南地区的"金、木、水、火、土"陆上采购团队，对外贸易的范围遍布东南亚各地。这些构成了郑氏集团的雄厚经济基础，使得郑成功、郑经父子能够打破清廷迁界令的限制，获得养军的军费来源。

强盛时期的郑成功集团拥有2000余艘各式战船，有雄兵10万余人，并且拥有大量的海上贸易船只作为支撑其抗清的补充，吨位接近8万吨。这样的实力自然可以称得上东亚第一海军，郑成功正是凭借这些力量方能击败荷兰人收复台湾，并继续抗清事业。

而到了康熙十九年（1680年），割据台湾的郑经与清朝作战失利，放弃厦门、金门，退往台湾。福建总督姚启圣打算乘势进攻台湾，却遭福建水师提督万正色反对，加上一些大臣支持万正色的看法，康熙帝也顾虑盘踞在西南的吴三桂之孙吴世璠尚未解决，决定暂缓进攻。

康熙二十年，郑经中风而死。郑氏集团内部发生政变，年仅十二岁的郑克塽继任延平王，大权实际上为冯锡范、刘国轩掌握，不少郑氏官员开始动摇，负责与清朝谈和的傅为霖甚至愿当内应。总的来说，台湾岛内政局不稳，对岸的姚启圣等人觉得有机可乘，决定动手，但郑氏集团毕竟树大根深，海上力量强大，想要轻取台湾绝非易事。事实上在开战之前，清廷一直试图通过和平谈判的方式安抚郑经集团，但并未成功。

当时清朝的主战派是福建总督姚启圣、福建前水师提督施琅，但与其有意见分歧的另一大员万正色并不主张攻讨台湾郑氏。康熙帝为了做好进攻台湾的准备，便重组了人事格局，同意施琅复任水师提督，万正色调任福建陆路提督。

内部纷争

按理说，万正色调任陆路提督，攻台事务应该进展得比较顺利，但二人犯了窝里斗的毛病。施琅心里的算盘是自己包揽攻台一切大权，但姚启圣可不想被架空，于是双方的矛盾集中在出兵日期上。

姚启圣主张利用冬季的北风，这样水军舰船可顺风而行，分兵多路，直取台湾岛——当年"国姓爷"郑成功收复台湾时，依靠的也是三月的北风。但施琅认为，"北风刚硬，骤发骤息，靡常不准，难以逆料"，不但不利于航行，变幻莫测且强度较高的冬季风还会导致士兵晕船，战力丧失；而夏季"南风成信"，届时"风轻浪平，将士无晕眩之患"，可先乘南风攻取澎湖，"上风上流，势如破竹"，再图台湾。双方的分歧，导致清军无法顺利出兵，攻台计划也一再迁延不行。

姚、施二人激烈争论，并各自将意见向朝廷反映。康熙二十一年（1682年）七月十三日，施琅上疏：

倘荷皇上信臣愚忠，独任臣以讨贼，令督、抚二臣催趱粮饷接应，俾臣整搠官兵，时常在海操演，勿限时日，风利可行，臣即督发进取，出其不意，攻其无备，何难一鼓而下。事若不致，治臣之罪。

——《靖海纪事·决计进剿疏》

同年十月初六日，康熙帝征询诸大臣意见，权臣武英殿大学士明珠认为：

若以一人领兵进剿，可得其志。两人同往，则未免彼此掣肘，不便于行事。照议政王所请，不必令姚启圣同往，着施琅一人进兵，似乎可行。

——《康熙起居注》康熙二十一年十月初六日

康熙帝遂决定由施琅统一指挥。

十月二十日，姚、施接到兵部密札："……总督姚启圣停其进剿，提督施琅如无机会，仍操演兵丁，若有可进机会，统伊所派船兵，相机进取台湾可也。"至此，施琅终于争得统一指挥权。

康熙帝得知了前线纷争的情况，为了统筹全局、加速决战，再次调整了人事格局。此次作战事务全部归施琅负责，后勤供应则委托给姚启圣。

同年十一月初三，施琅率领约21000人，238艘军舰前往福建兴化府训练军队，为接下来的渡海作战做好准备。兴化的这次训练军容甚盛，可谓集结了清朝水师的精锐，看上去台湾唾手可得。

然而，被架空了去搞后勤的姚启圣心里岂能乐意，自然不会安心配合施琅。于是，他转而与台湾郑氏谈判，以免战功被施琅独占。不过，巧合的是，台湾郑氏执掌军事的刘国轩不接受清朝剃发易服的要求，因此，由姚启圣操刀的海峡两岸谈判最终破裂，一切又回到了原点，还是要靠施琅解决郑氏问题。

施琅先前立场摇摆不定，曾两度降清，而今态度坚决，上《边患宜靖疏》，强调不能容许郑经等人顽抗，盘踞台湾，而把五省边海地区划为界外，使得东南地区人民愈加贫困，赋税缺减；必须速讨平台湾，由是可裁减江、浙、闽、粤的水陆军队，恢复地方经济，赋税得以增添，民生得以安宁，边疆得以安定。

施琅熟谙东南沿海地理、军事，屡次提出台湾不能轻易抛弃，应该尽早收复。当然，这样做的原因也不排除施琅本人对郑氏集团的私人仇恨。在施琅降清以后，他的父亲、弟弟等亲属被郑氏杀害，可谓是不共戴天之仇。

康熙二十二年（1683年）六月上旬，施琅调集各种战船300余艘，官兵21000余人，在福建漳州府铜山岛（今东山岛，与澎湖隔海相望）集结，迅速完成战前编组工作，十三日祭江，十四日辰时（上午七时）乘南风向澎湖出航。

澎湖防御

就在施琅练兵精武，意在报仇扬威之时，另一边的郑氏名将刘国轩也没有闲着。他在谈判破裂后积极部署澎湖防御，准备打击敢于进攻的清军。

当时澎湖的军事防备如何呢？学者张茨在《郑经郑克塽纪事》中，对于刘国轩如何部署澎湖防御有记述如下：

到娘妈宫，乘快哨巡三十六屿既［毕］，城娘妈宫，外设女墙、壕堑，多置大炮，风柜尾、四角山、鸡笼屿、牛心湾、虎井、桶盘屿各设炮台一，东屿、西屿、内外堑各设炮台二，八罩屿、水垵澳等有礁石、沙线，无须设守。

可见，刘国轩在澎湖列岛建立了严密的岛屿联防体系，依托大炮群、女墙、壕堑，构筑了立体纵深的防线，想要从澎湖正面突破似乎并不容易。何况外围还有无数的礁石、沙线，战船更容易触礁翻覆。

刘国轩的能攻善守也得到了施琅的认可，施琅在战后捷报中曾概述如下：

今年［康熙二十二年，1683年］四五月，知臣乘南风决计进剿，就台湾贼伙，选拔精壮敢死者及抽调草地佃丁民兵，将洋船改为战舰，凡各伪文武等官所有私船，尽行修整，调集来澎湖。大小炮船、鸟船、赶缯、洋船、双帆、䑸船合计两百余号，贼伙二万余众。仍将伪镇营等官兵各眷口，监羁台湾红毛、赤嵌二城，坚其死战。

刘国轩亲统倾巢,复来澎湖。将娘妈宫屿头上下添筑炮城二座,凤柜尾炮城一座,四角山炮城一座,鸡笼山炮城一座,东西屿内一列炮台四座,西面内外堑,西屿头一列炮台四座,牛心湾山头顶炮台一座。凡沿海之处,小船可以登岸者,尽行筑造短墙,安置腰铳,环绕二十余里,分遣贼众死守。星罗棋布,坚如铁桶。

——《靖海纪事·飞报大捷疏》

金汤一般的防御,施琅如何突破是个大问题,且看双方决战。

澎湖海战

康熙二十二年六月十四日(1683年7月8日),施琅从铜山岛出发,姚启圣也拨3000人同施琅出征。清军共24000人,大鸟船70艘、赶缯船103艘、双帆艍船65艘。十五日,郑军哨船发现清军已到花屿、猫屿一带,赶紧回报刘国轩,当晚清军在八罩岛过夜。

刘国轩阵营这边却形成了两种截然不同的反应。部将邱辉与黄良骥建议,趁清军立足未定,夜晚落潮时,派精兵冲杀敌阵,必能取胜。刘国轩不以为然,认为施琅徒有虚名,在"日日飓报之期"渡海作战,简直是自寻死路。因此他仅下令严防海岸,使敌军不能登陆,施琅必将自败。或许正是刘国轩的大意轻敌,使他没有在将军澳、南大屿等岛设防,给了施琅可乘之机。

刘国轩认为，将兵力集中在娘妈宫前的平静水域，阻止清军登陆，即可稳操胜券，时间拖得愈久，对施琅愈不利。沙场宿将刘国轩的主要战略意图是以逸待劳，只要能阻止清军舟师登陆，就可以打消耗战。（"此以逸待劳之势，不必战而可竟全功。"）这个作战思想的核心，是澎湖一带的"风信"变幻莫测，清军水师极容易触礁沉没。（"风信无常，旦夕发台，虏将无所逃命。"）

刘手下的副将邱辉则反问，万一没有台风又将如何？刘国轩用民间俗语回答："六月三十日，有暴三十六，焉有无风之理？"刘国轩在台湾大概经历了无数次台风，对台湾海峡内部台风的脾气了如指掌，他压根儿不相信六月会没有台风。反过来说，作为郑军主帅的刘国轩把战役的关键寄托在自然力量，也就是台风的到来上。

等到听说施琅把军队转移到八罩，刘国轩就更加得意了。他扬扬自得地嘲笑施琅是个土包子，压根儿不晓得水文规律："不明天时，不知地利，谁谓施贼知兵？诸君但饮酒以俟其败矣！"

从水文学的角度来看，刘国轩的说法并没有错，因为八罩"湍最急，其下有老古石，坚如铁，利如刃，偶风动，船底触之立破，而澎湖又不可三日无风也"。按照今天航海的术语来说，这里是湍流区，航船经此极其危险，这里绝不是排兵布阵的佳地。

可是，不知天是否要亡刘国轩和明郑朝廷，双方交战的时候竟没有台风，"虽数有风，闻雷皆止"，于是最后刘国轩不得不慨叹："天亡我也！"真是天时不在啊！十六日晨，施琅舟师一帆风顺，直抵澎南海域，刘国轩匆忙迎战，在娘妈宫前澳内布阵。施琅令蓝理等人率七艘鸟船为先锋，随后又派出第二批船只。双方开炮对击，战斗正式打响。时值潮起，清军前锋数艘船被海潮逼向炮台，被郑军船队包围。施琅见状，急令其座船直冲敌阵，亲自解围。开战第一天，双方你来我往，互有伤亡。

十八日至二十一日，清军进取虎井、桶盘屿。二十二日上午七时，施琅决定发起总攻，舰队分三路进攻，剩下约80艘作为后援部队。而就在天亮前，海上开始刮起台风。七时至九时受台风影响，海上吹起西北风，郑军顺着风势进攻，一时处于优势，清将朱天贵遭炮击阵亡。到了中午，台风受到赤道锋面带的影响，海上开始吹南风，风向转而对清军有利。

施琅命令全军反攻，顺着风势发射各种火器，并且以数船围攻郑军一船，郑军全面崩溃，江胜战死、邱辉自焚，清军共毙伤郑军12000人。刘国轩眼见大势已去，率领残余部队从北面吼门逃离澎湖，澎湖各岛郑军向施琅投降。清军阵亡329人，伤1800余人，船只无一损失。

该来不来的台风，在最后不但没有按照刘国轩设想的作战计划让施琅"无所述命"，反倒助施琅一臂之力，这真可谓是风向难测。

余波

郑军战败的消息传到台湾岛内，人心开始不安。为了延续政权，有将领提出远征吕宋，得到冯锡范同意，但远征吕宋的军队不过是去抢掠了一番，并无大的建树，最终为刘国轩阻止。

施琅随后统兵登陆台湾，接受了郑克塽的投降，清廷正式统一台湾。后来，清廷就是否把台湾并入清朝版图的问题产生争论，不少大臣认为，台湾孤悬海上，治理和防守花费不小，主张弃守。施琅则认为台湾战略地位重要，为七省藩篱，不可不守，说服清廷将台湾并入了清朝版图。

著名明清史专家傅衣凌先生曾指出："郑成功的复台和施琅的复台虽各有具体原因，但是都隐藏着中华民族的大义。""两人的处境不同，征台的出发点不同，但是他们对台湾战略地位的重要性则有同样的认识，都坚定地主张保卫台湾。从他们两人对台湾的认识来说，我们说施琅不是郑成功的叛徒，而是他的继承者。"

在施琅的故乡福建省晋江市施琅纪念馆中，有这样一副对联："平台千古，复台千古；郑氏一人，施氏一人。"这是对郑成功和施琅功绩客观、完美的写照。

台湾是中国不可分割的一部分，古往今来的历史经验告诉我们，台风不足惧，海峡不足畏，为了海峡两岸人民的福祉计，仍然需要高度的政治智慧来解决这一历史遗留问题。

【编者按】

施琅复台的过程，确实充满戏剧性。冥冥之中，似乎自有天意，在关键时刻，台风"相助"，让清军赢得收复台湾的关键之战。但总体看来，清朝统一台湾的过程中，康熙帝的决断起到了重要作用。对于大臣们的分歧，康熙帝果断裁决、用人不疑，坚定了清廷复台的态度，敲定了具体战略，最后获得成功。

很难想象，如果康熙帝没有那么果断，施琅的战略出现了失误，台风就像往年一样而不是有利于清军……只要有一环失误，台湾还能否被清朝统一？其实，统一台湾，是大势所趋。毕竟两岸同为中华民族，统一为人心所向。尤其是平台后，康熙帝再一次反对有些大臣将台湾视为"蛮荒"之地，应当弃守的主张，将台湾正式纳入清帝国的版图，这一举措更是功在千秋。

可见，康熙帝的决断，对于历史的进程确实起到了重要的影响；在面对朝臣分歧时的处理方式，也尽显一个英主的政治智慧。而几十年后，面对朝堂上的纷争，乾隆帝又能否像他爷爷一样处理得当？下篇我们将从清代的党争讲起。

[附录] 明末清初郑氏家族与明清政权大事年表：

1612年

郑芝龙前往日本，时年八岁。

1623年

郑芝龙与平户田川氏结婚。

1624年

郑森（郑成功）出生。荷兰人侵占台湾。

1660年

清兵大举进攻金门、厦门，被郑成功击退。郑成功稳住形势。

1661年

郑成功率军攻台。四月登陆，包围热兰遮城。清顺治帝病逝，康熙帝即位，时年八岁。清处决郑芝龙，命沿海迁界。

1662年

荷兰在台长官揆一投降，荷兰结束在台三十八年统治。吴三桂令人绞杀南明永历帝和太子。郑成功改台湾为东都。五月初八，郑成功病逝，享年三十九岁。郑经嗣为延平王。

1663年

清与荷兰合兵攻金门、厦门，清军占领金门、厦门，大肆掳掠，百姓伤亡惨重。郑经撤往铜山。

1664年

郑经撤军回台，暂无西征之意，委政于陈永华，息兵养生。

1665年

清水师提督施琅疏请攻台，拜靖海将军；船至外洋，遭飓风，折返。清主招施琅回京，其余归降将遣驻各省。

1669年

清主命招谕郑经，双方文书往返。郑经无意攻大陆，而清主亦厌兵，无意征台。

1673年

平西王吴三桂起兵叛变，据云南、四川、贵州抗清，揭开三藩之乱的序幕。

1674年

靖南王耿精忠据福建叛变抗清，东联郑经。郑经率军入闽，与耿精忠内讧，在福建开战，争夺地盘。清廷停止迁界政策，允许闽人返回沿海故乡。

1675年

郑经与耿精忠和解。以枫亭为界，各不侵犯。郑经攻陷漳州。

1676年

刘国轩攻陷惠州。耿精忠势蹙，降清。

1677年

清军入泉州，郑军失利，郑经退守金门、厦门两岛。

1678年

吴三桂暴毙。清闽浙总督遣使入厦门招抚郑经，郑经拒绝。清廷再度实施迁界。

1679年

姚启圣开第于漳州，曰"修来馆"，以高官厚爵重赏鼓励郑军官兵归顺。

1680年

清派大军攻金门、厦门。郑经放弃金门、厦门,撤军回台。康熙帝令尚之信自杀。

1681年

正月,郑经病逝,享年四十。九月,清军入云南,杀吴世璠,三藩之乱彻底平定。

1683年

施琅率军攻台,澎湖一役,郑军失败。郑克塽投降,结束明郑在台二十二年的统治。

1700年

康熙帝下令,郑成功和郑经遗骸归葬故乡福建南安。

参考文献：

史料：

1. [清]江日昇：《台湾外记》，福建人民出版社，1983年。
2. [清]施琅：《靖海纪事》，福建人民出版社，1983年。

专著：

1. 陈在正：《台湾海疆史研究》，厦门大学出版社，2002年。
2. 钮先钟：《中国历史中的决定性会战》，安徽教育出版社，2005年。
3. 台湾三军大学编著：《中国历代战争史》，中信出版社，2013年。
4. [日]冈田英弘、[日]神田信夫、[日]松村润：《紫禁城的荣光：明清全史》，王帅译，社会科学文献出版社，2017年。

论文：

1. 李鸿彬：《施琅与吴英——兼论澎湖海战》，《高鸿逵教授逝世十周年纪念文集》，北京大学出版社，1995年，页225—230。
2. 赵雅丹：《郑成功水师与荷兰海军装备、作战方式差异之探析——以台江之战为例》，《军事历史研究》，2010年第2期。

党争闹起来,乾隆帝也头疼

张一弛

有人的地方就有江湖,有政治的地方就有斗争。

中国历史上被党争折腾的朝代很多,唐代有牛李党争、宋代有新旧党争、明代有东林党与阉党之争、晚清则有帝党与后党之争……

深入每一个王朝的历史,我们几乎都能发现党争的影子。历朝历代的皇帝都厌恶党争,也都在内心深处凝视着党争。在权力的游戏中,党争就像是一枚嵌入棋盘的棋子,没有人能摆脱,只能小心驾驭。

党争并非只是王朝衰败的产物,在所谓"盛世",尽管大家都在极力回避党争,但坊间和庙堂之上总有人能捕捉到党争的踪迹。

譬如,清宫剧《延禧攻略》反复提及乾隆帝与重臣鄂尔泰、张廷玉之间的矛盾。鄂尔泰与张廷玉在朝中互相敌对,乾隆帝对如何使用这两位"先帝遗臣"大伤脑筋。剧中的乾隆帝最后以"雷霆之势"清算了鄂、张二人,鄂尔泰遭到训斥,而张廷玉也受尽斥责。

不过这场让"乾小四"如此闹心的"党争"是否真的存在?鄂、张交恶的原因何在?这场党争背后又隐藏着乾隆帝哪些不可告人的"御下之术"呢?

鄂张党争真实存在吗?

主张鄂张党争真实存在的主要依据,是乾隆初年关于臣工结党问题的若干上谕。特别是乾隆五年(1740年)四月初四因田文镜入祀贤良祠一事而宣布的上谕,其中提及:

> 大学士鄂尔泰、张廷玉乃皇考简用之大臣,为朕所倚任,自当思所以保全之。伊等谅亦不敢存党援庇护之念,而无知之辈妄行揣摩,如满洲则思依附鄂尔泰,汉人则思依附张廷玉。不独微末之员,即侍郎尚书中亦所不免。即如李卫身后,无一人奏请入贤良祠,惟孙嘉淦素与鄂尔泰、张廷玉不合,故能直摅己意,如此陈奏耳。
>
> ——《乾隆朝上谕档》乾隆五年四月初四日

这一上谕被收录进了《清实录》,成为人们认定"鄂张党争"存在的最重要的证据。不过,有不少人对这条上谕的内容产生了怀疑。这条上谕也确实有明显的不严谨之处,特别是其中的论断句"满洲则思依附鄂尔泰,汉人则思依附张廷玉"。早有学者指出,追随鄂尔泰的汉人也为数不少,因此不能简化为满汉之争,"满洲""汉人"两个词不是指趋附者的族群身份,而是指趋附对象(即鄂、张二人)。但这么解释过于牵强,和清代上谕语意很明晰的常态不符。

这并不是说这条上谕是面壁虚构的,而是想提示一种很复杂的语境:虽同为经由文本还原出来的"历史","鄂张党争"与中国历史上出现过的典型朋党事件如牛李党争、北宋中后期党争及明季党争等不太一样。

广为人知的朋党事件,往往由相对正式的史书(不一定是所谓"正史",但总归是比较经典的史书)记载,这些记载常常含有定性的论断,争议性弱得多。比如,一般不会有史书怀疑东林党、阉党是否相互攻讦;一些文献甚至能够明确出现类似"党争"的字眼,例如,宋代有元祐党人碑,读史者不需要知道这块碑上刻着哪些人的名字,仅需知道存在这样一块碑,就等于知道当时确实有一些人同属一"党"(至少在当时的人看来)。

然而,有关"鄂张党争"的叙事就不像其他党争那样毫无争议了。史书里的相关论点并不严谨,史家依据部分史实(官员履历等),像"倒放电影"一般归纳出事件的发生、发展及其相关要素,而该事件参与者却是面目不清的。这样的背景对"鄂张党争"的叙述产生了很大影响,几乎所有关于"鄂张党争"的史实都是碎片式的、零散的、没有因果联系的。几乎每一位清代政治史研究者都会经常遭遇这样的困境。

我们可以把这些基础性的争议放一放,暂且认定鄂张党争是真实存在的。我们使用的"党争"一词,也采用比较朴素和宽泛的内涵,不去套用晚唐、北宋和明季的那些定义,以免徒增混乱。

鄂尔泰与鄂党

我们先简单介绍一下故事的两位主角:鄂尔泰和张廷玉。

先说鄂尔泰。此人乃满洲镶蓝旗人，康熙后期担任内务府员外郎，一般猜测他因此而与胤禛（后来的雍正帝）结交。雍正前期鄂尔泰一路高升，雍正三年（1725年）擢云南巡抚，直到雍正十年，一直在西南边疆主持改土归流、征剿有叛迹的少数民族等军务。雍正帝对鄂尔泰非常信任，认为他是外省督抚的表率，朱批奏折里有不少君臣对治体的讨论。

雍正十年，清军征讨准部，雍正帝调鄂尔泰前往西北，经办西北两路军务。雍正十三年，西南苗疆爆发大规模起义，此事与鄂尔泰主持改土归流时处置失当大有关系，不过雍正帝并未为难他，仅削其爵位。雍正帝去世时，鄂尔泰受顾命之任，此后长年在京担任总理事务大臣和军机大臣等职务。乾隆十年（1745年）去世。

鄂尔泰乃一好名之人，追求虚誉，喜欢交结名士。所谓"鄂党"，主要由一些内务府旗人官员（盖因鄂由内务府员外郎起家），以及康熙中后期到乾隆前期科举出身的汉族精英组成，知名人物有史贻直、尹继善、张广泗、仲永檀、胡中藻等。

张廷玉与张党

张廷玉是康熙帝倚重的文臣张英的次子，康熙三十九年（1700年）进士，馆选翰林（庶吉士），康熙五十九年官至刑部侍郎。雍正帝即位后，以张廷玉乃"张师傅"之子而对其稍加信任。随后，张廷玉表现出了辅臣应具备的过人才能：为人谨慎、强记，撰写谕旨能准确表达皇帝意旨，而且守口如瓶。张廷玉凭此才能在雍正朝的中枢决策事务中的地位迅速提升，成为皇帝最为倚重的军机大臣。他也是雍正帝去世时的顾命之臣之一。乾隆帝即位后，张廷玉继续在军机处发挥作用，直到乾隆十四年（1749年）乞休归里。乾隆帝对这位老臣起先加以优礼，未久因张身后陪祀太庙一事爆发冲突，[1]屡诏切责。乾隆二十年去世。

由于张廷玉留下的自撰史料极少，张党的面貌也要模糊得多。知名人物有汪由敦、张照、吴士功三人，但此外还有哪些人就不好说了。张廷玉是桐城人，史家一般认为桐城文人是张党的"基本盘"，例如，昭梿的《啸亭杂录》称，有人议论张廷玉"袒庇同乡，诛锄异己"。同一时期桐城张氏及其姻亲姚氏通过科考、荐举、议叙等方式入朝为官者确实很多，以至乾隆六年左都御史刘统勋曾奏请令桐城张、姚两氏官员未来三年以内一律停止升迁。不过，并无桐城人直接参与党争的记载。

笔者曾经查找哪些官员是张党，结果一头雾水。粗略而言，记载中大部分接受张廷玉庇护的是贡生之类功名较低的人，由此猜测张党无论文坛名声还是社会地位都比鄂党要低很多，参与者的出发点更偏向个人利益。清季旗籍文人杨钟羲在《雪桥诗话》里曾称"鄂党多君子"，应属事实。

---

[1] 雍正帝去世时，遗命张廷玉配享太庙。张廷玉在获准离京归里后，对身后配享太庙一事有所疑虑，希望乾隆帝可以写一句话作为凭证，乾隆帝准其请求，并赐诗以安其心。适值大雪，张命其子代其谢恩，引起乾隆帝不悦，后乾隆帝收回配享成命。——编者注

"鄂张党争"的经过

"鄂张党争"主要发生在乾隆初期,即鄂尔泰、张廷玉同为总理事务大臣、军机大臣时。粗略而言,可以有以下论断:在官僚体制之中,鄂党影响力较大。鄂尔泰门生众多,鄂党官员亦多显宦。任职中央者,如史贻直为工部尚书等;任职地方者,如尹继善为两江总督,张广泗为湖广总督等;均位高权重。在宫廷政治之中,张党影响力较大——张廷玉承旨,汪由敦、张照都颇得乾隆帝宠信。

关于党争的事迹,清人笔记一般主要列举的是鄂、张二人关系不和,例如,昭梿的《啸亭杂录》记载了一则段子:

> [张廷玉]与鄂文端公同事十余年,往往竟日不交一语。鄂公有所过失,公必以微语讥讽,使鄂公无以自容。暑日,鄂公尝脱帽乘凉,其堂宇湫隘,鄂公环视曰:"此帽置于何所?"公徐笑曰:"此顶还是在自家头上为妙。"鄂神色不怡者数日。

但二人在政治上短兵相接的事件,今人其实找不到多少。比较著名的争斗主要有两起:其一是乾隆初年的西南军务案,其二是仲永檀案。

鄂尔泰在西南地区"改土归流"时,曾命张广泗等人将古州(今贵州榕江县)、台拱(今贵州台江县)等处土司强行改为流官,并驻军镇压当地苗人,先后置古州厅、台拱厅等六厅,称"新疆六厅"。清廷特为鄂尔泰、张广泗等"功臣"加官晋爵。然而,驻军在当地滥杀无辜，驱使熟苗运粮，导致地方矛盾十分尖锐。

雍正十三年（1735年）二月，清廷派往"谕赏"的贵州苗疆正使吕耀曾和随同的贵州巡抚元展成等大员滥用夫役，古州厅苗人不堪骚扰，群起反抗，酿成蔓延七府的苗民大起义。贵州提督哈元生率兵进剿，对当地苗人的凌虐更甚于前，苗人益为仇恨，哈元生无功。

同年五月，雍正帝准许刑部尚书张照（张党成员）的请求，派张照前往苗疆绥抚苗人。张照抵达贵州，写信要求哈元生参劾鄂尔泰。七月，皇帝下令将鄂尔泰的爵位削去，又将元展成革职。看起来鄂党吃瘪了。

但张照也无法解决苗人起义的问题。他提出的分兵分守之策，实际上是放弃"新疆"，退回原界，将征剿作战区域分为上下游，上游由哈元生负责，用滇黔兵，下游由湖广提督董芳负责，用楚粤兵。由于张照系一词臣，全无统兵经验，诸将互相推诿责任，防区划分久不能决，军务毫无进展。八月，雍正帝去世，乾隆帝继位，不日即命张照回京，派久经沙场的张广泗专任军务。当年年底，张广泗大举进攻起义军，苗民战败，至次年初起义被镇压。至此，张照借处理苗民起义事务掀起政潮的意图并未实现。

张广泗奏报大捷之时，顺带参劾张照。乾隆帝在奏折朱批中称张照等"乖张错谬"，旋将张照革职拿问，称其"到黔以来，挟诈怀私，扰乱军务，罪过多端"，依律拟斩，后加恩释放，乾隆二年（1737年）复起为内阁学士。乾隆帝十分欣赏张照的书法，赞誉其书法"手活神全，妙得天趣"，想必不会视其为普通官员。

乾隆五年（1740年）爆发工部石匠俞君弼遗产争夺案，次年陕西道监察御史仲永檀（鄂尔泰的得意门生）参劾步军统领（九门提督）鄂善在该案中收受贿赂。皇帝在审讯后认定鄂善确系受贿，责令鄂善自尽，并将仲永檀树立为谏臣敢言的模范，超擢为左佥都御史。仲永檀同时还参劾张廷玉在该案中行为失体，不过未得证实，乾隆帝也未予追究。

仲永檀得蒙超擢，遂进一步对张党发动攻击，以张照在主持乐部事务时曾"以九卿之尊亲操戏鼓"为由加以参劾，但未能成功。乾隆七年冬，皇帝突然以漏泄机密为由，将仲永檀与鄂容安（鄂尔泰之子）一起革职审讯。笔者推测，这应是张照进谗言的结果。

在审讯时，仲永檀拒不承认自己受鄂尔泰指使，但审讯者深知鄂尔泰和仲永檀的关系，在他们看来，仲永檀的辩解已属困兽犹斗。皇帝一度考虑用刑，但最终还是点到为止，将鄂容安释放，并未追究鄂尔泰。仲永檀旋死于内务府慎刑司狱中（张照时任刑部尚书，故而不能关押在刑部），时论以为系张照鸩杀。张照未久亦死，有人认为系仲永檀鬼魂作祟。此案以两败俱伤告终。

上述两案，西南苗疆善后一事尚带有政策争论的性质——张党的张照到贵州后，实际上有放弃"新疆"的打算，而鄂党的张广泗则力主对苗人采取进攻策略。不过两党的这场斗争，无论张照要求哈元生参劾鄂尔泰，还是张广泗参劾张照，更大程度上属于人事斗争；而仲永檀案则基本仅限于人事斗争范畴，完全不涉及政见分歧。

仲永檀死后两年，即乾隆十年，鄂尔泰去世，鄂张党争事实上至此告终。乾隆十四年（1749年）张广泗以金川之役无功而被处死，同年，张廷玉以陪祀太庙一事被严谴，乾隆二十年鄂尔泰门生胡中藻、鄂尔泰族人鄂昌以文字狱之故，前者被处死，后者被责令自尽。这些都是两党成员的后续下场，不属党争范畴。

乾隆帝的策略

乾隆帝是"不喜朋党"的，屡降谕旨申斥，认为枢臣交结台谏煽动政潮，此乃明季灭亡之鉴。但与此同时，乾隆帝即位之初，治国理政又不能摆脱先皇留给他的两位重臣。

美国耶鲁大学历史系教授白彬菊（Beatrice Bartlett）在《君主与大臣》一书中，考察了乾隆初年的内廷机构——总理事务处，发现鄂尔泰、张廷玉二人在内廷决策中的地位是无法撼动的。

不过，皇帝也并不是只有这二人可以信用。事实上，乾隆帝即位之初，身边另有一些资历不如鄂、张的满人亲信。例如，总理事务处（乾隆二年裁撤）虽然以庄亲王允禄、果亲王允礼、鄂尔泰、张廷玉为总理事务王大臣，但乾隆帝亲信的领侍卫内大臣讷亲、额驸班第、总管内务府大臣海望等人则列为"协办事务"（白彬菊书中称之为"第二梯队"），王大臣并不能垄断皇帝的耳目。汉人之中，左都御史孙嘉淦久有骨鲠之名，与鄂、张不和，乾隆帝对他甚是信任，成为牵制两党的重要力量。

学者赖惠敏考察鄂张党争时，认为乾隆帝的主要策略是利用张党打击鄂党。笔者前面对两党势力分布的分析，基本可以印证这个结论——乾隆帝性喜玩弄权术，而用个人的"恩泽"来联络近臣如张照，然后用近臣来牵制外朝，如鄂党的高官，这是很常见的权术手段。故而，当鄂尔泰去世，张廷玉及其伙伴的地位也就岌岌可危了。

"鄂张党争"的遗产

很难说"鄂张党争"留下了什么遗产。不过，从前面的分析可以看到，鄂张党争主要是人事斗争，其间当然也有一些明显与社会身份相关的文化气质（ethos）的分歧，例如，鄂党中的科举精英以君子自命，与出身或言行入不了名士"品题"的张党成员显然不同，但这种分野究竟影响有多大，还要进一步考察。

仅就目前所知的情况看，鄂、张两党之间的分歧，肯定不像牛李党争那样关乎阶级议题，也不像元祐党人、东林党那样泾渭分明。两党群体面貌模糊的一个结果就是，当鄂、张二人退出政坛以后，两党很难作为整体（如果真有整体的话）在政治上发挥影响力了。

但"鄂张党争"客观上留下了一些制度阴影，即乾隆帝在利用内廷牵制外朝、利用张党打击鄂党的过程中，养成了好施小术的习惯，对近臣往往在政治上予以纵容。这固然是用人的问题（昭梿所谓"所引用者，急功近名之士；其迂缓愚诞，皆置诸闲曹冷局，终身不迁其官"即是此意），但又不仅仅是用人的问题。

回顾之前的历史，康熙帝亦好施私恩，但对大臣甚为宽容，近臣尚不能"予取予夺";雍正帝御下刻薄,但一方面以公正宣示臣下,另一方面又勤于政事,近臣难以窥伺;而乾隆帝则不然,一方面希望近臣能替他处理琐事,不愿"事必躬亲",另一方面又喜欢玩弄权术,不时对臣下展示自己"明辨是非"的威权,以为震慑。

这种局面造成了权力结构的不稳定,皇帝身边的官员工于揣摩、善于逢迎,得蒙上知者,往往能因此获得翻云覆雨的权力。张廷玉之后有汪由敦,汪由敦之后有于敏中,讷亲之后有傅恒及其诸子,终启和珅专权之门。

【编者按】

所谓的"鄂张党争",不过是乾隆朝复杂政局的冰山一角。乾隆帝为了驾驭臣下,充分施展了其运用权术的手腕。而他的这种性格,在另一件事情上表现得淋漓尽致,那就是巡游江南。乾隆帝六下江南,并非如民间传说的那样逍遥快活,这背后隐藏了深刻的权力之争和帝王心术。下篇文章,我们将见到乾隆帝下江南的真实用意。

参考文献：

史料：

1.《乾隆朝上谕档》。
2. 史松、郭成康等编：《清史编年》，中国人民大学出版社，2000年。

专著：

［美］白彬菊（Beatrice Bartlett）：《君主与大臣：清中期的军机处（1723—1820）》，董健中译，中国人民大学出版社，2017年。

论文：

1. 赖惠敏：《论乾隆朝初期之满党与汉党》，《近世家族与政治比较历史论文集》，台北"中央研究院"近代史研究所，1992年。
2. 徐凯：《论雍乾枢要之臣张廷玉》，《北京大学学报》（哲学社会科学版），1992年第4期。
3. 刘文鹏：《清代科道"风闻奏事"权力的弱化及其政治影响》，《中州学刊》，2011年第4期。
4. 张一弛：《京官社交网络与盛清政治——以乾隆初年许王猷、仲永檀系列事件为例》，《史学月刊》，2017年第6期。

乾隆帝：我不要你觉得，我要我觉得！

鬼子六

电视剧《铁齿铜牙纪晓岚》给人留下个印象：皇帝的工作轻松得很，出宫就跟玩儿似的，说走就走。乾隆帝带着和珅、纪晓岚两个人，走南闯北，各种历险，好不快活。

想想也是，历史上乾隆帝六下江南，可不就是一场说走就走的旅行？当然，他既不是微服私访，也没有带和珅和纪晓岚这两个活宝。普天之下，莫非王土，皇帝要出门，谁还敢拦着？

还真有人敢拦着。美国学者张勉治（Michael G. Chang）的著作《马背上的朝廷：巡幸与清朝统治的建构（1680—1785）》，就讲了一名大臣禁止皇帝出门的事。乾隆二十三年（1758年），左副都御史孙灏上了个折子，实名反对乾隆帝到索岳尔济出巡的计划。索岳尔济西接喀尔喀车臣汗部，南与科尔沁部、乌珠穆沁部相连，东与北俱与黑龙江接壤。孙灏想不通，堂堂大清的皇帝，跑到边疆小城视察什么？莫非是要看北极光？

都御史是监察官，本来就有义务挑挑皇帝的毛病，隔靴搔痒。孙灏这回批评了乾隆帝的作风问题，想把皇帝留在北京城享清福，没想到，乾隆帝觉得"兹事体大"，跟孙灏杠上了。

深刻的教训

孙灏反对皇帝外出视察的一个理由是：皇帝出巡就是为了看美景，既劳民伤财，又于民生无益。这不是孙灏一个人的想法，而是历朝历代文官的普遍认识。

中国有史以来的第一位皇帝就十分热衷外出视察。秦始皇自二十六年（前221年）统一六国，到三十七年崩于沙丘，其间有不少于五次大规模的全国性巡游，每一次出游都带着众多的文武官僚和庞大的车马仪仗队。秦始皇甚至死在视察的路上，如此热衷视察的皇帝，可谓后无来者。

秦始皇开了个坏头。本来皇帝四处视察、纵览名山大川、体察民情，都可以说是为了稳固江山，但偏偏秦始皇死得不明不白，给了赵高、李斯和胡亥可乘之机，秦朝二世而亡。这样的视察非但没体现出好处，反倒引起了政治上的动荡。所以，后人常引以为戒。

贞观七年（633年），唐太宗因有气病，于是想巡幸九成宫避暑。大臣姚思廉站出来进谏，规劝皇帝：

> 陛下高居紫极，宁济苍生，应须以欲从人，不可以人从欲。然则离宫游幸，此秦皇、汉武之事，故非尧、舜、禹、汤之所为也。

——《贞观政要》卷二《纳谏》

姚思廉这段话，是拐弯抹角骂唐太宗：你这是克制不了自己的欲望,学秦皇汉武好大喜功,摆谱。

贞观十一年(637年),唐太宗想视察洛阳,魏徵也忍不住发话了,他讲得更明白:皇帝外出视察,车驾难免要经过地方,地方官如果想方设法讨好皇帝,那么,接驾就会准备得铺张奢华,如此才能显示下级官吏对上级的重视,而这些成本最终会转嫁到百姓头上,成为新的负担。

皇帝要想维护仁君爱民的名声,最好乖乖待在都城,哪儿也别去。饱读诗书的儒家士大夫,活生生用"仁君爱民"的理念,捆住了皇帝外出视察的手脚,不得不说,这是一副约束权力的枷锁。

为何到了清朝这套理念似乎不管用了?康熙帝、乾隆帝爷孙俩都六下江南,经常举行木兰秋狝大典,比赛式地搞外出视察,但也没对江山社稷产生多大的威胁。

游牧民族的突破

乾隆帝对于汉族士大夫的批评自然有所准备——身为一位皇帝,你跟我讲作风问题,我就跟你讲政治问题。我不要你觉得,我要我觉得!

他搬出爷爷康熙帝热衷于木兰秋狝的先例,讲到巡幸狩猎乃清朝祖制,不是皇帝自己脑门儿一热的举动,康熙帝的治理水平天下信服,孙灏否定巡幸,岂不是要连大清圣祖皇帝也一起指责?

接着,乾隆帝搬出自己的政绩:不久前,大清刚刚肃清了准噶尔部分裂势力，能取得如此大胜，多亏三军用命，君臣一体，也多亏平日多有巡幸，整饬武备。孙灏难道连皇帝的功绩也要否定？

搬出两座大山来压孙灏还不过瘾。乾隆帝接着从根子上剖析孙灏观点的弊病：

> 朕今日适阅《圣祖仁皇帝实录》，有"天下虽太平，武备断不可废。如满洲身历行间，随围行猎，素习勤苦，故能服劳。若汉人则不能矣。虽由风土之不同，亦由平日好自安逸之所致"之谕。恭读之余，凛然悚惕，岂敢一日忘之！
>
> ——《清高宗实录》乾隆二十三年十二月癸丑

乾隆帝反将一军，把孙灏对巡幸的指责，看作是汉人好逸恶劳不能吃苦的体现。如此反驳，如泰山压顶，刀刀见血，孙灏见了估计膝盖要碎。

不过，从乾隆帝的角度讲，他将皇帝巡幸的活动，上升到国家战略安全的层面，确实是迥异于汉族士大夫的一种认识。

历览秦皇汉武、唐宗宋祖，中原王朝很少将皇帝的巡幸视察与国家战略安全联系在一起。出去走走就出去走走嘛，跟国家战略安全有什么关系？

乾隆帝的这一认识却与中国历史上的草原政权有着一脉相承的关系。具有草原游牧基因的王朝，往往不仅受儒家观念的约束，还受到草原习俗的深刻影响。是否按照儒家士大夫的意识形态做事只是一方面，入主中原的草原政权更看重能否保住辛苦打下的江山社稷。草原政权的军事性,才是他们压制中原汉族士绅民众的法宝。因此,草原政权往往遵循着游牧部落的习惯,季节性地在不同都城之间迁徙。

比如,契丹旧俗是随水草,逐寒暑,往来游牧渔猎。辽建国后,皇帝四季外出游猎,朝官随行,设行帐,称"捺钵"。契丹国其实既有皇都,也有五京之制,然而契丹皇帝一年四季巡幸于四时捺钵之间,政务皆在捺钵中处理,捺钵之地实际上是契丹国的政治中心、最高统治者所在地。

元朝也是如此,蒙古贵族作为征服者,倔强地坚持着许多蒙古部族的习俗,并不甘心被汉族同化。蒙古有大都(今北京)也有上都(今内蒙古锡林郭勒盟正蓝旗),每年阴历二三月,大汗的车驾离开大都,北行到上都,避开大都的炎炎夏日,恢复骑射生活,到了秋天再从上都返回,形成了惯例。

这样诡异的制度安排,在汉族士大夫看来如同儿戏,天子是天下秩序的中心,怎么能动来动去,到处乱窜?

虽然有汉族官员提出意见,可是蒙古大汗根本不予理睬。毕竟,在元朝皇帝眼中,汉族官僚是被统治者,儒家的意识形态只是统治的工具之一,绝非唯一。

若此,顺着辽到元这条线索看下来,乾隆帝坚持巡幸就可以理解了。

乾隆皇帝的"撒手锏"

双方在这场争论中针锋相对。汉族士大夫有自己信守的理念,基于儒家的观念和王朝历史,他们强调,皇帝应该"居深宫,严宿卫,与宰臣谋治道";而乾隆帝则从"天下虽太平,武备断不可废"的角度,将巡幸狩猎视为清朝政权稳固的重要因素。

双方都有道理,谁也说服不了谁。但是,乾隆帝毕竟是皇帝,斗争手段老辣,总有办法让人信服。

孙灏说,索岳尔济离京城太远,害怕出意外。这话本来是关心乾隆帝的"贴心话",没想到,气头上的乾隆帝根本不理这茬儿,劈头盖脸地问,索岳尔济难道不是大清的国土?此番出行难道不是受到蒙古王公的盛情邀请?能有什么意外?

孙灏折子里的"索岳尔济非江浙胜地可观"一句话,又戳中了乾隆帝的心窝。孙灏为什么要说索岳尔济不像江浙地区一样有风景名胜可观?难道在影射乾隆帝下江南是去旅游的吗?

乾隆帝下江南难道不是为了看风景名胜?乾隆帝自己可不这么认为,他一面强调游览江南风景名胜是奉皇太后旨意,尽孝道而已;一面强调自己下江南是为察看民情、水利,心念百姓苍生。

乾隆帝下江南到底是主要为了旅游,顺道办理政事,还是主要为了办理政事,顺便旅游,这事后人说不清,只有他自己知道。

孙灏担心"随从侍卫官员人等长途费重,生计艰难",这本来也是实情,但乾隆帝不依不饶,又搬出了爷爷康熙帝作为挡箭牌,先说当年康熙帝每年出巡二三次,那时候的侍卫、兵丁和地方官尚且不说苦,现在又是预先借钱给地方官府,又是中央专项拨款,给予充分的经费保障,反而叫苦是什么意思?

这话其实站不住脚。康熙帝南巡时心里有"几项规定",每次随行不过300人，甚至很多时候自己搭帐篷住宿；而乾隆帝南巡可不是一回事，随从多达2500余人，每人配单马或双马，另有骡车400辆、骆驼800匹、纤夫3600人。据统计，乾隆帝六次南巡的花费总计高达白银2000万两，而康熙帝六次南巡所用的钱财却不到乾隆帝的十分之一。

乾隆帝晚年时对军机章京吴熊光说："朕临御六十年，并无失德，惟六次南巡，劳民伤财，作无益，害有益，将来皇帝南巡，而汝不阻止，必无以对朕。"他完全忘了，早已有人上奏阻止他继续出巡，但是他当时一意孤行，还跟孙灏杠上了。再说，他的逻辑也很奇怪，六次南巡，靡费千万，耗尽民力，居然还说自己"并无失德"，这就是典型的乾隆式的强词夺理。所以，地方上康熙帝南巡时不叫苦，并不代表乾隆帝南巡时也不叫苦，只是他不愿意听到罢了。

孙灏说一句，乾隆帝怼一句，简直拉开架势在打嘴仗。打嘴仗的撒手锏就是扣帽子。泼妇骂街，往往先声夺人来个定性分析，"你个……"。乾隆帝比较有涵养，到最后才进行总结式发言，即使是扣帽子也让人觉得有理有据：

[孙灏]意将使旗人尽忘淳朴服勤之旧俗，而惟渐染汉人陋习，人人颓废自安，文既不文，武亦不武。

——《清高宗实录》乾隆二十三年十二月癸丑

这下完蛋了，孙灏只不过针对皇帝的作风问题提了小小的建议，结果被皇帝视为别有用心的"敌对势力"，代表着陈旧没落的汉族士大夫，要搞垮满人的立身之本。乾隆帝如此定调，真可谓"杀人诛心"！

天大的帽子扣到了孙灏的脑袋上，孙灏找谁说理去？他总不能像海瑞那样，把生死置之度外，跟皇帝硬吵下去。况且，大家也都知道，你永远叫不醒一个装睡的人。

自古以来向当权者提意见都令人头疼，本来或许只是一件小事，可人世间有一种能力叫想象力，而统治者的想象力尤其丰富。孙灏明明在劝诫皇帝不要轻易外出巡幸，而皇帝却能将之联想成对于清朝立国之本的挑战，善意的提醒到了皇帝耳边，就成了恶意批评。

若是遇到稀里糊涂的皇帝也就罢了，偏偏遇到的是爱较真儿又有理论功底的乾隆帝，激起了他"真理愈辩愈明"的兴趣。当大臣的，难道还真指望让皇帝输得心服口服？除非自己不想要这条小命了。

【编者按】

清朝将漠北蒙古纳入版图、平定准噶尔后，原本帝国边疆的争斗，却神奇地跑到了朝堂之上。乾隆帝与孙灏的争论，表面上是清代皇帝的满族游牧特性与中原汉族士大夫思想观念的碰撞，而其中自然也有乾隆帝为了掌控权力，借南巡之争以树立权威的目的。在下一章中，我们还会看到乾隆帝南巡的另一个目的：在南巡过程中，乾隆帝经常减免所经之处的赋税，以施恩于民——除了政治权力以外，对财富的支配也是帝王权力的重要一环。

参考文献：

史料：

1.《清实录》

2. 王澈:《乾隆二十二年南巡史料》,《历史档案》,1989 年第 3 期。

专著：

[美]张勉治（Michael G. Chang）:《马背上的朝廷：巡幸与清朝统治的建构（1680—1785）》,董建中译,江苏人民出版社,2019 年。

权谋篇

第五章 利出一孔 帝国的金库

北宋朝廷的"良心"坑了自己
形式主义毁掉了王安石变法
隆庆开关,一次被忽视的改革
大规模降税,朝廷不会缺钱吗?
皇帝不会花钱有多可怕?

"利出一孔者，其国无敌。"——《管子·国蓄篇》

管仲在二千七百多年前，就为后来的帝国统治者总结出了管理帝国的要义。权力必须有强大的物质支持才能长久，而强大的物质，自然就是金钱。毕竟兵马钱粮中，只要有了钱，其余三样唾手可得。

因此，中国历史上的改革，都以"富国强兵"为目的。而欲富国强兵，则必先"利出一孔"。无数次大刀阔斧的改革，在追求"权""利"的同时，决定了帝国的命运。如此来看，如果有擅长理财的明君和能臣，那么帝国应该高枕无忧，财源滚滚。而历史却讽刺地告诉我们，许多致力于"利出一孔"的统治者，往往适得其反。

雄心壮志、能力出众的宋神宗和王安石君臣，他们雷厉风行、轰轰烈烈的改革以失败告终，而看似柔弱不堪的明朝隆庆帝，他所领导的一次改革却成为张居正变法的先声，使大明帝国成为当时世界的大银库。史家们常常将宋代的王安石变法与明代的张居正变法进行对比，这一成一败的两次改革给了后人许多宝贵的经验。究竟这两次改革成败的原因为何？

大清帝国的康乾盛世是中华帝国最后的余晖，行事高调、花钱大手大脚的乾隆帝经常招人诟病，然而他"散金银"的背后，隐藏着"聚人心"的政治智慧。而仅仅几十年后，看似"勤俭节约"的道光帝，无论如何省钱，都无法挽回这个衰落的帝国。这又是为何？

利出一孔，统治者想做到这一点，难上加难，让我们进入本篇，体验帝国的理财之道，寻找帝国的财富密码。

北宋朝廷的"良心"坑了自己

鬼子六

赵匡胤：以兵养民

宋朝在制度设计上常有过人之举。

宋朝处于中国社会大转型时代，学界以"唐宋变革"来突显其变革之猛烈程度。大变革时代意味着方方面面的破旧立新，唐朝以前的权力结构由贵族主导，跨阶层流动较为困难，而宋朝以后贵族阶层被消灭，取而代之的是"科举制"引领下的士大夫阶层；唐朝以来的藩镇割据问题被解决，武人朝廷成为过去式，文官获得了对政治的绝对掌控力；中国的经济重心在宋代彻底转向了南方，"南强北弱"的格局延续了千年；朝廷放弃了把农民禁锢在土地上的简单化思维，通过赋税关系的调整，容许农民流动和土地交易……

但是，大变革时代并不意味着阳光普照大地，有顺应时代浪潮破浪前行的人，也有一些跟不上脚步掉队的人。比如，在农村地区，地主不断兼并土地，农村金融在高利贷的推波助澜下十分汹涌，大量的农民像教科书中描述的那样破产，社会上出现了大量的失业农民，带来了不稳定因素。

在任何时代，稳增长、保就业、促经济都是政府的天然职责，宋廷也面对着"保就业"的压力：这么多无地的农民该怎么办？农民失业了、破产了该如何保证生计？

之前历朝的统治者无外乎高呼"抑兼并"的口号，打击富豪地主，让既得利益群体让一点儿利给破产边缘的农民，将自己塑造成跟农民在同一条阵线的形象。但宋朝有个特殊的治国理念——"皇帝与士大夫共治天下"，而士大夫群体十有八九都是有田有地的地主。庙堂里的士大夫本身就是江湖里的大地主，要让士大夫制定政策去打击自己的利益，有些异想天开。

所以，宋朝就走上了一条中国历史上十分"开脑洞"的道路。宋廷以一种史无前例的魄力，把这些破产、流离失所的百姓，纳入国家编制，让他们去参军，从此吃上财政饭、端起铁饭碗。朝廷没有把失业百姓推给社会自己消化，也没有故意激化社会群体之间的矛盾，而是选择自己"硬扛"下来，如此有"良心"，确实有些不可思议。

太祖赵匡胤似乎对于这个募兵政策十分得意，在与开国元勋们吹牛的时候，将它吹捧为"当今之大事可以为百代利者"，想着自己可以流芳百世。赵匡胤打的算盘是，灾荒年份，老百姓会起来反叛，而军队中端着铁饭碗的将士不会反叛；太平岁月里万一发生兵变，老百姓过着安稳日子肯定不会支持——世间安得两全法，唯有宋代搞募兵。

只是赵匡胤没想到这个"百代利"的养兵政策，却让北宋朝廷下了血本。据统计，宋太祖开宝年间（968—976年），全国军队总额37.8万余人，其中禁军马步19.3万余人；宋仁宗庆历年间（1041—1048年），全国军队总额125.9万余人，其中禁军马步82.6万余人。也就是说，从968—1041年这短短的73年中，北宋军队增长了约3.3倍，其中归北宋中央直接掌握的禁军增长了约4.2倍。

说白了，北宋朝廷是在拿着天下百姓的赋税做一件事，既不去得罪士大夫群体让他们退还侵占农民的土地，又不去得罪破产百姓断了他们的生路，到头来朝廷只有打碎牙往肚子里咽，把数以百万计的老百姓供养起来。

不管后代的人怎么批评北宋的冗兵政策，北宋的失业农民都是举双手赞成这项政策的，因为他们体会到朝廷无微不至的关怀。

宋代冗兵政策的弊端后世评论已多，机构臃肿、训练废弛、战斗力低下等等。但批评者往往忽视了一点，那就是宋人设计的军事制度不仅仅着眼于军事层面。

南宋官员朱弁曾吹捧说：

> 艺祖［即太祖］平定天下，悉招聚四方无赖不逞之人，刺以为兵，连营以居之，什伍相制，束以军法。厚禄其长，使自爱重，付以生杀，寓威于阶级之间，使不得动。无赖不逞之人，既聚而为兵，有以制之，无敢为非，因取其力以卫养良民，使各安田里。所以太平之业定，而无叛民也。
>
> ——《曲洧旧闻》卷九

宋人自己都指出了这套制度设计"别出心裁",宋朝的军事制度其实是为了控制"无赖不逞之人",哪些人是无赖不逞之人?无恒产者无恒心,大多数还是缺乏稳定生计的破产农民,有的流落到城市,有的被迫落草为寇。

于是,宋朝的军队就相当于一个社会的蓄水池,把不稳定因素都汇聚到军事系统里,通过军事系统强大的管控能力,来降低这些破产农民的危险,谁又能说这不是一套精妙的设计呢?

冗兵:财"费"军"废"

然而,宋朝如此慷慨地"以养兵来救助破产民众",代价就是给国家财政带来沉重负担。

宋真宗咸平元年(998年),刑部郎中王禹偁上奏,建议"简锐卒,去冗兵"。到了宋仁宗时,冗兵问题更加突出。据学者统计,宋仁宗嘉祐年间(1056—1063年),军费开支每年约3257万贯,比真宗时岁增约2000万贯,给北宋朝廷造成了巨大的财政压力。

宋仁宗时,蔡襄曾一度掌管中央财政,抱怨财政被军费绑架,"一岁所用,养兵之费常居六七,国用无几矣"。北宋中期的军费开支占到了财政开支的60%以上,所以虽然后世常常吹捧宋朝经济发达,但经济发达并不等于财政宽裕。蔡襄对宋朝财政困局的总结可谓一针见血:

> 天下之入不过缗钱六千余万，而养兵之费约及五千［万］。是天下六分之物，五分养兵，一分给郊庙之奉、国家之费，国何得不穷？民何得不困？
>
> ——《国朝诸臣奏议》卷一百四十八《上英宗国论要目十二事》

养兵简直成了财政"黑洞"，大量的财政资源被耗在军队里，民困财乏，国事维艰。

这种情况下，自然有不少人建议裁兵。仁宗时宋夏爆发战争，宋朝军队扩编到了125万，朝廷不堪重负，枢密使庞籍奏称："世养兵务多而不精，请与中书议拣汰之法"，并建议"汰其罢老者"。嘉祐七年（1062年），宰相韩琦又上言建议："诏枢密院同三司量河北、陕西、河东及三司榷货务，岁入金帛之数，约可赡京师及三路兵马几何，然后以可赡之数立为定额，额外罢募，缺即增补，额外数已尽而营数畸零，则省并之。"

在群臣纷纷呼吁下，宋仁宗对兵额有所裁减，但每次裁军不过"数万人"。实际上，在宋仁宗在位的四十余年里，冗兵的问题并没有得到解决。

这套募兵制的制度设计始终有一个明显的缺陷。毕竟"养兵"最主要的目的还是为了打仗，而不是解决就业问题，北宋的军队战斗力弱是不争的事实，面对契丹、西夏屡战屡败的尴尬局面，绝不是几句漂亮话能遮盖过去的。

北宋朝廷养了80万禁军，为何在对辽、对西夏的战争中打不了胜仗？宋人自己也在总结经验教训。知谏院范镇在所上《论益兵困民》的奏章中承认，朝廷养的兵多半是老弱怯懦之辈，本来当兵就是为了拿个编制、混口饭吃，怎么会有心思去打仗？老兵油子一多，还会带坏风气，劣币驱逐良币，本来骁勇善战的"愣头青"也会跟着油滑起来。宋朝这个养兵策略既宅心仁厚又花费巨大，到头来却养了一帮酒囊饭袋，根本起不到保家卫国的作用。

再者，宋朝军事制度的顶层设计也有问题。为了防止地方军队尾大不掉，朝廷发明了一套"兵无常帅，帅无常兵"的更戍制，各地禁军每三年左右变更一次驻防地，最大限度防范将帅拥兵自重，预防唐末以来藩镇割据的悲剧重演。只是这套逻辑预设的前提是天下太平。一旦打起仗来，如果兵将彼此不熟悉，就会出现指挥不畅、号令不行的情况。

仁宗庆历元年（1041年），北宋与西夏进入了长期军事相持状态。在这次长达数年的大战役中，总以宋军吃败仗为多。陕西经略安抚判官田况亲历前线的战况，生动地吐槽了宋军与西夏军的战斗情况：

> 主将用兵，非素抚而威临之，则上下不相附，指令不如意……适值贼至，麾下队兵逐急差拨，诸军将校都不识面，势不得不陷覆。

而西夏军队的组织程度和纪律性，与宋军形成了鲜明的对比：

> 西贼首领，各将种落之兵，谓之"一溜"，少长服习，盖如臂之使指，既成行列，举手掩口，然后敢食，虑酋长遥见，

疑其语言，其整肃如此。

——《国朝诸臣奏议》卷一百三十二《上仁宗兵策十四事》

还有，就是军队的训练问题。《水浒传》里勤勤恳恳工作的80万禁军教头林冲，业务能力虽强，却还是被"官二代"略施手腕给挤对走了。这虽是小说情节，但确实反映了宋朝军队缺乏良将练兵的情况。骑兵作为军中精锐，本来应该经过充分的训练，可根据田况的描述，与西夏作战的北宋骑兵有的不能披甲上马，有的骑马时挽弓不过五六斗，[1]有的射箭只会放空箭，有的骑马走一二十步就坠马……这样水平的骑兵去跟西夏精悍且号令如一的骑兵对抗，安能不败！

苏辙也很不客气地指出朝廷募兵制的诡异处境：

今世之强兵，莫如沿边之土人，而今世之惰兵，莫如内郡之禁旅。其名愈高，其廪愈厚；其廪愈厚，其材愈薄。往者西边用兵，禁军不堪其役，死者不可胜计，羌人［即西夏人］每出，闻多禁军，辄举手相贺；闻多土兵，辄相戒不敢轻犯。

——《国朝诸臣奏议》卷一百三《上神宗乞去三冗》

---

[1] 据沈括《梦溪笔谈》："凡石者以九十二斤半为法。"1石为10斗，宋代1斤约为今640克，则1斗约为今5.9千克。而据北宋庆历年间的考试，步射"一石五斗以上七中为第一，一石二斗以上五中为第二，九斗以上三中为第三"；马射"弓一石以上八中为第一，九斗以上七中为第二，八斗以上五中为第三"。——编者注

朝廷用高官厚禄养活的禁军都是酒囊饭袋，西夏兵一听是北宋的"正规军"来了，都高兴地"举手相贺"，简直活生生地打脸宋朝的募兵制。

王安石：制度的挑战者

这样的制度，若再不改革，必会造成危局。

于是，宋神宗时，铁腕宰相王安石极力主张裁减冗兵。在王安石看来，致使国库靡费、战力颓废的宋朝兵制非常不合理。

要搞改革就不能怕得罪人。所谓的"天变不足畏，祖宗不足法，人言不足恤"就是要表明不怕得罪人的气魄，不管是老百姓、官僚集团、祖宗之法，一切不利于建立朝廷高效理性管理的政策都要被废除。

譬如，按照北宋初年的兵制，凡民应募为兵之后，终生"仰食于官"，老百姓一旦当了兵就算有了一份安逸稳定的工作，久而久之老弱之兵充斥兵营。王安石不怕得罪人，规定四十五岁以上体弱者和五十岁以上者一律裁掉。未裁撤的士兵也要考试，禁军不合格者改为厢军，厢军不合格者改为民籍。不用说，那些被裁汰的士兵必然对王安石充满了怨恨。

再者，编制问题也是军队的痼疾之一，历朝历代皆是如此，只要有编制的地方，就难免出现人浮于事、吃空饷的问题。北宋初年，每军每营都有固定编制，其后编制松弛，每营人数多少不一，朝廷只能根据军营里报上来的人数发军饷、发补给，实际上底下到底有多少官兵，需要多少粮马、器械，这是一笔糊涂账。底数不清，编制混乱，就给了许多人浑水摸鱼的机会，大量冒领军饷的现象发生，只有数十人的营可能偷领着数百人的军饷。一打起仗来，朝廷才发现，账面上养着几十万的"大军"，实际可能只有几万人，花冤枉钱、吃哑巴亏，能怪谁呢？为此，王安石对军队的编制进行了整顿，核心就是定编定岗。熙宁三年（1070年），王安石下令将中央到地方的军队编制重新厘定一遍，按新的编制要求来定人数、发军饷。

以上两项措施只是在既有军事制度框架下的"合理化调整"，并未有根本性的制度变革，而王安石变法的要义之一，就是希望改变朝廷对于军队的"无限供给"状态，减轻财政压力，这无疑需要更为根本性的变革。

王安石认为财政被军事绑架的原因在于"募兵制"，抬高门槛、裁汰老弱、定编定岗都只是治标不治本的举措，一旦进入战时状态，禁军的规模又可能滚雪球式地扩充，而这些负担最终又会落在财政上。

熟读经典的王安石从古代寻找"制度资源"，他希望利用保甲法来建立军民合一的体系。保甲法规定，乡村住户，每五家组一保，五保为一大保，十大保为一都保。凡有两男丁以上的农户，选一人当保丁。保丁平时耕种，闲时接受训练，战时征召入伍。"五五制"的保甲体系在基层能否整齐划一另说，这套制度的精髓其实是将募兵制改为征兵制，进而打破北宋初年设定的"财政养兵"模式，寓兵于农、兵农合一，节省国家的军费。

王安石搞改革颇有"壮士断腕"的魄力，据《文献通考》记载，当时仅陕西马、步军就裁减掉100多营，按照宋代马军一营400人、步兵一营500人的兵制，裁减人数在4万~5万，放大到全国规模，就是一场人数近百万的大裁军了，全国范围内节省的费用应该十分可观。

但我们实在不宜夸大王安石在裁减军队方面的成效。因为历朝历代的"裁军"都是一件艰难的事情，没有安定的社会环境、没有强有力的中央领导，大裁军就容易停留在纸面上，硬推下去则可能引发军事系统的动荡，进而给整个国家的安全带来风险。这些王安石自然心中有数，他所作的《省兵》诗中云："有客语省兵，省兵非所先……骄惰习已久，归去岂能田？不田亦不桑，衣食犹兵然。省兵岂无时，施置有后前。"

王安石自己就明白，军事改革永远不能把"裁军"作为最迫切的项目来做，这些被体制长期豢养的士兵，本来就是无法自行解决就业问题而被吸收进入军队的，如果强行推给社会来消化吸收，农不农、商不商，就业无着落，生计无保障，岂不成了引发危机的炸药？

不仅如此，北宋高层对于王安石破除"冗兵"的举措也有分歧，在契丹、西夏大兵压境的前提下，军事系统的一点点变化，都可能引发多米诺骨牌效应。裁汰禁军的行为，会不会降低正规军的实力？

王安石如此强调保甲法的作用，难道民兵真的比正规军更值得依靠？"保甲"的民兵一旦遇到征战，朝廷到底要不要出钱来供给军需粮草？会不会在百万正规军之外，又增添了百万非正规军的财政负担？

改革家可以拿江山社稷来冒险，皇帝可不敢。无论宋神宗怎么支持王安石变法，无论后世如何强调君臣一心，当改革触动江山社稷的安稳之时，帝王都不可能毫无保留地支持下去。所以，当王安石希望通过"保甲制"将农民在农闲时集中起来操练军事时，宋神宗担心农民聚集起来引发暴乱，否了；王安石希望使用民兵去替换禁军从事战守时，宋神宗觉得没编制的民兵更难管，否了；王安石希望用民兵来代替部分禁军守卫京城时，宋神宗内心的怒火可想而知：保护皇帝的军队竟然要靠民兵，这是拿帝国的安危开玩笑，堂堂大宋帝国颜面何存？

赵匡胤估计怎么都想不到，自己志得意满的募兵制会成为悬在宋朝头顶的达摩克利斯之剑。北宋人人喊打的"冗兵"问题根植于宋朝的制度设计逻辑，王安石的种种努力一旦深入下去，就会在根本上违背宋朝政治"强干弱枝"的顶层制度逻辑，而"强干弱枝"是北宋建国时的精英基于唐末五代以来的战乱，基于北宋长期在国防上受到契丹的压力，基于北宋中央和地方的博弈关系而形成的根本政治制度。任何人要去解决"冗兵"问题，本质上都是在挑战北宋立国的根基，推翻开国以来确立的基本政治逻辑，因此王安石几乎没有任何胜算可言。

谁都知道"冗兵"对于北宋来说是一个大问题，可谁都没有办法去突破更上一层的国家制度逻辑，当所有人发现王安石在军事方面的变法最终导致"强干弱枝"的国本动摇之时，当所有人发现再往前一步可能是康庄大道，更可能是万丈深渊时，两害相权取其轻，不由得停住了跃跃欲试的步伐。

【编者按】

　　说起宋朝，人们往往会想到一个繁荣、富庶的时代。的确，宋朝是中国历史上经济、文化高度发达的朝代，但是其诸多制度的缺陷，让朝廷不能把钱用在正确的地方，以至于宋代虽然经济繁荣却落得"积贫积弱"的下场。王安石本着富国强兵的目的，对北宋兵制进行的改革，只是他对北宋制度挑战的冰山一角，这一点的失败也昭示出其变法的悲剧命运。下篇文章将进一步探讨王安石变法失败和宋朝"积贫积弱"的原因。

参考文献：

史料：

1. [宋]马端临：《文献通考》。
2. [宋]赵汝愚：《国朝诸臣奏议》。

专著：

1. 邓广铭：《邓广铭治史丛稿》，北京大学出版社，2010年。
2. 刘德成：《中国财税史纲》，中国社会科学出版社，2016年。
3. 梁启超：《王安石传》，商务印书馆国际有限公司，2015年。
4. 张邦炜：《恍惚斋两宋史随笔》，社会科学文献出版社，2018年。

论文：

马玉臣、杨高凡：《"易进难退"的兵制与北宋前期之冗兵》，《烟台大学学报》（哲学社会科学版），2003年4月。

形式主义毁掉了王安石变法

徐 飞

北宋熙宁七年（1074年），天下大旱，颗粒无收。一个叫郑侠的忧国忧民的小官员，眼见一些百姓流离失所，饥寒交迫，便找人画了幅《流民图》秘密呈送宋神宗。图中所描绘的老百姓质妻卖儿、流离逃散、斩桑伐枣的悲惨景象使神宗大受震动。郑侠还附送了一篇《论新法进流民图疏》，中心思想就是——"旱由安石所致。去安石，天必雨。"也就是说，王安石主持的变法让天下大乱，民怨沸腾，连老天爷都看不下去了。郑侠斩钉截铁地说："如陛下行臣之言，十日不雨，即乞斩臣宣德门外，以正欺君之罪。"宋神宗的祖母曹太皇太后和母亲高太后看了《流民图》中老百姓吃草啃树皮的画面，也大受刺激，跑到神宗面前悲号恸哭，说王安石变法搞得天怒人怨。

宋神宗的变法决心崩塌了，想想也是，王安石自诩"天变不足畏"，可他王安石不是天子啊，自己才是，作为天子，天降大灾，岂能视而不见。况且，皇帝作为农业社会利益的最高代表者，他必须要站在农民的一边——虽然这天灾实际上跟王安石变法没什么关系。

一夜未眠之后，宋神宗终于想通了，他第二天便宣布废除新法，并下令开仓放粮赈济流民。说来也巧，三天后，十个月都没下一滴雨的天空突然大雨瓢泼，看来郑侠也用不着被斩首了。至于王安石，他被神宗安排回老家出任知江宁府去了。

宋神宗的选择

北宋中叶以来，国势日渐衰落。苏东坡的弟弟苏辙曾经将北宋朝廷面临的困局总结为"三冗"，即冗兵、冗官、冗费。这"三冗"掏空了国库，榨干了朝廷。如果北宋朝廷再不改弦更张，还是一切照旧，那就有可能面临关停乃至崩溃的风险，比如军队很可能因为粮饷长期拖欠而哗变，官员也很可能因为俸禄拖欠而加大贪腐力度从而引发民变等。

治平四年（1067年），三十六岁的宋英宗病逝，法定接班人皇太子赵顼继位当了皇帝，是为宋神宗。宋神宗当时才二十岁，如果放在现在，也就是大二的学生。年轻人甫一上位，就想有所作为，改变当时财政赤字的严峻形势。他多次对臣僚说"天下弊事至多，不可不革"，又说"国之要者，理财为先，人才为本"。

当时摆在宋神宗面前的有三个选项。第一个是元老重臣富弼提出的"布德行惠"，他建议神宗二十年内不要提及"用兵"二字。这话就跟成功学大师告诉你要想致富就必须努力奋斗一样，完全是正确的废话。第二个是王安石的变法主张，即通过一整套富国强兵的措施，来增加朝廷的收入。第三个是司马光反对变法的主张，他认为一国财富的总量是固定的，财富在官府与百姓之间分配，此消彼长——如果国库占的份额增长，则百姓所占份额必然下降。

王安石反驳司马光，认为制定的变法方案要多科学就有多科学，即使不增加百姓的赋税，也能把国库塞得满满当当。司马光、欧阳修、苏轼、文彦博、韩琦、范纯仁等人还想反驳，王安石大手一挥——这个问题不需要商量，都听我的。最终，还是王安石大刀阔斧的方案、斩钉截铁的态度更符合血气方刚的皇帝的胃口。于是，在宋神宗的大力支持下，轰轰烈烈的"熙宁变法"开始了，当然，我们更习惯叫它"王安石变法"。

熙宁变法内容相当广泛，涉及经济、军事和科举三大领域。王安石先后颁布过十余部变法法令，计有均输法、市易法、募役法、青苗法、方田均税法、农田水利法、将兵法、保甲法、保马法、军器监法、太学三舍法等，以及设军器监，改革科举制度等措施。

在这诸多的变法条例中，执行时间最长、为"祸"最大的法令就是青苗法。青苗法同时也成为反对王安石变法的人手里最有力的武器，他们最终用这把利器扳倒了王安石。

青苗法的先天缺陷

根据《宋史·王安石传》记载：

> 青苗法者，以常平籴本作青苗钱，散与人户，令出息二分，春散秋敛。

原本在民间，就存在一些借贷机构，这些机构在开春青黄不接的时候，靠收放贷款牟利。当然，这种私人贷款的利息都很高，不亚于现在的某些网贷平台。因此，一旦农民收成不好，无法按时偿还，那么利滚利就能让农民倾家荡产。王安石推出青苗法，就是由官府来承担此项贷款业务，在青黄不接时向农民放贷，利率为20%，等秋收后再连本带利收回。按理说，官方的贷款利息比富人定得低，这样做应该既能减轻农民的负担，又能增加国家的财政收入，一举两得，实现"民不加赋而国用足"。但是，王安石的良法美意，最终祸国殃民。

王安石是一个有着丰富经验的政坛老手，而不是康有为那种毫无从政经验的知识分子，在推行改革时不会异想天开。事实上，王安石早在任鄞县地方官时就试行过这一法律，效果很好。此后，为慎重起见，在正式实施这项法律前，王安石又特意先在河北、京东、淮南三路再次试点，效果都还不错。试验成功之后，王安石才正式将青苗法推向全国。

但是，王安石忽略了一点：并不是每一个地方官都有他那样的雄才大略和高尚人格。正如黄仁宇所言，"我们的帝国在体制上实施中央集权，其精神上的支柱为道德，管理的方法则依靠文牍"。那些熟读四书五经的官员，以道德指导行政，但是并不懂得如何处理具体的技术问题。

王安石青苗法的实施可以视作一项金融活动，因此若想保证青苗法能够理想化地运作，就需要相当程度的金融知识。现代的金融从业者，多数曾在高等院校系统地学习过经济学、金融学、商学等课程，而在实际操作中还需要借助现代化的技术和设备，但即便这样，现代很多银行每年也会有大量的坏账。以欧洲为例，2018年10月，据欧洲银行管理局保守估计，欧洲银行系统坏账已达8130亿欧元，一些银行面临着前所未有的困境，巨额银行坏账拖累了整个欧元区的银行系统。

王安石在推行青苗法时，既没有设立专门的放贷机构，也没有设立统管全国放贷业务的中央银行——这个名词虽然过于现代化，但是我们找不出其他合适的古代词汇来代替它。王安石把放贷的任务交给了地方官，且不说只懂圣贤之道和诗词韵律的地方官们有没有能力来负责这项金融活动，就算他们有能力，估计也没有多余的时间和精力来认真负责这项业务，毕竟他们除了要负责地方行政事务，还要负责审理地方的民事、刑事案件。此外，民间的贷款之所以利率高，是因为放贷的风险太高。古代社会，农民的收成很大程度上取决于是否风调雨顺，毕竟古人既无法在干旱时人工降雨，也无法在遇到洪涝时使用抽水机械。当农民颗粒无收、没法还贷时，民间的放贷者就只能找个墙角去哭了——如果他们敢去暴力催收，激起"民变"，地方官们肯定会拿他们是问。王安石让地方官府给农民放贷，其实就是将民间放贷者的风险转嫁到了官府的头上。然而，地方官们是可以强迫颗粒无收的农民还贷的，农民走投无路之下，要么选择逃亡他乡，要么选择聚众造反，要么只能交出最后一口口粮，然后活活饿死。总之，这些后果都不是宋神宗乐意看到的。

虽然北宋的经济、文化、科技已经相当发达，可是要在全国推行技术难度极高的青苗法，依然是一项不可能完成的任务，因为时代的局限性摆在那里。

变了味儿的青苗法

王安石是一个能说出"天变不足畏，祖宗不足法，人言不足恤"的人，他身上具有革命家那种睥睨一切、傲视四方、不达目的决不罢休的气质。这样的王安石，与当时朝廷上那些得过且过、不思进取的大臣们比起来，简直就是另一个次元的存在。正是因为王安石这种立志改变现状的魄力和不顾一切的决心，让同样热血沸腾的宋神宗对他相见恨晚。但是，这种性格用在革命上还好，若要用在改革上，就很不适宜。革命需要激进，需要霹雳手段，但是改革需要渐进，需要春风化雨，步步为营，慢慢推进。司马光曾对宋神宗说："必须陛下与两府大臣及三司官吏，深思救弊之术，磨以岁月，庶几有效，非愚臣一朝一夕所能裁减。"然而，王安石显然是等不了慢慢推进的，他需要的是一步到位、立竿见影的效果。

王安石将青苗法在地方上推行的效果作为考核官员的依据，但是由于技术上的限制，他也只能根据青苗钱发放了多少、收回了多少以及赚了多少利钱之类的数字来判断青苗法的推行效果。他向下级官员下达贷款指标，全然忘了这与他自己制定的百姓"愿取则与之，不愿不强也"的原则相冲突。

在这种将青苗法推行情况列入官员考核的思想指导下，纸面数据漂亮，王安石则认为该官员积极推行新法，给予提拔和重用；纸面数据难看，王安石则认为该官员消极推行新法，给予降级或罢黜。如此一来，地方官员为了保住自己的饭碗，为了登上更高的阶梯，必然会刻意迎合王安石。于是，形式主义不可避免地出现了，并且愈演愈烈。

为了完成考核指标，很多地方官员只能强迫农民兄弟贷款。如果农民兄弟说咱今年收成好，不需要贷款，那么官员们就"诱以便利，督以威刑"。除此之外，有些地方还强迫富人为穷人做担保。一旦穷人无力归还贷款，那么富人的财产就将被地方官府剥夺，这想想都可怕。韩琦反对王安石变法时说：

> 故自敕下以来，一路州县上下惶惑，皆谓若不抑散，上户不愿请领，只据近下等第与无业客户愿请者支俵，则实难催纳，将来必有行刑督索及勒干系书手、典押、耆户长同保人等均赔之患。
> ——《忠献韩魏王家传》卷八《乞罢河北四路安抚使》

人家韩琦还真不是信口雌黄，而是实话实说。尽管王安石还规定青苗法的利息只能是二分，但是地方官为了保证贷款本利的回收，让上交给朝廷的账面数据好看，私自提高了贷款利率。有的地方贷款利率甚至超过了民间机构的高利贷，可谓是丧心病狂。

为了收到足够多的本利，地方官员对无力还贷的借贷者"行刑督索"，"或举县追呼，或排门抄札"，"往往鞭挞取足，民至伐桑为薪以易钱",所作所为跟敲寡妇门、挖绝户坟差不多一样缺德。熙宁六年（1073年）七月至七年三月，天大旱，一时间民不聊生："东北流民，每风沙霾曀，扶携塞道，羸瘠愁苦，身无完衣。并城民买麻糁麦麸，合米为糜，或茹木实草根。"在这种情况下，流民们还要"身被锁械，而负瓦揭木，卖以偿官，累累不绝"。

全国各地官府齐心协力的结果，就是国库充盈。据《续资治通鉴长编》记载，宋神宗元丰六年（1083年）散发的青苗钱为11037772贯石匹两[1]，回收13965459贯石匹两，利息钱为2927687贯石匹两。国家财政赤字的问题是解决了，可是漂亮的账面数据背后，是全国的富人们变成了穷人，穷人们变成了卖身还债的人——估计下一步就会变成水泊梁山的人。

这种不正常的放贷、收贷模式，虽然能在地方官员的集体操作下，获得国库充盈的良好效果，但是这种效果必然无法持久。青苗法虽然在元丰六年取得"大丰收"，但在之前的元丰三、四两年间，出现了贷多收少或贷、收都下降的情况，元丰四年贷款甚至出现亏损，高达1986515贯石匹两。白纸黑字的数据表明，青苗法的实施，已经严重动摇了国本。

前面提到的郑侠本是王安石的学生，他在目睹青苗法给民间带来的危害后，曾给王安石提过"保留意见"，但是王安石没有回复

---

[1] 宋代财政统计中，往往将官府所收到的各种货币赋税和实物赋税的数字单纯相加。《宋史·食货志》载："凡岁赋，谷以石计，钱以缗（贯）计，帛以匹计，金银、丝绵以两计。"因此将各项数字相加，相应的单位就是"贯石匹两"。——编者注

他。于是，郑侠就写了一首讽刺诗：

> 何处难缄口，熙宁政失中。
> 四方三面战，十室九家空。
> 见佞眸如水，闻忠耳似聋。
> 君门深万叠，安得此言通。
>
> ——《和荆公何处难忘酒诗》

然而雄心勃勃的王安石，此时已经听不进他人的意见——包括宋神宗。对王安石的这种性格，司马光曾做过一个公允的评价："介甫无他，但执拗耳！赠恤之典宜厚。"

此时，如果宋神宗再不令行禁止，那么大宋的江山用不着等到金兵打过来就得垮掉。于是，宋神宗在没有与王安石商量的情况下就暂罢青苗、募役、方田均税、保甲等法令，这让王安石非常失望。他向神宗慨叹道："天下事如煮羹，下一把火，又随下一勺水，即羹何由有熟时也？"

有宋一代，想把汤煮熟确实不容易。在王安石之前就有过范仲淹的政治改革，结果一样是煮不熟的汤。范仲淹的政治改革方案解决不了"三冗"的体制问题，王安石的经济改革方案解决不了国库的亏空问题，北宋朝廷虽然还有变法革新的动力，却没有了变法革新的空间。无论是国防上的虚弱，还是民生上的困顿，北宋朝廷都已经无力回天，只能眼睁睁地看着矛盾愈演愈烈。宋神宗和王安石去世后没多久，就发生了靖康之难，正所谓"宋人议论未定，[金人〕兵已渡河"。从熙宁变法到北宋亡国，前前后后也不过五六十年光景。

即便是宋神宗这样的明君和王安石这样的能臣，也无法阻止宋朝走向衰落，这一切真的是历史的悲哀。

最后以王安石的一句诗作结吧：

可怜青冢已芜没，尚有哀弦留至今。

——《明妃曲二首》

【编者按】

王安石作为一名改革家，他敢于向制度挑战的勇气和忧国忧民的情怀，值得我们敬仰；但是他在变法过程中操之过急的手段给后人留下了深刻教训。最终，受时代和制度的限制，王安石的变法还是失败了。而为了变法，北宋朝堂之上出现了激烈的党争，终至亡国。

人们经常把王安石的变法与张居正的改革进行对比，以总结前者失败、后者成功的原因。同样是变革经济制度，为何张居正的改革就能成功？要了解张居正改革成功的原因，就必须了解之前明代的一场改革，这场改革名气不大、范围有限，却至关重要——因为它为张居正的改革提供了一个良好的大环境，而这也是张居正改革能够成功的重要原因。那么，这场为人所忽视的改革究竟是什么？下篇将见分晓。

参考文献：

史料：

1. [宋] 李焘：《续资治通鉴长编》。
2. [宋] 王岩叟：《忠献韩魏王家传》。
3. [元] 脱脱等撰：《宋史》。

专著：

1. 邓广铭：《王安石》，香港三联书店，1953年。
2. 樊树志：《国史概要》，香港三联书店，2006年。
3. 梁启超：《王安石传》，湖南人民出版社，2018年。
4. 漆侠：《王安石变法》，河北人民出版社，2001年。

论文：

1. 傅允生：《制度变迁与经济发展：王安石青苗法与免役法再评价》，《中国经济史研究》，2004年第2期。
2. 王曾瑜：《王安石变法简论》，《中国社会科学》，1980年第3期。

隆庆开关，一次被忽视的改革

大橙子

提起明清两朝的对外政策，大家都会想起《明史》中那句掷地有声的"明祖定制，片板不许入海"，并将它作为"闭关锁国"政策的开端，认为它是后来中国落后于世界的主要原因。但是，鲜有人注意到的是，明朝其实在海禁与弛禁之间有过多次的反复。在这些反复的过程中，海外贸易时而非法，时而合法，时而规模较小，时而规模盛大，却与明朝的海禁与弛禁之争相伴存在，始终未曾断绝。晚明人谢杰曾在《虔台倭纂》中讽刺地写道："片板不许下海，艨艟巨舰反蔽江而来；寸货不许入番，子女玉帛恒满载而去。"描述的便是明朝的私人海外贸易。

在明朝的几次政策变更中，明中期隆庆帝的开放海禁最为突出。在这次开海中，隆庆帝在福建漳州设置了"特区"月港，在严格的证照管理制度下，将民间一直存在并发展着的私人海外贸易合法化，使明朝的海外贸易得到迅速发展，白银大量内流，为国内白银货币化奠定了基础，商品经济发展到一个新水平，使日后张居正"一条鞭法"在全国推行有了先决条件。甚至有学者认为，正是隆庆开关推动了中国资本主义萌芽的发展，主张将其视为中国近代化的开端。

海禁与弛禁之争

要讲隆庆开关,还要从明朝的海禁与弛禁之争,以及隆庆帝登基时所面临的困境讲起。虽然在我们的刻板印象中,明朝的海禁政策似乎是铁板一块,但历史远比教科书要生动丰富得多。

自洪武四年(1371年)十二月朱元璋颁布第一条海禁诏谕"禁濒海民不得私出海"以来,太祖和他的多位继位者都兢兢业业地恪守"海禁"命令;建文帝、永乐帝还采用迁部分沿海居民于内地、将原海船悉数改为平头船等强硬措施,以从根本上杜绝沿海居民出海。但"堵"从来不能从根本上解决问题,只要朝廷政策稍有松动,沿海居民便闻风而动,伺机出海。明前期时,他们还只是偷偷摸摸进行一些小型贸易,但从16世纪开始,私人海外贸易就在地方官的默许之下蓬勃发展起来。在一些地方,甚至还有地方大族凭借经济、政治特权,勾结官府,光明正大地组织商队出海贸易。

嘉靖年间,年少继位的嘉靖帝一度想再次严申海禁,当时受命闽浙海防军务的朱纨也曾在浙江、福建一带严厉打击私人海外贸易。但嘉靖时期的海疆早已非太祖时的局面,严禁政策不仅不能从根本上解决走私问题,还激化了官府与当地豪强大族的矛盾,阻断了民间相当一部分贫困农民的生计,势必无法长久执行。最后,这场运动以朱纨被免职和自尽告终,此后再无人敢提严禁。

伴随嘉靖严禁政策失败的,是持续数年的嘉靖"倭乱"。这场动乱席卷了中国东南部多个省份,给东南沿海造成了极大的动荡和损失。但这场动荡也为朝廷再次反思海疆政策提供了机会,既然嘉靖帝的严禁政策失败了，帝国的下一步应该怎么走？

"倭乱"一平，福建巡抚谭纶便率先上《条陈善后未尽事宜以备远略以图治安疏》，以"闽人滨海而居者，不知其凡几也，大抵非为生于海则不得食"的理由，强调了开海对沿海居民的重要性，请求朝廷允许福建人开海通商。

几年后，嘉靖帝病逝，三子朱载垕继承皇位，是为穆宗隆庆帝。初登基的隆庆帝也雄心勃勃地想做一番大事，但他从父亲手中接过的，是一个国库空虚、民生凋敝的朝廷。当时的国库资金已经短缺到影响皇宫用度和边关粮饷，社会也因为长时间的动乱而民怨沸腾，解决国家的财政收入问题成为他必须处理的头等大事。

时任福建巡抚的涂泽民重提他的前任谭纶于嘉靖年间提出的在福建开海的建议，上书建议"准贩东、西二洋"。不久，隆庆帝接受涂泽民的奏请，在福建漳州月港开放海禁，允许在严格的证照管理制度下，由民间进行海外贸易。大明朝"隆万大改革"的时代正式开启。

明朝的"特区"——福建月港

隆庆时期的开海并非全面放开海禁，而是规定了一个"特区"，在"特区"内进行开放，而被选中的便是月港。月港是什么风水宝地，竟然有幸成为明朝的"特区"，让皇帝和福建巡抚特地选在此处开关？

说起来，月港不仅不是个风水宝地，还曾是个地瘠民刁的地方。据清代乾隆年间的《海澄县志》记载，此地"地多斥卤，平野可耕者十之二三而已"，实在不是一个适合发展农业的地方。而且，在嘉靖年间的"倭乱"中，有不少"倭寇"便来自漳州。当时东南沿海先后形成的谢老、严山、洪迪珍、张维等著名海寇集团，主要由漳州人组成。王直海寇集团中，也有不少漳州籍骨干。这些还都是次要的缺陷，最主要的问题是，月港作为马上要成为帝国门面的对外开放"特区"，居然连作为一个重要港口所必需的深水港湾都没有，其地每逢船只出海，都必须要数条小船牵引才能成行。

就这么一个既不能彰显帝国雍容气质，又不利于经济快速发展的地方，何以成为"天选之子"？实际上，地瘠、无深水港湾等缺点，月港确实都有，但要说它民贫、不适合开展对外贸易，月港人第一个不服。

月港特定的土壤环境使传统的自然经济在这里难以为继，故而月港人便早早认清现实、放弃幻想，"视波涛为阡陌，倚帆樯为耒耜"，选择下海去谋求一条生路。早在海禁政策还十分严格时，月港人便凭借偏僻的地理位置躲过朝廷的管理，以走私作为主要的谋生之道，发展成为著名的走私贸易港。

此外，朝贡贸易体系的衰落也为月港提供了发展的机会。正德以来，明廷便开始对朝贡方物进行一种类似于进口税的"抽分"，这种抽分往往达到20%，使越来越多的番商为了逃避这笔税收，选择在海沧、月港、双屿等地沿海的私人小港偷偷与沿岸居民进行民间贸易。

在内外两种因素的交杂下，月港的海外贸易发展越发迅速。到成化、弘治之际，此地的外贸走私活动已初具规模。《海澄县志》形容此地"风回帆转，宝贿填舟，家家赛神，钟鼓响答，东北巨贾，竞鹜争驰"，俨然有苏杭之类大都会的繁盛景象。

到了嘉靖年间，月港更是作为地区性的重要港口被推上了中外民间贸易汇集地的发展高峰。《嘉靖东南平倭通录》中曾写道，当时进行海外走私活动，浙江人皆从宁波定海出海，而福建人则都从漳州月港出海，足见月港在福建地区性对外贸易中的重要地位。

闷声容易发大财，但月港这样快的发展速度，就算想闷声发财，朝廷也是不会允许的。成化年间，朝廷便将浯屿（月港附近的海岛）水寨向厦门内迁，希望可以外控大小岨屿，内绝海门、月港之"奸"，却导致海门、月港等内港的船只更易躲避官府水兵的阻截，向外贸易。从正德年间开始，聚集在月港的倭寇和海商引起了朝廷的注意。嘉靖九年（1530年），朝廷在海沧设置安边馆；嘉靖三十年，又建靖海馆以镇压走私活动；嘉靖四十二年，改靖海馆为海防馆，下令招抚海商倭寇。但可想而知的是，随着海防机构不断升级和海防力量逐渐增强，月港的走私以及海盗和倭寇的活动非但没有丝毫减弱，反而日益猖獗。在这样的背景下，福建官员会不停上书重复开海这一建议，月港会率先成为改革的试验田和"特区"便也理所当然了。

借着开放的东风，月港的发展也走上了快车道。隆庆元年（1567年），朝廷在月港原来的基础上，各取龙溪、漳浦二县部分土地置海澄县。原来被官方否认的私人海外贸易，正式取得了合法地位，月港也从被打击控制的刁悍之地变成了真正的中外贸易枢纽。

月港开放与白银内流

海禁一开，国内贸易立呈蓬勃发展之势，从月港扬帆出海的商人也骤然增多。到17世纪初，每年从月港出港的船舶多达300余艘。商船遍历东西洋的四个国家，西班牙、葡萄牙、荷兰也通过贸易转运港马尼拉、澳门和西爪哇的万丹与月港间接贸易，建立起以月港为中心，北起日本、南至印度尼西亚群岛的贸易网络。

通过这个贸易网络，中国与世界贸易体系连接起来。中国出口的商品，小到天鹅绒、锦缎、面纱、挂毡、台布、椅垫、地毯等各色生活用品，大到钢、铁、锡、铅、铜等矿产资源，甚至"会说话、会唱歌、能变无数戏法的笼鸟"都被作为出口之物。进口产品有龟筒、西洋布、玻璃瓶等工艺品，有胡椒、木香、丁香、象牙等奢侈品，还有药品原材料等。

在众多贸易路线中，通过马尼拉将阿卡普尔科与塞维利亚相连接的这条太平洋上的"丝绸之路"最为瞩目。这条航线为西班牙人所开辟，连接了中国、菲律宾、墨西哥与西班牙，是中国与美洲之间的主航线，也是当时白银大量流入中国的主要路线之一。

本来在明朝中期，由于商品经济的发展和国内白银使用的普遍化，中国本地的银矿产出远远不够，形成了银贵物贱的局面。但随着这条航线的开辟，将美洲白银贩来中国所赚取的巨额利润很快吸引了活跃于这条航线上的西班牙商人,他们将大量白银运到菲律宾购买东方物品。同时,中国商船也为墨西哥银圆所诱,大量涌向马尼拉。

根据学者万明先生的研究,在隆庆五年(1571年)马尼拉大帆船贸易兴起到崇祯十七年(1644年)明朝灭亡的这七十多年里,通过马尼拉一线输入中国的白银多达7620吨。这种大规模的白银流动带动了整个东南亚贸易,使中国像一个巨大的旋涡,吸引其他贸易路线的白银向中国流动。比如当时从美洲运往欧洲的白银也辗转输入亚洲,其中大部分进入了中国。弘治六年(1493年)到万历二十八年(1600年),世界银产量2.3万吨,美洲产量占了70%以上,西方著名历史学家贡德·弗兰克认为,其中至少有一半的白银流入了中国。

隆庆开关为当时走入困境的商业经济和国家财政注入了新鲜的血液,将明朝的经济和国力带入了一个新的阶段,但这次开海给中国社会带来的变化和深远影响远不止如此。

随着白银的大量内流,中国国内的商业资本也日趋活跃,后世鼎鼎有名的徽商便是在这一时期发展壮大起来的。商业的繁荣也催生了一大批商业都会和中小市镇,东南沿海一带的福州、漳州、宁波、广州逐渐发展成对外贸易的商业港口,江南的苏州、松江、杭州、嘉兴、湖州等地也变得更加繁荣。

此外,明末以反矿监、反税使为标志的"市民运动",思想文化领域黄宗羲的"工商皆本"、李贽的离经叛道、明末公安派"独抒性灵"的文学主张,商业领域生产关系和雇佣关系的发展等,也可以说与隆庆开关带动的经济快速发展有着或多或少的关系。

月港的穷途和明末改革的末路

不过，依照惯例，我们还是要反思一下隆庆开关的局限性——此次开关为何没能改变中国历史的发展方向？这还要从王朝自身说起。

月港开关本身只是明王朝为应对困窘局面而不得已进行的一次局部性的试验。即使是在这一试验取得较大成绩时，朝廷也没有选择扩大开放范围和减少开放限制，只有广东和福建两省地方的私人海外贸易获得了合法身份，广东明面上始终禁止私人出海贸易，其他沿海地区也仍处于禁海状态。

此外，在实际的交易中，无处不在的贪腐为外贸的正常发展增加了不少阻碍。万历年间曾出任福建税监的高寀便是贪腐队伍中的"翘楚"。他在任期间大肆搜刮财物异宝，强行征派各种的税款，一人便使许多海商面临破产。后来高寀虽被撤职，但地方官员剥削海商的问题并没有得到解决，"官坏而吏仍肥，饷亏而书悉饱"的局面始终限制着月港的发展。

最后，面对来势汹汹的西洋人，明廷对参与对外贸易的商人从无任何保护。万历三十一年（1603年）西班牙人在马尼拉大规模屠杀华人，明廷对此没有采取救助措施，反而以其为"弃民"，称"商贾中弃家游海，压冬不回，父兄亲戚，共所不齿，弃之无所可惜，兵之反以劳师"。

隆庆开关是明代在对外贸易政策上一次伟大的变革，虽然它随着明王朝的灭亡而为人所忽视，但受其影响而产生的大量白银内流、明末思想解放运动兴起以及明末资本主义萌芽出现等事件，却备受关注，为我们认识明代历史提供了不一样的视角。不过，它毕竟是一个比较封闭的王朝所做的一次开放尝试，原有王朝的思维和沉疴始终限制着新事物的进一步发展，因此其影响还是有限的。

【编者按】

隆庆开关是明代后期"隆（庆）万（历）大改革"的先声，虽然亦有时代限制，但是成效显著，对明清两代中国经济的发展产生了巨大影响。就明朝后期来说，隆庆开关符合统治者和百姓的利益，所以这是它相比王安石变法要成功的原因。可见，改革也要顺应时代背景和历史发展的趋势，否则或是于事无补，或是过犹不及。

随着月港贸易的蓬勃发展，白银大量涌入中国，逐渐成为人们日常使用的货币，开启了中国历史上的"白银时代"。而从中受惠的不只是大明帝国，日后大清帝国的康乾盛世，也是在白银货币化和商品经济发展的基础上产生的。若不是殷实的大清国库里堆积如山的白银，好大喜功的乾隆帝又怎能完成他"文治武功"的成就？

或许，我们会有疑问，乾隆帝花钱如此豪爽，他荷包里的钱都是哪来的呢？真的只是依靠祖宗给他留下的家业吗？事实上，乾隆时期，朝廷不但没有增加苛捐杂税压榨百姓，反倒经常减赋减税。一面是花钱如流水，一面是蠲免钱粮恩泽百姓，乾隆帝到底是如何做到的？下篇文章将揭示乾隆帝和大清帝国的"财富密码"，也会告诉你帝国盛世之下的危机究竟何在。

参考文献：

史料：

[明]陈子龙等辑：《皇明经世文编》。

专著：

1. 李金明：《明代海外贸易史》，中国社会科学出版社，1990年。
2. 万明：《中国融入世界的步履：明与清前期海外政策比较研究》，社会科学文献出版社，2000年。

论文：

1. 段嘉欣：《试论明代的民间海外贸易——以月港的发展演变为例》，《中国经济与社会史评论》，2018年。
2. 冯之余：《明代"隆庆开放"与海上贸易发展》，《社科纵横》，2008年第2期。
3. 季晨阳：《明中期海外贸易研究（1491—1572）》，云南师范大学2019年硕士论文。
4. 万明：《明代白银货币化：中国与世界连接的新视角》，《河北学刊》，2004年第3期。

大规模降税，朝廷不会缺钱吗？

坛　主

蠲免钱粮，古已有之，一般是遇到水灾、旱灾、虫灾等灾荒，统治者为了照拂灾区老百姓的生计而下令减免当地的赋税，是与赈灾行为一同实行的权宜之计。而且，这种措施往往只针对受灾区域，不会在全局上影响朝廷的财政运作，但若是蠲免区域增多，则会在相当程度上影响地方官府的财政运作，带来各种各样的问题。

蠲免钱粮到了清代渐渐发展出一种新的形式，就是"普蠲"，即不因为某事由而对特定区域进行照顾、减免赋税的权宜之计。不过，由于普免天下钱粮，国家财政少了相当大一笔收入，难道这不会影响清廷的财政运作吗？

恩恤有加：清朝政权的巩固与普免天下钱粮

清朝入主中原伊始，面临着较为复杂的政治形势，对于钱粮蠲免的态度颇为审慎。顺治十年（1653年）清廷议定，某地受灾程度达到八、九、十分（损失在80%~100%），免除十分之三的赋税；受灾在五、六、七分（损失在50%~80%），免除五分之一的赋税；

受灾程度在四分（损失在40%～50%），免十分之一赋税。到康熙十七年（1678年），这一规定反而更加严苛，受灾损失在五分以下不算作"灾"；损失达六分，免除十分之一赋税；损失达七、八分，免十分之二赋税；受灾损失在九、十分，才免十分之三赋税。康熙初年的工部尚书傅维麟曾向朝廷上书表示："然而灾至十分则全荒矣，田既全荒，赋何由办？"既然已经近乎颗粒无收，赋税谈何而来？然因捉襟见肘的财政状况，傅维麟的上书未被朝廷理睬。

清廷放宽税收减免政策是在平定三藩之乱后实现的，而大规模的普免钱粮则要迟至康熙中晚期。康熙四十九年，康熙帝下达上谕，普免天下一年的钱粮，由于社会从动乱中恢复并没有很长时间，当时的财政状况还不是非常乐观，所以康熙帝采用了每年蠲免几个省份的钱粮，在三年内于全国轮转一周的办法，来达到普免钱粮的效果。本次普免钱粮共免除当年赋税2780余万两白银，历年积欠银420余万两，共计3200余万两白银。而根据《清实录》记载，当年朝廷的田赋收入总共才有2900余万两，可见减免的赋税已经相当"大方"了。

雍正朝十三年，清廷再未实行普免天下钱粮的政策。等到乾隆帝即位，清朝统治步入全盛时期。为了彰显"皇恩浩荡"，乾隆帝决定效法爷爷康熙帝，再次普免天下钱粮，他分别于乾隆十年（1745年）、乾隆三十五年、乾隆四十三年、乾隆五十五年及嘉庆元年（1796年，这次普免与乾隆帝禅位同时实行，决策者与实行者仍旧是乾隆帝）五次普免天下钱粮。

除了普免天下钱粮，乾隆帝还三次全免南方漕粮。乾隆一朝，全国普免的白银高达1.1亿余两，粮米超过1200万石。要知道，当时清廷一年的全部财政收入也不过4000万两。这就引来了一个问题，那么多次普免天下钱粮，清廷难道不会缺钱吗？

度支有道：清廷财政收入的构成

这还要从清廷财政收入的构成说起。在晚清发生巨大变革之前，清廷的财政收入大致分为几个大的项目，分别是田赋、盐课、关税和杂税，除此之外，还有捐纳和报效所得。

所谓田赋，也就是清廷财政收入的主要部分。田赋包含两类，大部分需要征收银两，也就是地丁银，还有一部分征收实物，漕粮是其代表。由于清廷征收的田赋包含钱与粮两大部分，所以又被称作钱粮。关于地丁银，古代的税收往往分为田赋（对土地征收赋税）和丁税（可以理解为人头税），清廷在进入雍正朝后，普遍将丁税平均摊入田赋中，征收统一的地丁银（摊丁入亩）。而且，自从康熙五十一年（1712年）后，清廷实行"永不加赋"的政策，这样就把丁口的数量固定了下来，使得地丁银的应征数目保持在一个比较平均的水平。在乾隆时期，每年地丁银的收入在3000万两白银上下，这也是普免钱粮主要减免的部分。

不过，除此之外，清廷尚有别的财政来源。比如清廷实行盐的专卖制度，在乾隆朝，大约每年从盐课中获得白银500万两。关税是清廷财政来源的另一方面，在乾隆时期大约平均每年也是500万两。除此之外，其余杂税合计大约还有1000万两。以乾隆三十一年（1766年）为例，当年全国总的财政收入在4800多万两，地丁银收入为2900多万两，占比约为60%，其余的收入便来自其他税收来源。

随着经济的不断恢复，清廷岁入逐渐维持在一个比较平稳的高位，财政收入中非田赋收入的比例也逐渐扩大，但即便这样，仅靠正常的财政收入，其实尚不能完全承受田赋大量蠲免带来的现实压力。康熙帝曾谕令户部表示，国家常年蠲免钱粮，务必厉行节省，并说光禄寺以前用银在100万两左右，而今节省至10万两左右，康熙帝表示应推行这一做法。据学者研究，康熙中晚期的钱粮蠲免，实际在相当程度上导致了地方官府的财政短缺。乾隆朝得以大规模蠲免田赋的重要基础，一为"非正常财政收入"，另一为库存银数量上升。

隐形的荷包：清廷的"非正常"收入

值得注意的是，至清中叶，清廷除每年正常财政收入外，尚有两种例外收入，也就是捐纳与报效。所谓捐纳，俗称捐官，其实也就是清廷公开卖官鬻爵。据清廷在乾隆三十九年的规定，郎中（五品官）值银9600两，主事（六品官）值银4620两，同知（五品官）值银6820两，道员（四品官）值银16400两，知府（四品官）值银13300两，知县（七品官）值银4620两，县丞（八品官）值银980

两。据学者统计，自雍正二年（1724年）至道光二十二年（1842年），户部捐纳司共收捐银182590986两，约相当于六年田赋总额。

报效，就是以财物奉献官府、上司。清代时的报效，可以理解为捐款的一种形式。虽名为捐款，却在一定程度上变成某种实质意义上的"摊派"，报效种类繁多，有"军需报效""水利报效""赈济报效"等不同名目。有清一代，"报效"的主力无疑应属两淮盐商。据学者统计，乾隆、嘉庆两朝盐商报效达白银6500万两以上，几乎相当于清廷两三年的田赋收入。这种"非正常"收入虽然不算在清廷的正项收入中，但无疑为财政收入的重要组成部分。

清廷的收入来源不只是全国的"钱粮"，这是乾隆帝可以大规模普免钱粮的一个前提。

乾隆帝的信心：财政收支及库存银数量

知道了财政收入的数量与构成，那么清廷一年大约要花多少钱呢？根据史料，乾隆时期，朝廷平时一年的支出为3000余万两。不过每年情况变化很大，这个数额有比较大的波动。

库存银是每年财政收支相抵后的结余。库存银的数量也决定了乾隆帝普免天下钱粮的底气。库存银的变化比较大，康熙盛期，库存银最高达4500万两左右，然而康熙晚期吏治腐败，财政状况不断恶化，到了雍正帝即位时，已经下跌到了2700万两左右。（该数目参考《雍正朝汉文朱批》与相关学者论著的说法。根据魏源的

《圣武记》叙述，康熙帝驾崩后户部存银只剩800万两，应该并非实情。）经雍正帝十三年的统治后，库存银数量上涨到3400多万两。

到了乾隆帝即位时，天下开始了比较长久的承平时期。根据学者统计，自从乾隆十四年（1749年）之后，户部银库的结余几乎呈现出逐年上涨的态势。乾隆三十七年，户部存银已经上涨到了7800万两。乾隆四十二年，也就是乾隆皇帝第三次普免钱粮的前一年，户部银库的存银已超过8000万两，创造了清代财政史上的一个纪录。

正是由于清廷豁免的钱粮不是全部的财政收入，加之朝廷在承平时期有相当的积蓄，豁免钱粮才成为可能，因此朝廷不至于入不敷出。

嘉道迷局："岂愈奢则愈丰，愈俭则愈啬耶？"

道光中叶，鸦片荼毒中国，清廷痛感其弊，朝堂上进行了一场关于解决鸦片问题的大讨论。在这次讨论中，时任鸿胪寺卿的黄爵滋上了一封痛陈时弊的清代名疏，也就是《请严塞漏卮以培国本疏》。奏疏的开头，他开门见山地指出，道光帝即位后，厉行节俭，但财政状况反而比乾隆帝时一落千丈，遥想乾隆时期，花费无数，他反问道："岂愈奢则愈丰，愈俭则愈啬耶？"意思是说："难道越奢侈就越富有，越节俭就越贫穷吗？"这场发生在乾隆朝结束半个世纪后的争论，或可作为清廷大规模蠲免钱粮的一个有趣注脚。

实际上，嘉庆、道光两朝，清廷的财政收入并未大幅度缩水，但朝廷不光无力进行普免天下钱粮这样的举措，甚至连日常用度也逐渐捉襟见肘。这其中大致有两方面原因：其一，嘉庆、道光朝财政，一方面基本结构与清初相同，不过报效之类"非正常收入"因为"经济不景气"的缘故进入低迷期；其二，各种社会治理费用较之乾隆时期有了大幅度提高。大规模的民变开始频繁出现，而且黄河水患的严重程度也一日胜似一日，仅仅道光二十四年（1844年）修筑东坝[1]就用银1190万两，几乎占到清廷财政收入的四分之一。而嘉庆朝又爆发了白莲教大起义，清廷为平定该起义耗银超过亿两，几乎相当于数年的田赋收入。

相比较而言，乾隆朝在承平时期普免钱粮，一次最多大约3000万两，而在嘉庆、道光时期，一方面朝廷财政收入有所下降，另一方面维持统治的成本又大大上升，乾隆帝普免的钱粮，与王朝中衰时需要应对的各种各样的统治危机要花费的钱粮相比，也许可以说是"小巫见大巫"了。

总而言之，康熙中叶之后的海内升平，为大规模蠲免钱粮提供了基本的背景条件，清廷财政收入基本趋于稳定，非田赋的其他收入占比增加，尤其是各种"非正常收入"的开辟与繁荣，使得大规模蠲免钱粮在技术上具有可操作性。进入嘉庆、道光两朝，王朝步入多事之秋，乱象频生，使得基本财政陷入左支右绌的困境，"非正常收入"也因经济低迷而辉煌不再，大规模蠲免钱粮终不免成为

---

1 东坝位于今江苏南京市高淳区东，是明清时期防止胥溪河水患、保障漕运的重要水利工程。——编者注

明日黄花，不可复见。道光朝之后，被拖入"三千年未有之变局"的清王朝，不得不为艰难求生而对财政变革之路上下求索，晚清财政剧变由此肇端。

【编者按】

　　大清帝国的财政收入，很大程度依靠一些"非常规"的来源，正是如此，乾隆帝才可以一边大手大脚地花钱，一边免除赋税、恩泽百姓。然而清朝的财政模式明显缺乏抗风险能力，到嘉道时期，在天灾人祸的打击之下，财源枯竭，以致国力中衰。正如黄爵滋的疑问那样，道光帝无论如何"节俭"也无法挽回帝国的颓势。那么，问题究竟出在哪里？

参考文献：

专著：

1. 陈锋：《清代财政政策与货币政策研究》，武汉大学出版社，2013年。
2. 陈锋：《中国财政通史：清代财政史》，湖南人民出版社，2013年。
3. 史志宏：《清代户部银库收支和库存研究》，社会科学文献出版社，2014年。

论文：

1. 陈锋：《清代财政收入政策与收入结构的变动》，《人文论丛》，2001年卷。
2. 陈锋：《清代"康乾盛世"时期的田赋蠲免》，《中国史研究》，2008年第4期。
3. 何平：《论康熙时代的赋税减免》，《中国人民大学学报》，2003年第6期。
4. 刘凤云：《蠲免、捐纳与康熙朝的地方钱粮亏空》，《中原文化研究》，2019年第6期。
5. 倪玉平：《清朝嘉道时期的关税收入——以"道光萧条"为中心的考察》，《学术月刊》，2010年第6期。
6. 倪玉平：《有量变而无质变：清朝道光时期的财政收支》，《学术月刊》，2011年第5期。
7. 倪玉平：《试论清朝嘉道时期的钱粮亏空》，《人文论丛》，2015年第1期。
8. 倪玉平：《试论清代财政体系的近代转型》，《中国经济史研究》，2018年第4期。

皇帝不会花钱有多可怕?

徐 飞

"黑云压城城欲摧,甲光向日金鳞开。"该来的总是会来,19世纪东西方两个大国之间的贸易冲突,终于导致了一场血与火的交锋。道光二十年五月二十九日(1840年6月28日),英国海军上将乔治·懿律率领军舰16艘、武装轮船4艘、运输舰28艘以及陆军4000人,抵达中国广州海面,并下令封锁珠江口,鸦片战争正式爆发。

此后,这支英国远征军在中国沿海攻城略地,战无不胜。不过,这不是最令我们尴尬的地方,最令人尴尬的是,这支英国远征军只不过是一支规模很小的军队。

"勤俭节约"的道光帝

钦差大臣林则徐曾认为英国离中国太远,所以英国"万不敢以侵凌他国之术窥伺中华"。但是考虑到英国军事力量不可小觑,他还是做了很多的战备工作。可是,冰冻三尺,非一日之寒,中英两国在军事上的代差,不是短期就能够消弭的。英国外交大臣巴麦尊曾经扬言:"据对中国有丰富知识的人说……有这样的海军力量就能完成，即双层甲板的主力舰两艘、巡洋舰三艘，其中至少有一艘应是大型的；轮船两艘或三艘。"

林则徐曾上奏道光帝，希望朝廷拨款购买西洋的船炮布设海防。但是，我们都知道，道光帝是一个非常节俭，甚至可以说是抠门的皇帝：他的龙袍破了，就让宫女打补丁；他要吃晚饭了，就让太监从宫外购买便宜的烧饼，然后就着热水咽下去；他吃完晚饭就和皇后就寝，连蜡烛和煤油的钱都省了。所以，林则徐想从道光帝那里要钱，其难度可想而知。

平心而论，道光帝节俭、勤政，放在中国古代的帝王评价体系里，完全算得上是一位合格的君主，但时过境迁，道光帝所处的时代已经不是中华文明独步天下的时代。这个时候，该花的钱就得花。作为一个庞大帝国的掌权者，道光帝应具备的最关键的能力是会花钱，而不是会省钱。

道光帝拒不出钱，无奈之下，林则徐只好想办法从民间集资。但是从民间能筹集多少钱？林则徐划拉了一下手上的钱，发现只勉强能买到一门英国利物浦铜炮，以及一艘英国军舰"剑桥号"。而且，英国驻华商务总监查理·义律快人一步，他在默许出售"剑桥号"之前，就已经派人把船上的加农炮拆了下来，林则徐买到的只是一个空壳子。但即使是空壳子，也是一艘现代化的船只，比清朝当时的那些小船好太多，所以林则徐没有选择取消订单。只是，这艘空壳子最终没有在之后的战争中发挥任何作用——因为中国水手不知道如何操控它。

没有钱置办现代化的军事装备，那就只能用土法子。林则徐找来钢索，把它横在河道上，用以阻止英国军舰自由行动；他在几百条木筏子上装满火药，打算让它们去撞击英国军舰，引发爆炸；还有就是发动广州周边的乡勇，让他们拿着各式各样的农具以及一些火绳步枪，辅助官军与英国军队抗衡。

这种种原始落后的备战措施，在我们现代人看来简直匪夷所思，但是站在林则徐当时所处的历史情境里，他的确做了他所能做的一切。而且，他的备战措施尽管很古老，但还不至于荒腔走板，且看名将杨芳的对敌策略——"传令甲保遍收所近妇女溺器为压胜具，载以木筏出御"，使"溺器口向贼来路"，认为这样就可以破掉侵略者的"妖术"。是的，你没看错，堂堂大清帝国的名将，居然把坚船利炮看成是妖术。

本来林则徐心里就忐忑不安，再加上有个杨芳这样的队友，可想而知他该有多么心累。

当英国军舰北上至天津示威时，林则徐再一次上奏道光帝，称："自道光元年〔1821年〕以来，粤关征银三千余万两，收其利必防其害。使以关税十分之一制炮造船，制夷已可裕如。"他希望朝廷动用部分关税来制造炮船，以此对抗船坚炮利的入侵者。但是道光帝还是舍不得掏出银子，为了掩饰自己的抠门，他便指责林则徐："汝云英夷试其恫喝，是汝亦效英夷恫喝于朕也。无理！可恶！……一片胡言！"然后就摘了林则徐两广总督的乌纱帽。

碰到这样的皇上，别说林则徐，就是姜子牙、周公、诸葛亮、王阳明再世也没辙。所以他在被撤职后写诗感叹："我无长策靖蛮氛，愧说楼船练水军。"

在这场中世纪军队与现代化军队的对抗中，中国军民吃了没有坚船利炮的大亏。奕山在广州时，清军兵力是英军的数倍，但刀枪矛盾远敌不过英军船坚炮利，英军顺利登陆，并攻下广州城北郊的炮台，向广州城内俯射。此后，英军到北方攻打定海，定海总兵葛云飞及4000余将士战死，钦差大臣暨两江总督裕谦亦于战事中牺牲。这些将士，都为道光帝的抠门付出了血与泪的代价。然而，如此大的代价之下，道光帝也并没有省下钱：清廷花费了7000万两白银的军费，[1]加上之前交给英军的600万两广州城赎城费，以及之后《南京条约》中规定的2100万银圆赔款（当时民间大致以0.7两白银兑换1银圆），这前前后后总共耗资将近一亿两白银。

一亿两白银是什么概念？道光二十年（1840年）清廷的国库存银仅为1034万余两！估计道光帝在夜深人静之时，用算盘算一算这笔账，肯定会号啕大哭：这一亿两白银，能打多少块补丁、能买多少个烧饼？自己节衣缩食，不建亭台楼阁，不享酒池肉林，结果钱不但没有省下来，反而还亏了一大笔。

道光帝舍不得掏小钱买军舰和大炮，最后就不得不掏大钱来买和平和苟安。道光帝就此为他的因小失大付出了巨额的代价。

风轻云淡的君臣

鸦片战争之后，凡是上过战场见识过英军坚船利炮的官员，都

---

[1] 茅海建：《近代的尺度：两次鸦片战争军事与外交》，上海三联书店，1998年，第18页 另谓"清朝在鸦片战争中的军费开支在3000万两左右"。——编者注

产生了"师夷长技以制夷"的想法。林则徐意识到,中国必须建立一支现代化的海军,并逐渐形成了一套较为完整的建军方案。他计划中的水师规模为"大船百只,中小船半之,大小炮千位,水军五千,舵工水手一千"。当然,只有船不行,船只是作战平台,还需要配套的大炮。林则徐在给友人的信中说:

> 徐尝谓剿夷有八字要言,"器良、技熟、胆壮、心齐"是已。第一要大炮得用,今此一物,置之不讲,真令岳、韩〔即南宋名将岳飞、韩世忠〕束手,奈何奈何!
> ——《致姚春木王冬寿书》

那么大炮如何才能"得用"？林则徐认为,战舰上的大炮必须"铸法练兵,皆与外洋相同","其大要总在腹厚口宽,火门正而紧,铁液纯而洁,铸成之后,膛内打磨如镜,则放出快而不炸"。可见他对西洋大炮,尤其是滑膛炮的细节有所研究。

然而,那些没有亲身跟西洋坚船利炮打过交道的官员,很难理解中英之间的巨大军事差距,因而也不会产生向西方学习的想法。他们对于鸦片战争的失败,并没有产生什么焦虑,反而都有一些莫名的乐观。

《南京条约》的签约代表牛鉴等人,在呈给道光帝的签约报告中说:"臣等伏思该夷所请各条,虽系贪利无厌,而其意不过求赏码头,贸易通商而止,尚非潜蓄异谋。与其兵连祸结,流毒愈深,不若姑允所请,以保江南大局。"

福建巡抚刘鸿翱说:"臣莅闽四载,略识夷情,今之英吉利不同于前明倭寇。倭寇志在虏掠,英吉利志在通商。该国去中国八万余里,彼断不于八万里以外或有他图。彼亦知即有他图,亦断不能据守。"

广东巡抚黄恩彤在《抚夷论》中写道:"中国之所以控制而羁縻之者,惟在通商……其国中一切经费全资商税。其所以以兵犯顺者,非谋逆也,图复其通商也。"

两广总督徐广缙也说:"驭夷之道,不外羁縻。"

这些封疆大吏将英国发动鸦片战争的目的仅仅视为要求通商,完全没有意识到,他们正面临着三千年未有的大变局。英国是要把中国纳入其全球体系,从经济、文化、政治等各方面渗透、改造中国,比如,强行打碎中国传统的朝贡体系和华夷观念。

鸦片战争的后果,不仅仅是表面上的五口通商、割地赔款那么简单,它意味着西方现代文明试图全面压制中华文明的开始。而这些封疆大吏,都没有这种强烈的危机感,以为只要能满足西方人通商的要求就可以高枕无忧了。而且,有些官员虽然意识到了中英之间的军事差距,但是毕竟没有真正在战场上与英国人交锋,所以他们处理对外关系的思路,就是从传统中找方法,比如"羁縻"。问题是,羁縻对付那些文明程度落后的"蛮夷"有用,不代表就对英国等西方国家有用。

当然,清廷能不能吸取鸦片战争的教训,开始"师夷长技以制夷",最终取决于最高统治者,即道光帝的决定。但是,很遗憾,道光帝与努尔哈赤等清朝创始人不同,他久居深宫,从未亲临任何

战场,包括鸦片战争的前线。道光二十二年(1842年)四月,道光帝令福建总兵达洪阿等人审问英军俘虏:

> 该逆夷中必有洞悉夷情之人,究竟该国地方周围几许?所属国共有若干?其最为强大不受该国统属者共有若干?又英吉利至回疆各部有无旱路可通?平素有无往来?俄罗斯是否接壤?有无贸易相通?此次遣来各伪官……是否授自国王?抑即由带兵之人派调?着达洪阿等逐层密讯,译取明确供词,据实具奏,毋任讳匿。
>
> ——《筹办夷务始末》卷四十七

中英已经开战两年了,作为中国的最高统治者,道光帝对世界的了解程度实在让人无语——他对敌人几乎一无所知。

得过且过的统治

对于要跟"夷人"签订《南京条约》,道光帝一开始是非常不爽的,他愤愤不平:

> 览奏忿恨之至。朕因亿万生灵所系,实关天下大局,故虽愤闷莫释,不得不勉允所请,藉作一劳永逸之计,非仅为保全江浙两省而然也。该大臣〔指耆英〕等所称可救燃眉,是徒知

救急于目前，未计贻忧于日后。

——《筹办夷务始末》卷五十九

那么，道光帝本人在骂完耆英等人"未计贻忧于日后"之后，是如何为日后打算的呢？他首先打算的是：自己割地赔款，无颜面对大清的列祖列宗，所以死后不再入太庙。这还算好，至少道光帝还知道自己要为战争的失败和屈辱的条约负责。不像以后的西太后，明明庚子国难是她一手造成的，结果她逃到西安后，居然厚颜无耻地从当地搜刮三千车珠宝，然后风风光光地回到北京，不知道的还以为她是去参加迎神庙会了。

不过，自责之后，道光帝似乎没有什么积极的作为。他没有选择像林则徐那样研究洋人的报刊、书籍，因此对天下大势依然一头雾水。而那些头上雾水相对少一点的官员，也都明哲保身，不置一词。比如，广东巡抚黄恩彤在《抚夷论》中提出，"该夷之船坚炮烈，断难力敌，亦无术破"，中国即使造炮制船，也是"万万不及"，"无制彼之术"。然而，他未曾建议朝廷效法西方造坚船利炮。林则徐虽然收集了外国的资料，但也只是交给了好友魏源，并没有向道光帝倡言"师夷长技以制夷"，因为他怕道光帝再说他利用洋人来恫吓皇上。最后是魏源在林则徐提供的资料的基础上写成了《海国图志》。

唯一的例外是徐继畬。道光帝让身为广东按察使的徐继畬编撰介绍海外情况的书籍，由此，徐继畬开始广泛收集海外资料，历时六年于道光二十八年（1848年）完成《瀛环志略》一书。在《瀛环志略》中，徐继畬不仅详细介绍了西方先进的科学技术，还介绍了

第五章
利出一孔：帝国的金库

西方的民主制度。可惜，这个时候道光帝已经快到生命的终点了。这本书没有对道光帝产生任何影响——恐怕这么长时间过去了，道光帝自己都忘了。

因为不知道别人家的孩子到底有多优秀，所以根本不会产生学习别人的欲望，没有欲望，就只能得过且过。道光帝曾指示各省督抚，"不可致生夷衅，亦不可稍拂民情。总期民夷两安，方为不负疆寄"。但是，可以想象，当英国等西方国家的炮弹再次落在中国的领土上时，清廷使用的那些过时的观点和无效的政策，该是多么无裨于事和危险。

在道光帝的领导下，从鸦片战争结束到第二次鸦片战争开始之间的十四年（后六年是咸丰帝在位，但是他继承了道光帝的无所作为），中国军队几乎没有任何变革，依然在用大刀长矛以及鸟枪抬炮，而西方英法等国的军事力量却在进一步增强。第二次鸦片战争时，英法联军普遍装备了米尼步枪、阿姆斯特朗炮和康格里夫火箭，单位投射效力是道光二十年（1840年）时英军的数倍。

除了外来的危险，清朝内部也已经岌岌可危。为了应付由鸦片战争和赔款带来的财政拮据，道光帝开始增加农民的税赋，致使各种苛捐杂税多如牛毛。农民的日子本来就过得很贫苦了，哪里交得起更多的钱？然而，州县的催逼急如星火，关押拷打无所不用其极，最终引发了席卷全国的太平天国运动。

总体而言，鸦片战争之前，道光帝因小失大，鸦片战争之后，道光帝只是对签订《南京条约》感到痛苦，却没有学习西方，以改革清军、提高清军作战效能。虽然几个沿海省份在19世纪50年代获得了一定的西洋武器,但是就连北京各旗的精锐"火器营",对枪炮训练的重视程度也远不及弓箭训练。

制度的作用固然很关键,但是我们也不能忽略国家领袖在历史进程当中的作用。

勤俭节约固然是美德,但不同阶层的人有不同的衡量标准。对于能够轻轻松松"先赚他一个亿"的家族来说,勤俭不是最重要的。想要制定游戏规则,想要选对人、用好人,在潮起潮落中立于不败之地,需要的不仅仅是盯紧自己家的钱袋子。而对于一名国家领袖来说,最关键的就更不是勤俭节约,而是战略决策能力,集中力量办成大事。19世纪鸦片战争的重锤,给了道光帝睁眼看世界的机会,清朝雄厚的家底也给了道光帝跟英国"掰腕子"的资本,只可惜他没有世界性的眼光,看不到发展的趋势,让清朝活脱脱荒废了十四年,直至更加严重的灾难到来。

道光帝或许到死也在疑惑,我们并没有做错什么,但不知为何我们输了……

【编者按】

道光帝的这个疑问,恐怕也是当时大部分中国人的疑问。此时,这个古老的帝国还全然不知,这场规模不大的"夷人"入侵,竟然是中国历史发展的重要分水岭。此后的大清王朝将面临一个前所未有的大变局,而两千多年帝国的命运,将在这场变局中走向终点。本书的最后一篇,将见证大清帝国乃至中国古代帝制的终结。

参考文献：

史料：

1. [清]文庆等编：《筹办夷务始末》（道光朝）。
2. 蒋廷黻编：《近代中国外交史资料辑要》，东方出版社，2014年。
3. 中国第一历史档案馆：《鸦片战争档案史料》，上海人民出版社，1987。

专著：

1. 茅海建：《天朝的崩溃》，生活·读书·新知三联书店，1995年。
2. 任复兴编：《徐继畬与东西方文化交流》，中国社会科学出版社，1993年。
3. [美]特拉维斯·黑尼斯三世、弗尼克·萨奈罗：《鸦片战争：一个帝国的沉迷和另一个帝国的堕落》，周辉荣译、杨产新校，生活·读书·新知三联书店，2005年。

兴亡篇

第六章 权力困局 —— 帝国的衰亡

李鸿章如何叱咤风云四十年？
湖广总督张之洞的危急时刻
是谁将北洋海军逼上绝路？
谁在逼慈禧太后向世界宣战？
慈禧太后如何玩转"权力的游戏"？

"其兴也勃焉……其亡也忽焉。"《左传》揭示了中华帝国数千年来的运转规律。这句预言好似一个魔咒,笼罩着帝国的历史,影射着每个王朝的宿命。历代统治者用尽手段,都无法打破这个魔咒,因为没人能真正发现导致王朝更迭的根本所在。

大清帝国在内忧外患中风雨飘摇。尽管中兴名臣力挽狂澜,"老佛爷"慈禧太后大权独揽,清朝仍无法逃脱灭亡的命运——看似,那个魔咒又要生效了。

不过历经数千年的历史,人们终于窥得帝国运转的真正规律——权力。帝国的建立兴于权力的统一,帝国的灭亡也同样源于权力的过度集中。李鸿章兴办洋务,但最后没能挽救清朝;翁同龢身为"清流"翘楚、一代帝师,却没能匡扶皇帝,成为中兴名臣;张之洞在湖北革故鼎新,虽没能拯救清朝,却给后人指明道路;慈禧太后在数次关键时刻的政令,决定了清朝的命运。晚清复杂政局的背后,只映射出一点:权力的掌控和争夺。清朝正是在争权夺利的道路上灭亡崩塌的。

不过,这次的魔咒却没有完全生效。历史的教训告诉我们帝国的软肋和弱点,觉醒的中华民族打破了魔咒——中华帝国的历史循环,在清王朝的覆灭中彻底结束。

兴于权力,亡于权力——这就是帝国的时运。

时代变了。让我们回到晚清,一睹中国历史的帝国时代是如何终结的,中华民族如何在古老智慧中走向新生。

李鸿章如何叱咤风云四十年？

徐 飞

政坛不倒翁

笔者是合肥人，每次去市中心的淮河路步行街散步，都免不了要去街边的"李府"看一看。每次参观，我都会想起府邸主人的《临终诗》——

劳劳车马未离鞍，临事方知一死难。
三百年来伤国步，八千里外吊民残。
秋风宝剑孤臣泪，落日旌旗大将坛。
海外尘氛犹未息，诸君莫作等闲看。

"李府"是晚清重臣李鸿章的府邸，一般人很难想象，如此权倾天下，又被人视为大贪巨腐的人，他在老家的府邸居然就那么一小块。

李鸿章早年投笔从戎，跟随曾国藩镇压太平天国，屡建奇功。中年出任封疆大吏，推动洋务运动，事实上成为曾国藩的接班人。晚年入直中枢，主持外交，活跃在晚清政坛上四十年之久，超过了清朝立国以来任何一位首辅人物。慈禧曾将他称为"再造玄黄之人"。日本首相伊藤博文将他视为"大清帝国中唯一有能耐可与世界列强一争长短之人",可见李鸿章的不同凡响。

事实上,在晚清这样一个特殊的时代,任何力主向西方学习的人都会承受着巨大的外界压力。咸丰帝的弟弟——恭亲王奕䜣,就是因为力主"师夷长技以制夷",常和洋人打交道,而被当时社会各界称为"鬼子六"。皇弟尚且要饱受上下官员的责骂甚至是辱骂,就更不要说李鸿章了。李鸿章仕宦生涯中唯一遭受的挫折可能就是甲午战争的失败,北洋海军全军覆没,自己又被迫在《马关条约》上签字,一度成为国人皆曰可杀的卖国贼。

那么,李鸿章又是如何在波诡云谲的晚清政坛上叱咤风云四十年之久的?有人认为他善于钻营,能得"老佛爷"慈禧太后的喜欢;有人认为他得到帝国主义列强的扶持,认为他是列强侵华最好的代理人;有人认为他心理素质过硬,就像他自己写的一副对联那样"受尽天下百官气,养就胸中一段春",所以才能屹立不倒……

其实,在笔者看来,李鸿章成为政坛不倒翁的原因很简单,就是始终保持着自己的实力。只要手上掌握着绝对的资本,就没有任何人能奈他何。最能说明这一点的,就是他促成取消了北洋大臣的独立职位,并使之成为一个由直隶总督兼任的职位,以此巩固自己的势力。

清廷的妥协

咸丰元年(1851年),洪秀全在广西金田起事,掀起轰轰烈烈的太平天国运动。不到一年，这场农民运动便席卷半个中国，一度将大清帝国推向灭亡的边缘。如果不是汉族官绅曾国藩、李鸿章等人组织团练，费尽九牛二虎之力将太平天国运动镇压下去，那么江山恐怕早已易主。

太平天国被剿灭以后，清王朝的大一统已经名存实亡。中国东南的富庶地区如两江、闽浙等，都被汉人为主体的湘军、淮军系统所把持，清朝皇室已经没有多少发言权。事实上，当时的中国似乎已经有了两个政权系统，一个是慈禧太后主导的"中央政府"，一个是李鸿章主导的直隶"北洋政府"，可能后者的实际权力比前者还要大。光绪二十二年（1896年），俄罗斯帝国财政大臣谢尔盖·维特曾评论李鸿章："我认为李是一个卓越的人物，当然他是中国人，没受过一点儿欧洲教育，但受过高深的中国教育，而最主要的是他有一副出色的健全的头脑，善于清晰地思考，观察局势变化。正因为如此，他在中国历史上，在治理中国方面起了重要的作用，这就不足为奇了。当时治理中华帝国的实际上就是李鸿章。"而慈禧太后手下能够制衡李鸿章势力的，只有一个掌控华中的张之洞，而张之洞未必完全听命于中央政府。

湘淮军功集团控制内地至少三分之二的地区，清廷无力控制，其中最能说明问题的就是地方财政税收大多不上缴中央，曾代表户部在各省征收赋税的布政使无人问津。传统的田赋和杂税虽然还由布政使掌管，但是随着封建经济的整体衰落，以及土地兼并等问题的出现，这些税收金额已经没有多少。而同时代的日本，田赋占政府岁入的94%，直到19世纪末依然占到50%以上。这使得日本的明治政府有足够的资金来维持中央的统治，无须看地方的脸色，可以有效率地推进各项改革措施。

晚清真正的大额税收是厘金，而这些钱基本上都被地方留用了。根据中国近代史学者罗玉东先生的估算，晚清实际征收的田赋和厘金，可能只有20%～25%上缴给了中央。清廷为了增加收入，不得不做出很多尝试，比如加强中央对鸦片商的控制、减少官员的薪俸、征收高额罂粟税等等，但是这些措施往往收益微小，而且也极不可靠。加上慈禧太后也不像道光帝那样"勤俭节约"，生活奢侈无度，更加剧了中央政府的财政糜烂。

在这种情况下，清廷总是陷于财政上的窘迫境地，有的时候不得不向外国借款。最典型的例子就是左宗棠西征，清廷拿不出钱，只好向通商口岸的外国商号借债。由于财政制度已衰败，清廷无法有效行使中央权力，只得坐视李鸿章等地方大员做大做强。李鸿章通过有策略地安排丁日昌等亲信作为代理人，几乎独掌了大清帝国北半部的外交、海关税收、武器生产等大权。

换言之，在某种程度上，朝廷其实根本无法驾驭李鸿章，只能重用，以此来维持形式上的统一和皇家表面上的威权。李鸿章也懂得投桃报李，尽管他手握当时中国最精锐的海陆军部队，要颠覆清廷的统治易如反掌，但他选择了对慈禧太后的胡作非为睁一只眼闭一只眼，从未想过取而代之。对于这一点，清廷统治集团当然心知肚明。就这样，中央政府与"北洋政府"达成了一种微妙的合作、妥协关系。

直到清廷鱼烂河决之时，李鸿章也依然没有选择去打破这种合作、妥协的关系。八国联军入侵中国之时，李鸿章任两广总督。当时湖广总督张之洞担心万一两宫殉难，政局大乱，便提出了一个所谓的"李鸿章大总统"的方案，推举李鸿章出任中国"总统"以主持大局。而孙中山的老师何启也曾建议李鸿章留在广东，与兴中会等革命党合作建立共和国，"割据两广，叛清独立，自任总统"。

然而，李鸿章没有采纳他们的意见，依然选择北上去收拾慈禧太后留下的烂摊子，与八国联军展开屈辱的谈判。李鸿章到北京，全无谈判筹码，只得与各国签订前所未有的丧权辱国的《辛丑条约》。但是，我们可以从中看出，李鸿章为了维系这份微妙的合作、妥协关系，付出了多么巨大的代价。

李鸿章的心法

由于很早就见识过西方坚船利炮的厉害，李鸿章曾经语重心长地说：

> 自秦政变法而败亡，后世人君遂以守法为心传。自商鞅、王安石变法而诛绝，后世人臣遂以守法取容悦。今各国一变再变而蒸蒸日上，独中土以守法为兢兢，即败亡灭绝而不悔。天耶？人耶？恶得知其故耶？
>
> ——《李文忠公全集·朋僚函稿·复王壬秋山长》

这段话是他立志以洋务运动来拯救国家的真实心理写照。

为此，他积极推动以"自强"为目标的中国近代工业化之路，为此不惜与各种守旧势力展开斗争。例如，同治十年（1871年）末，内阁学士宋晋上书清廷，抨击洋务派官员沈葆桢创办的福州船政局"糜费太重"，建议立刻裁撤福州船政局和江南制造局及附属学堂。当时李鸿章挺身而出，联合曾国藩、沈葆桢及左宗棠等洋务派封疆大吏为福州船政局和江南制造局辩护。李鸿章上奏皇帝，提出"国家诸费皆可省，惟养兵设防、练习枪炮、制造兵轮船之费万不可省"，否则"国无兴立，终不得强矣"。最终，他取得了胜利。

但是，李鸿章推动洋务运动，也不是仅仅为了救国救民一个目的。他深知创办新式工业项目有助于扩大自己的地方权力，巩固自己说一不二的地位。

举一个典型的例子。光绪七年（1881年），李鸿章指派唐廷枢策划修建唐胥铁路。修建这条铁路的目的是解决开平煤矿运输困难的问题，这个问题一直限制了煤矿的发展。开平煤矿所产原煤，主要销往天津。唐山距天津约240里[1]，原煤从陆路运往芦台，然后改为水路，从大沽口入海到天津，运费高，需时长。如果从唐山至芦台修建铁路，用火车运煤，定能大幅度降低运输成本。

到了光绪十四年，李鸿章又建议把唐山—天津铁路西延至京师附近的通州，对朝廷宣称的理由是方便军队和给养的输送，能加

---

[1] 清代1里约合今576米。——编者注

强京畿地区的防卫。然而，他的实际打算是日后把唐山铁路伸至山海关。如果这一计划实现，李鸿章就能将东北地区置于他的控制之下。所以他提出建设津通铁路，真实目的也是获取经济收入，来支持铺设山海关方向的延伸部分。

中央政府的部分官员表示强烈反对，因为把铁路延伸到京畿，虽然有助于快速调军进入京城，但是不要忘了，这些军队大部分是效忠李鸿章的。不过，李鸿章最后依然取得了胜利，光绪十七年（1891年）四月，清廷照准，并将建设卢汉铁路的200万两资金拨给了他。

另外，李鸿章在几乎所有的自强项目中都安插了亲信，不管这个亲信是否真的有能力来主持项目。最典型的就是李鸿章任命自己的嫡系、淮系将领丁汝昌为北洋海军提督。近代海军是技术含量很高的专业军种，指挥军官需经多年的专门训练，而丁汝昌几乎不懂海军，更要命的是，他也没有很强的学习欲望，领兵十五年始终未能认真学习海军业务。他的心思用在了其他地方，比如在刘公岛上起盖铺屋出租，收取租金；甚至"与方伯谦同溺一妓，妓以丁年老貌劣，不及方之壮伟，誓愿嫁方，丁百计经营无能如愿"，闹得鸡飞狗跳。

虽然丁汝昌一百个不胜任，但是他忠于李鸿章，李鸿章放心地把北洋海军交给了他。此时，李鸿章考虑的是牢牢掌控这支亚洲最强大的舰队，作为自己呼风唤雨的政治资本。他在临死前说："洋人讲势不讲理。""我办了一辈子的事，练兵也，海军也，都是纸糊的老虎，何尝能实在放手办理？不过勉强涂饰，虚有其表，不揭破犹可敷衍一时。"事实上，正是他过度的掌控欲望，害了北洋海军。

在经济上，李鸿章任用亲信盛宣怀，控制着轮船招商局、电报局、上海机器织布局等官督商办企业。光绪十八年（1892年），盛宣怀更被李鸿章任命署理天津海关道，该机构于同治九年（1870年）应李鸿章的要求而设立，负责洋务、防务和关税征收。盛宣怀对李鸿章感恩戴德，立誓效忠，"竭我生之精力，必当助我中堂办成铁矿、银行、邮政、织布数事，百年之后，或可以姓名附列于中堂传策之后，吾愿足矣"。通过盛宣怀的机构，李鸿章控制了向京师供应物资的主要口岸的商务和收入。可以说，李鸿章通过盛宣怀掌控了朝廷在京畿地区的经济命脉，进一步削弱了朝廷的威权。

反过来，李鸿章也一直对中央政府要自办洋务的计划虚与委蛇。同治四年五月，慈禧命令三口通商大臣崇厚在天津开设机器局，要求李鸿章协助为天津方面仿制和购求机器，目的就是建立由满人勋贵直接控制的新式军工企业，打破汉族官僚的垄断，借以扭转朝廷外重内轻的局面。李鸿章看穿了慈禧的真实用心，"隐寓防患固本之意"，故态度敷衍。他先说崇厚是外行，"天津设局制造一事，崇公如何商议？彼太外行，或不甚究心，便可从缓"，又说一时半会儿搞不定，"现拟督饬匠目随时仿制，一面由外购求添补。但器物繁重，非穷年累月不能成就，尚须宽以时日，庶免潦草塞责"。最后拖了很长时间，眼看实在是拖不下去了，才慢慢吞吞地帮助崇厚筹办。

同治四年七月十三日，李鸿章抱怨：

> 书生坐谈误国，可为浩叹！且外国猖獗至此，不亟亟焉求

富强，中国将何以自立耶！千古变局，庸妄人不知，而秉钧执政亦不知，岂甘视其沈胥耶？

——《李文忠公全集·朋僚函稿·复朱九香学使》

但是从慈禧太后积极筹建天津军火机器总局一事来看，"秉钧执政"并非真的如他所说的那样顽固守旧，不愿"师夷长技"。相反，李鸿章对于中央政府的洋务计划却敷衍塞责。

正是靠着紧握手中的实力，李鸿章才能一直站在风口浪尖，成为大清帝国政坛上的不倒翁。

【编者按】

晚清中兴四大名臣之中，李鸿章的争议是最大的。一方面他创立北洋、力推洋务，为中国的近代化做出了极大贡献；另一方面，他任人唯亲、打击异己，为人诟病。究其原因，李鸿章所作所为无不是为了维护手中的权力。若没有大权在握，李鸿章又如何能办洋务、建海军？但是，为了权力，李鸿章又排斥异己，阻止政敌发展洋务，最终自食其果，在权力的争夺中葬送了亲手组建的北洋海军。可见，权力这把双刃剑，在李鸿章的身上体现得淋漓尽致。

李鸿章在晚清官场的权力角逐中，有一个劲敌，那就是上文提到的张之洞。同为中兴名臣、洋务干将，还创立了"南洋"的张之洞，与李鸿章比起来究竟谁的历史功绩更大？下篇文章我们将一览南洋大臣张之洞在晚清官场上的表现。

参考文献：

史料：

[清]李鸿章:《李文忠公全集》。

专著：

1. 姜鸣:《龙旗飘扬的舰队：中国近代海军兴衰史》,生活·读书·新知三联书店,2002年。
2. 梁启超:《李鸿章传》,百花文艺出版社,2001年。
3. 苑书义:《李鸿章传》,人民出版社,2004年。
4. [美]费维恺:《中国早期工业化》,虞和平译,中国社会科学出版社,2002年。

湖广总督张之洞的危急时刻

逆　北　喵大大

石破天惊的弹劾案

光绪十九年（1893年）3月，对于身为湖广总督的张之洞来说，注定是相当难熬的一个月。因为就在这个月的12日，京师大理寺卿徐致祥上书弹劾张之洞的折子，送到了光绪皇帝面前。

在大清，弹劾一名封疆大吏算不得是稀罕事。像都察院这种机构，"为风宪衙门，以整纲肃纪为职。凡政事得失，官方邪正，有关于国计民生之大利害者，皆得言之"。

不管你是多大的官，只要你做的事有害于国计民生，都能被弹劾。

有意思的是，这次站出来弹劾张之洞的人是正三品的大理寺卿，相当于现在的最高人民法院院长。一名中央高官站出来弹劾一名封疆大吏，一时间朝野震动，张之洞的官宦生涯到了最危险的时刻。

徐致祥弹劾张之洞，罪名主要有四个方面：

一、怠慢政务，经常不听下属汇报，胡乱安排工作。

二、重用恶吏，任用一些昏庸钻营的官员。

三、滥耗钱财，以修铁路、办铁厂和开矿为名，到处勒捐。

四、架设湖南电报线引起民愤。

对于爱面子的"张香帅"来说，这些指责——有针对他做事风格的，有针对他用人倾向的，也有批评他搞大项目、乱收费的，他可不愿过多披露；而现在，不但包括他旧时好友在内的官员们议论纷纷，就连皇帝本人都直接表达了对他的怀疑与不满。

徐致祥这次敢对张之洞"拍砖"，必定有一定的"舆论基础"。如果说怠慢政务、重用恶吏这两顶帽子是"普适性的"，那么在兴办实业上耗资巨大而收效甚微，就绝对是戳中了张之洞的软肋。朝野上下，张之洞在实业方面不计成本的"屠财"行为，在当时早已经声名远扬了。就连后来的《清史稿》也评价他"莅官所至，必有兴作。务宏大，不问费多寡"，说白了，就是张之洞喜欢搞大项目，但是往往虎头蛇尾，效益不佳。以张之洞创办的最著名的汉阳铁厂为例。该厂自始建至投产共花去资金600余万两白银，按建厂之初的计划，预计年产铁6万吨。张之洞在给李鸿章的信函中就说："每年可出生铁三万数千吨，以之炼钢，可得三万吨。"然而直到光绪二十二年（1896年）11月停产为止，汉阳铁厂实际只生产出生铁5660吨，熟铁110吨，钢料1400吨，铁拉成钢条板1700吨。除了数量少得可怜，产品的品质在今天也够资格上"3·15"晚会。此外，铁厂运营中选址欠妥、技术长期滞后、管理有缺陷等问题，更是"路透社"都知道。

但你以为搞大项目、多花钱就是大罪过了？

如果只是这样，那就太简单了。张之洞和幕僚交流时，也曾坦言自己办铁厂、架设电报线等是为开风气，而非牟利。说白了，人家是响应国家的号召，走在时代的前列，主动出工出力做试验。创新就要承担风险，张之洞搞大项目，成功了造福国家，失败了权当积累宝贵经验，何罪之有？况且，张之洞说得很明白：我不贪！反正搞工程项目的经费没往自己兜里塞，你尽管弹劾，我不怕！

翻一翻张之洞的履历，他十六岁中顺天府解元，同治二年（1863年）二十七岁中进士第三名探花，授翰林院编修，一直到光绪八年（1882年）才外放担任山西巡抚，很明显，张之洞作为一名笔杆子长期在中央任职，没有地方任职的经验。人家李鸿章当年四十多岁的时候，已经是直隶总督、封疆大吏了，而张之洞四十三岁时，还只有一个翰林院侍讲学士的闲职。张之洞能够混迹官场，说白了就是靠他的理学文化修养，但会写文章的人多了，清朝科举考试录用的官员，哪个不会写文章？作为一个笔杆子出身的官员，张之洞更擅长舞文弄墨、揣摩上意、表态拍胸脯，要他真刀真枪去干事业，未必比他天天骂的李鸿章等洋务派好多少。

光绪帝的难题

徐致祥敢在此时站出来弹劾张之洞，按照当时官场的游戏规则，绝对不是他一个人心血来潮，正义感"爆棚"，他的背后一定是一群人，而且必定有地位相当高的"大佬"对张之洞心生不满。这些，身为皇帝的光绪帝心里非常清楚。

攻击张之洞的几条意见虚虚实实，有攻击个人作风问题的，也有攻击经济问题的，更有攻击他引发群体事件的。

张之洞没在基层干过，当领导脾气很大。自己不按时上下班，有时候几天不睡觉，有时候几个月不洗头不理发，有时候兴致来了半夜"点外卖"，还动不动就要"给差评"，杖责下人……诸如此类的作风问题很多，社会上多有流传。

这些其实在没事的时候都不算什么事。杜月笙还说，人无癖好不能深交，张之洞这么多的臭毛病，反倒显得接地气，不是那种看似一本正经实际一肚子坏水的人。徐致祥真正致命的攻击还是在于张之洞大搞工程项目，开矿办厂，耗费巨大，觉得张之洞一定有经济问题，要求朝廷对张之洞进行查办。

光绪帝接到这个折子也是心烦，张之洞毕竟是封疆大吏，朝廷里一伙人要借着皇帝之手收拾张之洞，他觉得不好办。张之洞是混迹官场多年的人物，早年得到慈禧太后赏识，在京城中是清流党的领袖，到了地方又先后任职两广总督、湖广总督这样的要缺，还积极参与近代化的改革，怎么看都是朝廷倚重的股肱之臣，这可不是凭三言两语就能"撸官"的。

张之洞是谁的人？朝野都知道，张之洞真正的"导师"是慈禧太后。

当年张之洞参加殿试，阅卷大臣认为他的对策才气逼人，有点儿出格，判为三甲之末。户部尚书宝鋆独赏此才，将他提置二甲之首。到了慈禧那里，大笔一勾，将第三、第四名对调，二甲之首的张之洞跃入一甲，成为探花。慈禧太后这一笔，直接为张之洞推开了封侯拜相的大门。张之洞也心知肚明，从此对慈禧太后感恩戴德，关键时刻总是站在"后党"一边。

光绪帝敢轻易处置张之洞吗？毕竟，万一处置不好，张之洞能掀起什么风浪谁也不好说。

这案子既不能交给徐致祥去办，也不能交给与张之洞关系匪浅的李之藻、张之万等清流党"大佬"去办。思虑再三，光绪帝做了一个特别有水平的决定：把徐致祥弹劾张之洞的奏折分抄给两江总督刘坤一、两广总督李瀚章，让同样段位的两个封疆大吏去查张之洞的案子。刘坤一着重查张之洞在湖广任上的事情，李瀚章则着重查张之洞在两广任上的事情。至此，张之洞处于三面围攻的境地，湖广总督的至暗时刻来了。

刘坤一的决定

光绪帝把张之洞的命运交到了刘坤一、李瀚章手里，同朝为官，二人到底会如何办这个案子？

身为两江总督的刘坤一毕竟是个地方一把手，军政大事系于一身，肯定没工夫亲自到武汉去调查张之洞。他只能派手底下的人作为代表，到湖北一趟，一来了解一下基本情况，二来也算对朝廷布置的工作有个交代。

刘坤一给派去调查张之洞的下属定了个原则——"公事只问是非"，具体的工程细节、经费花销不是他应该管的范畴。说白了，只要张之洞的情况面上过得去，刘坤一没打算为难他。

政敌攻击张之洞主要是针对他好搞大项目、花销无度，但搞项目本来就是为了出政绩，试问哪个封疆大吏不希望出成绩？哪个地方大员不去搞项目？如果人人揪着这点来兴师问罪，保不齐刘坤一自己也会被人扣帽子。所以，刘坤一对此时的张之洞更多是同朝为官的惺惺相惜：

> 煤、铁为中国开自有之利，立自强之基，无论如何，总应当办。香帅勇于任事，力为其难，若再从而苛求，实足寒任事者之心，以后国家事谁肯耽承？
>
> ——《张文襄公文件·关于工程练兵等四》

张之洞搞的矿厂、钢铁厂对国计民生意义重大，幸亏有张之洞这样有担当的好官力排众议地做事，如果再给他穿小鞋、打小报告，无疑会伤了勇于任事的官员的心，以后谁还愿意挺身而出搞改革？

两江总督的讲话水平就是高，把张之洞贪污腐败、渎职乱为的问题，偷梁换柱变成了官场小人给勇于任事的好官员穿小鞋的问题，这个反转"在情在理"，不仅直指官场积弊，还给张之洞"高亮"显示了。刘坤一私下对张之洞的心腹透露，他对朝廷的回复，"只就大处落墨"，"若专就一事一物分晰辨别，转授人以指摘之端"。看看，毕竟是混在官场最高层的人，连帮张之洞"过关"的策略都想好了，隔着纸张都能感觉到刘坤一在拍胸脯，"决不令香帅有为难处"。

于是，本来光绪帝是要刘坤一查办张之洞的，结果刘坤一同为地方大员，处处体谅张之洞的为难之处，处处维护张之洞，替张之洞遮风挡雨。

你说刘坤一在徇私枉法吧，他讲的也确实句句在理。为官一方要做事、要改革，肯定会得罪一些利益集团，被人揪住一些小问题大做文章。至于搞工程项目到底是为了自己出政绩，还是为了发展地方经济，都可以说道说道。至少张之洞不是个庸官，不是坐在湖广总督的位置上，天天只会开会、签字、念稿、出席活动，他确实想有所作为。

但皇帝交代的案件总要有个结果，朝廷里一帮人铆足了劲儿要打倒张之洞，如果查办的结果是张之洞一点儿问题都没有，幕后那帮人面子上也挂不住。最终，张之洞同意承认自己在用人方面不察，但是把罪责一股脑推到下属赵凤昌头上。赵凤昌在当时尚属无名小卒，又有谁会关注他的升降？而赵凤昌替领导承担罪责，反而因此备受张香帅器重，被调离湖北，另有重用。（辛亥革命后南北议和就是在赵凤昌的撮合下达成的。）

张之洞的身后评

整个事件有了戏剧性的反转。

本来徐致祥一伙人是要以"贪慕虚荣、大搞面子工程"的名义来攻击张之洞的，但经过有关部门一番调查之后发现，张之洞只是在用人上小有瑕疵，这更加巩固了他作为改革先锋、洋务运动支柱之一的形象。但张之洞真的没有什么问题？这事还真不好说。

梁启超跟张之洞有过节儿。维新变法之前两人本来走得很近，但当慈禧太后表明反对变法的态度后，张之洞成了坚定的反对戊戌变法的一派。在晚清的政治斗争中，张之洞是"后党"，关键时刻，依旧以站队为先。梁启超在《李鸿章传》中点评了清末从洋务到新政的诸位封疆大吏：曾国藩、李鸿章、左宗棠、张之洞和袁世凯。这些人都是当时中国政治舞台上的中心人物，绝非流俗之辈。其中，梁启超这样比较李鸿章与张之洞：

十年以来，与李齐名者，张之洞也。虽然，张何足以望李之肩背？李鸿章实践之人也，张之洞浮华之人也。李鸿章最不好名，张之洞最好名，不好名故肯任劳怨，好名故常趋巧利……至其虚骄狭隘，残忍苛察，较之李鸿章之有常识有大量，尤相去霄壤也。

说来说去，梁启超也只是骂张之洞太好名了。但李鸿章在世的时候，一门显贵，而张之洞家族有什么呢？张之洞的幕僚、晚清名士辜鸿铭曾说张之洞"殁后，债累累不能偿，一家八十余口几无以为生！"，《清史稿·张之洞传》也记载张之洞"任疆寄数十年，及卒，家不增一亩"。

张之洞在督鄂的十八年里，视武汉为自己的第二故乡，大力施展湖北新政，后来居上，将原本落后的武汉打造成仅次于上海的洋务重镇。汉阳兵工厂生产的枪炮，其质量与数量都在上海、天津之上。辛亥革命能在武汉爆发，乃至武汉能有今时今日的地位，都与张之洞前期打下的基础有着莫大的关系。

近代史学者茅海建先生给了张之洞一个很有意思的评价，认为张之洞"毫无疑问不是那个时代最具实力的政治家，但又是最有远见的政治家"。

湖北乃至全中国需要的恰恰不是官，而是心怀天下的政治家。

【编者按】

张之洞从科榜探花、"清流"翘楚成为一名洋务干将，可谓"开风气之先"；其兴办的铁厂更是让汉阳有"东方匹兹堡"的美誉。就此来看，张之洞不愧是中兴名臣。而他自己可能都没想到的是，他为保卫大清帝国而兴办的湖北新军，日后却成为武昌起义的主力，为中国结束帝制，迈向近代做出了重大贡献，功在千秋。虽说是无心插柳，但张之洞也确实是个"心怀天下的政治家"。囿于时代和环境，张之洞在晚清官场上不得不卷入帝后党争，但这无法抹杀他在历史上留下的功绩。

说起帝后党争，就不得不提起与张之洞同为晚清"清流"领军人物的翁同龢。翁同龢与张之洞一样，均是李鸿章的政敌，但是他的历史评价远不及二人。这又是为何呢？下篇文章我们将评价一下翁同龢的功过。

参考文献：

史料：

1. 《大清会典》。
2. 赵尔巽等撰：《清史稿》。
3. 中国社会科学院近代史研究所档案馆：《张之洞公文函电稿》。

专著：

1. 李礼：《求变者：回首与重访》，山西人民出版社，2019 年。
2. 梁启超：《李鸿章传》，百花文艺出版社，2001 年。
3. 茅海建：《戊戌变法的另面："张之洞档案"阅读笔记》，上海古籍出版社，2018 年。
4. 茅海建：《从甲午到戊戌：康有为〈我史〉鉴注》，生活·读书·新知三联书店，2009 年。
5. 雪珥：《国运 1909》，陕西师范大学出版社，2010 年。
6. 许纪霖：《安身立命：大时代中的知识人》，上海人民出版社，2019 年。

是谁将北洋海军逼上绝路？

徐 飞

李敖的代表作《北京法源寺》中，主角谭嗣同的以身殉道、康有为的忧国忧民、光绪帝的放手一搏，让人读罢感慨万千。除了主角，配角之一的帝师翁同龢的形象也很感人——他不顾顽固派的阻挠，向光绪举荐康有为，招致众人的忌恨，由此被西太后罢黜。当他离开紫禁城时，与光绪帝师徒二人，依依不舍。他为变法维新搭了栈道，当别人走向前去，他自己变成了垫脚石。书中这一幕感人至深，仿佛翁同龢蒙受了天大的委屈。然而，小说中形象高大上的翁同龢，跟历史中的翁同龢判若两人。真正的他是朝廷重臣、两朝帝师，学问更是举世公认，但他爱惜羽毛，没有担当，可以说是误尽天下苍生。

主战的真实动机

光绪二十年（1894年）9月，黄海海战，北洋海军几乎全军覆没，大清败局已定。慈禧太后召见翁同龢，要他去天津与李鸿章一起商讨，可否请沙俄出面调停中日战争，并保住朝鲜这个藩属国。

为什么要派翁同龢？因为翁同龢并不是只有同治、光绪两代帝师这一个身份，他还曾任刑部、工部、户部尚书和军机大臣，可以说是大权在握。环顾整个朝廷，只有他能与李鸿章平分秋色，或者说是更胜一筹。

但是翁同龢拒绝接受这个任务，他说："此事有不可者五，最甚者俄若索偿，将何畀之？且臣于此始未与闻，乞别遣。"慈禧说，那咱就不提联俄的事情了，你去天津问责一下李鸿章为何打败仗吧。翁同龢这才勉强答应去天津，但还是嘟囔着什么"臣为天子近臣，不敢以和局为举世唾骂也"。此时，日本陆军已经占领平壤，辽东岌岌可危。若辽东沦陷，日本下一步很可能会从海陆二路夹击京城。值此国难之时，翁同龢最优先考虑的居然是如何保住自己的声名，而不是如何维护国家的生存，实在是令人齿冷。

翁同龢从天津回到北京后，向慈禧详述与李鸿章见面情形，并声称请俄国出面调停的事情"以后由北洋奏办，臣不与闻"。这算是把所有谈和的担子都推到了李鸿章身上，自己落得个一身轻松。

而在此之前，7月底的时候，日本偷袭大清运兵船的消息传到北京，正是翁同龢强烈主战之时。作为老师，他的态度左右了光绪帝的决策，促使年轻气盛的光绪帝对日宣战。但是，翁同龢主战的动机与光绪帝完全不一样，光绪帝主战，是为了保家卫国，翁同龢主战，却是想借此机会整一整李鸿章。

翁同龢极力主战，李鸿章极力主和，二人闹得不可开交。翁同龢的门生，同时也是李鸿章部属的王伯恭想调和二人的关系，便去劝翁同龢不要轻易开战，谁知翁同龢笑话他书生胆小。二人进行了一段意味深长的对话。

> 王伯恭:"临事而惧,古有明训,岂可放胆尝试。且器械阵法,百不如人,似未宜率尔从事。"
>
> 翁同龢:"合肥[即李鸿章]治军数十年,屡平大憨,今北洋海陆两军,如火如荼,岂不堪一战耶?"
>
> 王伯恭:"知己知彼者,乃可望百战百胜,今确知己不如彼,安可望胜?"
>
> 翁同龢:"吾正欲试其良楛,以为整顿地也。"
>
> ——《蜷庐随笔》

也就是说,翁同龢真正关心的不是国家在这场战争中的存亡,而是要借中日战争检验北洋军力的成色,如果淮系陆军和北洋海军打得不好,那么他正好可以找到借口对其进行整肃,打击李鸿章。

平心而论,当时日本朝野上下已经急不可耐地要发动侵略战争,不管大清这边的决策是止戈还是动武,双方都不可避免要大打一场。最能说明问题的就是,日本在出兵之前就已经做出进攻朝鲜的内阁决议,并提供经费保证。发动战争的主动权在日本,不在大清,所以翁同龢不应该因为"主战"而为甲午战争的失败背锅。另外,笔者也不认为翁同龢是因为跟李鸿章有私怨才处处掣肘北洋海军。事实上,作为只懂四书五经的传统知识分子,翁同龢主管户部,面对清廷入不敷出的财政情况,他唯一能想到的办法就是节流,而不是开源。但是节流又不能节老佛爷修园子的钱,结果就只能在军费上省钱,实际上他停止的不仅是北洋购买洋枪、炮弹、舰船、机器的经费,还有南洋的军费。他跟李鸿章的不和,其实主要原因还是二人政见不同,私怨只是掺杂其中的一小部分。

但是,翁同龢确实是把国家大事当成了自己政治斗争的工具,他在主战时既没有想过北洋海军官兵的身家性命,也没有想过宗庙社稷的安危。一个朝廷肱股之臣却有这样阴暗的心理,试问,清朝的国事怎能不败坏?可以说,导致北洋海军全军覆没的罪魁祸首里,少不了翁同龢。

推卸和谈责任

面对日军的凌厉攻势,清廷只得选择对日和谈。翁同龢当然知道负责和谈的人会招致举世唾骂,甚至可能会被钉在历史的耻辱柱上,所以他选择避开这个任务,推李鸿章出面去收拾烂摊子。

春帆楼里,日本首相伊藤博文和外相陆奥宗光对李鸿章狮子大开口,仅赔款一项,就要白银三亿两。谈判期间,由于李鸿章被日本某愤青行刺,头破血流,引起国际舆论一片哗然,日本政府这才同意减少赔款一亿两。此后,李鸿章还想再讨价还价,但是只换来伊藤博文一句冷冰冰的话:"只管辩论,但不能减少。"

另一边,紫禁城里的翁同龢与李鸿藻力争修改约稿,对光绪帝声称:"宁增赔款,必不可割地。"这完全是无用的废话,谁都知道割地的危害,光绪帝自己也知道:"台湾去,则人心皆去。朕何以为天下主？"他不需要这种故作高明的建议，他需要的是一个能够不割地的良法美意，但是翁同龢等人显然对此束手无策。

人为刀俎、我为鱼肉，李鸿章在谈判时说："贵国何必急急？台湾已是口中之物。"伊藤博文答道："尚未下咽，饥甚！"请问，面对如狼似虎的日本政府，李鸿章如何能做到不割地？如果翁同龢实在看不下去李鸿章的无能，那么他可以自己去日本谈判，看看他如何做到说服伊藤博文不割地！

李鸿章心里很清楚，一旦在《马关条约》上签下名字，自己将遗臭万年，后来他说："七十老翁，蒙汉奸之恶名，几有求生不得、求死不能之势。"而令他没想到的是，除了他自己要遗臭万年，他的儿子也要跟着一起遗臭万年。根据《马关条约》规定，清廷需要派人跟日本交接割让台湾的事宜。朝廷上下，无人出面，最后清廷命令李鸿章的儿子李经方去负责这件事。

就国家利益得失来讲，大清输得惨不忍睹，但是就打击政敌的成果来看，翁同龢大获全胜。李鸿章不但失去直隶总督、北洋大臣等要职，还丧失了一世英名，从此门庭冷落，无人问津。而翁同龢却被任命为总理衙门大臣，后以户部尚书协办大学士，依然是中枢重臣。虽然他的内心也自责，说自己"上无以对天造之恩，下无以慰薄海之望"。

讽刺的是，在总理衙门任上，翁同龢没能保住自己的英名。当德国强占胶州湾、逼迫清廷签订《胶澳租界条约》时，翁同龢虽然还想把签字的任务推给别人，但现在他是总理衙门的一把手啊，他不签谁签？光绪帝命令他必须签。条约签完之后，翁同龢痛苦万分：

"以山东全省利权形势拱手让之腥膻，负罪千古矣。"这个时候他想的还是自己是遗臭万年还是流芳百世。

诚然，李鸿章的个人缺陷也很明显，他缺乏传统士大夫的道德操守，也缺乏近代民族国家的国民素质。此外，他一手打造的淮系军队有着强烈的私家军队的色彩，而这一点恰恰是翁同龢等清流派官员所无法容忍的。但是，李鸿章好歹愿意做这个帝国的"裱糊匠"，为此不惜搭上自己的名节，翁同龢则相差太远。翁同龢可以引经据典、义正词严，但是由于格局和眼界的限制，他面对政治难题时一筹莫展，当社稷出现危难之时，他又太爱惜羽毛，只会推卸责任、龟缩幕后，将自己保护起来。作为一个肱股之臣，他这种没有担当的作为，真的是连"裱糊匠"都比不上。

师生情谊断绝

戊戌政变后，翁同龢被罢黜，且永不叙用，光绪帝永不再提师生之谊。这件事给了翁同龢沉重的心理打击，他在临终前写道："六十年中事，伤心到盖棺。"为什么会这样？

康有为将翁同龢推为"中国维新的导师"，称正是翁同龢将自己推荐给皇上，自己才有得君行道的机会。因此，主流观点，包括《北京法源寺》这样的历史小说都认为，翁同龢是因为向光绪帝极力推荐康有为才得罪了慈禧进而被罢黜的。

但是，近年来有学者研究发现，向光绪帝大力推荐康有为的人并非翁同龢,而是张荫桓。翁同龢并没有像康有为所说的那样对他推崇备至,也没有去康有为的住所与他倾心交谈。在翁同龢的日记里,从没有他自己去拜访康有为的文字。恰恰相反,翁同龢此后的日记里一直骂康有为是"策士""狂甚""经家一野狐"。当然,这个结论还存疑,因为有学者发现翁同龢的日记有很多删改的地方,应该是他在戊戌年四月被罢官之后,惧怕受牵连,从而动手对日记进行了删改。

不管翁同龢有没有举荐过康有为并因此被慈禧怀恨在心,光绪帝对翁同龢的愤怒却是实实在在的。一是光绪帝倾心于康有为的变法论时,翁同龢却说康有为居心叵测,这种态度让光绪帝恼火;二是光绪帝在提出一系列与国际接轨的礼仪改革时,遭到翁同龢带头反对,这令光绪帝盛怒不已;三是翁同龢固守夷夏之防,顽固不化,当德国亨利亲王访华时,他反对光绪帝在毓庆宫接见亨利亲王的命令,在殿庭之上,他又大声呵斥对方,威胁捆人,举止粗鲁,骄横跋扈。此时,这位饱读诗书、温文尔雅的老师已经成了学生眼中变法维新的最大障碍之一。另外,恭亲王奕䜣临终前对光绪帝说的话也产生了重要的影响:

所谓聚九州之铁,不能铸此错者。
……
十数年之教育,数千万之海军,覆于一旦,不得已割地求和……[翁同龢]居心叵测,怙势弄权。

——《申报》光绪二十年五月初九日

所以，翁同龢遭到罢黜，背后既有慈禧的意思，也有光绪帝的意思。多年后，翁同龢在老家去世，庆亲王上奏请求给予翁同龢谥号，光绪帝勃然大怒，历数翁同龢从甲午之战到割让青岛的误国之罪。当时慈禧一语不发，算是默认，庆亲王也不敢再说一句话，因此翁同龢没有得到来自朝廷的任何谥号。由此可见，光绪帝对老师的怨恨有多么强烈。直到溥仪继位，翁同龢才被追谥为"文恭"。

现在再看《北京法源寺》里那段师徒相顾无言、依依不舍的动人场景，原来只是作者为了情节的需要而设计的，并不是历史事实。

翁同龢一辈子爱惜羽毛，既无政治家应有的担当，也没有儒家学者该有的心胸。那么，他这么做的效果如何呢？

甲午之战后，京师士林有人讽刺他"满面忧国忧民，满口假仁假义。满腹多忌多疑，满身无才无识"。民间把他与李鸿章相提并论，共致误国，说"宰相合肥天下瘦，司农常熟世间荒"。在民间看来，常熟人翁同龢与合肥人李鸿章都是尸位素餐、毫无作为、不顾民生疾苦的奸臣。张之洞在去世前还不忘在一首诗的后注里批评翁同龢：

> 叔平［翁同龢字叔平］相国，一意倾陷，仅免于死，此种孽缘，不可解也。
> ——《广雅堂诗集·送同年翁仲渊殿撰从尊甫药房先生出塞》注

翁同龢一生与李鸿章势不两立，可是到了最后，他的名声不见得比李鸿章好。李鸿章在世的时候，常常受到非议，担着骂名，却真为国家做了一些实事；翁同龢在世的时候，常常非议别人，爱惜羽毛，可曾为国家做了哪些实事？

满口仁义道德的未必是真君子，顶着大师名号的未必有真才干。翁同龢一辈子为了名声做事，到底成就了谁？

【编者按】

如果说张之洞是一个有远见的政治家，翁同龢则与之形成鲜明对比。他视自己的功名为头等大事，高于一切，在位之时，顶着一代帝师、"清流"领袖等种种光环，所受非议远少于李鸿章、张之洞二人，但是历史的评价是公正的。

甲午战败，标志着洋务运动的破产，也意味着大清帝国的自强之梦就此破灭。李鸿章、张之洞等洋务派官员的心血，毁于一旦。但这场战争，对于大清帝国来说，尚不是最黑暗的时刻。光绪二十六年（1900年）6月，清廷君臣的一项决策直接引来了一场巨大的灾难，也是中国近代最为屈辱的一段历史。那么，这场灾难的始作俑者究竟是谁？

参考文献：

史料：

1. [清]张之洞：《张之洞全集》，河北人民出版社，1998年。
2. 王伯恭：《蜷庐随笔》。
3. 谢俊美编：《翁同龢年谱长编》，上海交通大学出版社，2018年。
4. 赵尔巽等撰：《清史稿》。

专著：

1. 高阳：《翁同龢传》，吉林出版集团，2013年。
2. 雷家圣：《力挽狂澜：戊戌政变新探》，台北：万卷楼图书有限公司，2004年。
3. 羽戈：《激进之踵：戊戌变法反思录》，山西人民出版社，2019年。

谁在逼慈禧太后向世界宣战？

杨兴隆

光绪二十六年（1900年）6月21日，慈禧太后以光绪帝的名义发布了向各国宣战的诏书。诏书中，慈禧历数西方列强的诸多罪行：

> 三十年来，恃我国仁厚，一意拊循，乃益肆枭张，欺凌我国家，侵犯我土地，践踏我人民，勒索我财物……彼自称教化之国，乃无礼横行，专恃兵坚器利，自取决裂如此乎！

在表达完愤怒之后，慈禧最终说出那句鼓动人心的宣战口号：

> 与其苟且图存，贻羞万古，孰若大张挞伐，一决雌雄！
> ——《义和团档案史料·谕内阁以外邦无礼横行当召集义民誓张挞伐》

以此宣战诏书为转折点，清廷正式与西方诸国决裂，开启了中国与各国的战端。从今日的角度来看，慈禧太后的这次宣战简直匪夷所思。就算大清朝在康乾极盛时期，也不敢同时向周边各国宣战。而晚清贫弱交加、羸弱不堪，竟敢以一己之力向世界列强宣战，难道慈禧的脑袋被门挤了？要知道，就算是希特勒这样的战争狂人，也不敢同时向英、法、美、苏宣战。

慈禧的脑袋显然没有被门挤过，如此重大的国家决策，绝非慈禧一时愤起，一拍脑门儿就能擅自决定的。宣战之举，其实与当时中央权力格局、皇位争夺、派系斗争以及慈禧的统治方式等多方面因素有关。而具体到宣战一事的导火索，则牵扯到一封伪造的外交照会。

伪造的外交照会

光绪二十六年（1900年）5、6月份，义和团大量涌入北京，大举焚烧教堂、杀害教民，各国公使馆荷枪实弹，如临大敌。大沽口外，各国军舰云集，八国联军更是想要从天津进军北京。此时，京城局势急速恶化，几近不可收拾的地步。对义和团是剿是抚，对列强是战是和，清廷已经没有多少时间考虑了。

6月16日至19日，慈禧在四天内连续召开四次御前会议，召集众臣商讨应对方案，以决定是战是和。16日的第一次御前会议上，主战、主和两派官员唇枪舌剑，激烈交锋，慈禧似有主战倾向，但最终未能决定。

6月17日，在第二次御前会议上，慈禧突然向群臣展示了一封外国照会，其内容有三条："一、指明一地，令中国皇帝居住。二、代收各省钱粮。三、代掌天下兵权。"实际上这份照会尚有第四条，即"令太后归政"，但慈禧出于种种考虑未宣示群臣。各大臣听到照会内容无不面面相觑，不知所措，吓得顿首表示"愿效死力"。慈禧随后说道：

> 今日之事，诸大臣均闻之矣，我为江山社稷，不得已而宣战。顾事未可知，有如战之后，江山社稷仍不保，诸公今日皆在此，当知我苦心，勿归咎予一人。
>
> ——《崇陵传信录》

第二次御前会议基本决定了慈禧的主战态度，因为照会要求显然已超过慈禧的承受底线，直接否定了慈禧的执政基础，要对其进行政治上的消灭，对于慈禧来说，这是无论如何都不能接受和容忍的。所以此刻，慈禧终于露出了她的真面目：谁敢动我手中的权力，我就跟谁拼命，即使是洋人！

此后的两次会议中，以荣禄为代表的主和派已经不敢再行劝阻了，如荣禄所言，"若再分辩，视为叛逆矣"，可见其艰难处境。

在清廷宣战这一举动上，这封照会可谓是起到了至关重要的作用。关于这封照会，后人争议甚多，多数谓是端郡王载漪伪造的，也有说纯系传闻，压根儿不存在。

据当时参加御前会议的翰林院侍读学士恽毓鼎在其所著《崇陵传信录》中记载，照会是6月16日晚由江苏粮道罗嘉杰派遣其子递交给荣禄，再由荣禄呈交慈禧御览的。然而事后凭该照会向总理衙门和直隶总督查询均未得出处，因而恽毓鼎判断"其实某官轻信何人之言，各国无是说也"。

学者马忠文先生根据当时各相关官员的书信和日记中的记载考证后认为，罗嘉杰应该确实给荣禄提供了这样一条情报性质的消息，经荣禄呈交慈禧后，引起太后动怒，这基本是可以肯定的。

载漪集团乘势而起

伪造照会之举，后人多认为与端郡王载漪有关。虽无直接证据证明，但从动机、受益等多方面考虑，载漪显然是最大嫌疑人。载漪意图通过伪造照会来激怒慈禧，向诸国宣战，以此达到消灭国外势力对国内政治的干预，进而为废黜光绪、扶持其子溥儁登基奠定基础。

这一切都要从戊戌政变后的中央权力格局和慈禧对外态度的转变谈起。戊戌政变后，英、日等国帮助康有为、梁启超逃往海外，已经引起了慈禧对洋人的不满。康、梁逃到海外后，成立保皇党，利用国外庇护著书立说，对慈禧极尽攻击辱骂，这一切都使得慈禧迁怒于洋人，对洋人怀恨在心。

光绪二十四年（1898年）9月21日，慈禧发布上谕，宣布重新垂帘于便殿"训政"，中央权力格局因而发生变化，光绪帝在戊戌政变之后丧失实权，不再受到慈禧信任，帝后关系日益紧张。或许是受到来自政变的打击，或许是慈禧动用了药物的手段，总之光绪帝的身体竟迅速地出现问题,光绪二十五年(1899年),他的身体一整年时好时坏,至年底似乎有一病不起的迹象,而慈禧和后党官僚也开始忙着筹划废光绪帝和物色新的继承人。

光绪二十五年十二月二十四日(1900年1月24日),清廷发布上谕,宣布立端郡王载漪之子溥儁为大阿哥,入继穆宗毅皇帝同治帝为子,实际上就是光绪帝的接班人,因这一天还算农历己亥年,故史称"己亥建储"。

己亥建储背后隐藏着极为复杂的权力斗争关系,涉及帝、后两党之争,新旧势力之争,满汉关系之争以及荣禄与刚毅之间的政治斗争等。抛开国内斗争不谈,光绪帝日渐病重和新继承人的设立立即引发了西方各国的强烈反应,并招致帝国主义列强的直接干涉。当慈禧将光绪帝患病之事通告各国在华使节时,英国驻华公使窦纳乐立即向总理衙门做了如下表示:"我坚信,假如光绪皇帝在这政局变化之际死去,将在西洋各国之间产生非常不利于中国的后果。"窦纳乐甚至还向清廷推荐了一名西医专门入宫为光绪帝诊病。

在此次立储事件中,洋人屡次进行露骨干涉,更进一步加深了慈禧对西方列强的仇视。然而,尽管慈禧对这些"洋大人"恨得咬牙切齿,但此时也绝没有胆量和实力公开与洋人对抗。

受到立储事件的影响,端郡王载漪地位骤升,兵部尚书刚毅、大学士徐桐、承恩公崇绮、礼部尚书启秀等人积极与之结纳,迅速形成一个极有影响力的政治团体,京师官场顿时一片守旧氛围。以载漪为首的顽固派势起后便积极运动,并对慈禧产生了较大影响。尤其是义和团运动期间,他们极力宣扬义和团忠勇可用与洋人恶行昭著，直接影响到慈禧对时局的判断及对战和的决定，最终通过伪造照会将宣战之举坐实。

值得注意的是，虽然这一照会是伪造的，但在当时外国人的心中，要求慈禧太后归政的想法是普遍存在的。如光绪二十六年（1900年）6月19日，英国人在上海办的《字林西报》就曾发表社论，主张驱逐西太后及其亲信党羽出北京，将政权交给光绪帝。洋人对慈禧训政的阻挠以及对康、梁保皇党人的维护，使得慈禧对西方列强的芥蒂更深，排外情绪也日益严重。

派系争斗与慈禧统治

对于如何处置日渐兴盛的义和团，慈禧始终表现出首鼠两端、游离不定的犹豫和彷徨，对西方列强的畏惧与仇恨使慈禧既不敢得罪洋人，又不甘心受气其中。蔓延京津，规模日甚一日的义和团运动使慈禧感觉民心可用，民力可恃；但其愈演愈烈、日渐激进的举动又令慈禧担心局面失控，酿成祸端。

慈禧游移不定的态度直接促使下面的王公大臣迅速分成"主和"和"主战"两派，相对应的，对义和团的态度也分为主剿和主抚两种。前者以枢臣荣禄、奕劻、王文韶，吏部侍郎许景澄，兵部尚书徐用仪，太常寺卿袁昶，总理衙门大臣联元，以及地方实力督抚李鸿章、刘坤一、张之洞、袁世凯等为代表，主张镇压、剿杀义和团，满足西方列强的相关要求，以取得其谅解；后者则以端郡王载漪、吏部尚书刚毅、大学士徐桐、刑部尚书赵舒翘、礼部尚书启秀、户部尚书崇绮等为代表，极力主张招抚义和团。

主战派的人大多是与光绪帝的废立、溥儁的继位利益攸关的人物，本质上是因政治利益而聚集起来的小政治集团，其目的不过是利用义和团的力量来阻止列强继续支持光绪帝，进而将其废黜，使溥儁早日登上皇位。可以说这些官员是为了一己私利去扶持义和团的，既不是为了国家利益，也不是纯粹反帝爱国，在他们心中只有个人私利和团体政治的利益。然而，就当时的情形来看，主战派无疑是站在道德高地上的，单是反对列强的主张就赋予他们天然的正义感。因其主张容易引发共鸣，故一时势力极盛。

慈禧作为一位具有丰富斗争经验和强力政治手腕的统治者，一向擅长利用不同的政治派系和权力团体来互相牵制，以寻求政治制衡，最终达到控制各方势力为己所用、巩固自身权力地位的目的。之前的恭亲王奕䜣、李鸿章和翁同龢，以及之后的袁世凯、瞿鸿禨和岑春煊都充分领教过西太后这种娴熟老练的手段。此次义和团事件中，同样可以看到慈禧这一政治手腕的运用。

回到我们一开始说到的宣战诏书，就其内容而言，与其说它是宣战书，不如说它是对国内发布的内部动员令。御前会议虽然决定宣战，但并未提到对哪国宣战，也从未将诏书送达任何外国政府，以至于在宣战诏书发出几天之后，盛京将军增祺专门询问清廷："此次中外开衅，究系何国失和？传闻未得其详，应恳明示，以便相机应敌。"

可以看出，慈禧虽然极端愤怒于西方列强的若干行为，一气之下向各国宣战，但并没有完全冲昏头脑，而是边打边看，始终给自己留一定的后路，以便折冲其中。因此才有了虽然发布宣战诏书却不标明宣战国这样奇怪的举动，以及随后的表面上围攻各国使馆区实际上却围而不攻、暗中保护等荒唐可笑、自相矛盾的行为。

然而，义和团的发展和失控远远超出慈禧和主战派官员的预料，西方列强也不是省油的灯，绝非慈禧所能掌控。慈禧太后想要在这两股势力上寻求制衡是打错了如意算盘，无异于刀尖起舞，玩火自焚。之后，八国联军一路攻城略地，烧杀掳掠，十余万清军在区区两万列强联军面前一触即溃，土崩瓦解。最终，清廷落得个京城再次失守，慈禧携光绪帝"西狩"，被迫签订城下之盟的惨淡结局，其教训可谓至深至痛！

好在虽然中央政局一团乱麻，上层统治者昏庸荒诞，一些具有国际视野的地方要员尚能保持清醒头脑，如湖广总督张之洞、两江总督刘坤一、两广总督李鸿章、山东巡抚袁世凯等。他们在清廷宣战后迅速抱团，以"伪诏"为由拒不奉诏，与西方列强达成"东南互保"，使得东南半壁江山得以免受战火摧残。

面对这样昏聩无能的上层统治者，难怪李鸿章在清廷宣战后发出"政府悖谬至此，断难挽救""举国若狂，无可救药"的哀叹，并对自己能否出面收拾残局心怀忐忑："荣［禄］、庆［亲王］尚不能挽回，鄙人何敢担此危局。各国兵日内当抵城下，想有一二恶战，乃见分晓。"

【编者按】

　　清朝危难之际，上到最高的掌权人慈禧太后，再到朝堂上的王公大臣，他们依旧想着如何争权夺利，丝毫不为国家安危着想，最终将这个古老的帝国推向了深渊。翁同龢尚可谓是"爱惜羽毛"，而慈禧太后等人则是真正的国家蛀虫，误国误民，难辞其咎！

　　为了保护手中的权力，慈禧太后竟然不惜向"全世界"宣战，如今看来这是多么愚蠢的行为。那为什么慈禧这样的昏聩之人，会成为大清帝国的最高权力掌控者？最后一篇文章将解答这一问题，最终我们也将看到慈禧掌权的后果。

参考文献：

史料：

1. 故宫博物院明清档案部:《义和团档案史料》，中华书局，1979 年。
2. 北京大学历史系:《义和团运动史料丛编》，中华书局，1964 年。
3. 恽毓鼎:《崇陵传信录》，中华书局，2007 年。
4. 中国史学会:《中国近代史资料丛刊·义和团》，上海人民出版社、上海书店出版社，1957 年。
5. 中国第一历史档案馆:《庚子事变清宫档案汇编》，中国人民大学出版社，2005 年。

论文：

戴海斌:《庚子事变期间的"南"与"北"——从南北函电来看奕劻、荣禄的政治作用》，《历史教学问题》，2018 年第 1 期。

慈禧太后如何玩转"权力的游戏"？

逆　北

"不学有术"的西太后

慈禧太后一直是中国近代史上争议极大的人物。一部分人以为，慈禧专横野蛮，固守"祖宗之法"，将维新派打入血泊当中，是保守势力的头目，维新运动的领袖康有为在《康南海自编年谱》中，更是对慈禧没有什么正面评价。恰恰是这样一位变法的反对者，却在庚子国变后，一转而为清末改革的支持者，下令废除科举制、命各省试行地方自治、编练新军，甚至派亲贵重臣考察欧美各国政治制度。同戊戌变法提出的政治改革举措相比，清末改革的激进程度有过之而无不及，而这与慈禧保守的形象相比，又显得有些格格不入。

另有一部分人认为，慈禧极为开明，如支持李鸿章、张之洞等兴办洋务，还认为她在抵抗外来侵略时也表现得有胆有识，如支持左宗棠收复新疆，抵御沙俄蚕食中国领土。当法国入侵越南北部、进窥中国西南边疆，慈禧一面摆出同法和谈的架势，一面暗中资助民间的抗法武装黑旗军，"以打促谈"。这样老辣的外交手法，令慈禧的形象变得光辉起来，日本学者加藤彻甚至称其为"大清帝国最后的光芒"。但是，就是这样的"光芒"，竟能说出"量中华之物力，结与国之欢心"，由此可见，慈禧似乎并非坚定的"民族主义者"。

无疑，以二分法来评价慈禧，只会距离其"庐山真面目"越发遥远。真正支配慈禧看似自相矛盾的行为的，正是其对手中权力的维护，也就是她运用的权术。

晚清文人叶恭绰在《遐庵遗稿》中这样评价慈禧：

> 其人阴鸷、褊狭，不学而有术，但不脱普通妇女性习，故对臣下极操纵驾驭之能事，而不能克展所长，满汉畛域之见，尤牢不可破，卒至于亡国，非偶然也。

叶恭绰的话，说对了一半，而"满汉畛域之见"，则有失公允。固然，西太后在被八国联军驱逐出北京，历经流离颠沛之苦后，逐步开始有意识地培养宗室的政治素养，并将其大量安插在军政要位上，如载沣、铁良、良弼等，后者几乎垄断了一切权位。但是，这些都是慈禧晚年所为，在这之前，李鸿章、张之洞、袁世凯等都是汉人，为何也能得到慈禧的重用？别的不说，让李鸿章和袁世凯担任直隶总督，把守清廷的心脏，足见慈禧对于李、袁等汉族大员信任程度之深。叶恭绰的评价，不无后来人之偏颇。

不过，其所言前半句，则极为精妙——"不学有术"，极恰当地概括了慈禧的政治素养。下面笔者就分析一下西太后如何以一己之力，把持朝政近半个世纪。

打垮恭亲王

慈禧"不学"，乃是客观事实。入宫之前，西太后识得一些文墨,但并不熟悉官文撰写作,至于日后的洋务事业,更是知之甚少。

可是,慈禧似乎运气很好,她还在嫔位的时候,就为咸丰帝生下了他唯一的皇子,即后来的同治帝。母以子贵,恰逢其时地生育皇子后,慈禧连晋两级,进为贵妃。咸丰帝在热河行宫病逝后,慈禧被尊为太后。凭借太后的身份,她得以利用皇帝的名义操纵朝政,实现政治野心。可见,慈禧施展权术的前提,是她已经拥有了皇帝生母的身份,皇帝幼小,母亲协助其治理国家,名正言顺。这便为她日后由后宫走向庙堂铺平了道路。

但是,咸丰帝弥留之际指定的肃顺等顾命八大臣,成了慈禧扩张权势的拦路虎。为此,她不得不团结咸丰帝的皇弟——恭亲王奕䜣,双方内外联合,在返回北京途中将肃顺等一网打尽。"好风凭借力",有奕䜣的配合,慈禧先胜一局。在扳倒肃顺为首的顾命大臣集团后,慈禧得以垂帘听政,如愿以偿,而奕䜣也凭借之前同英法等国订约时积累的经验和人脉,成功获得议政王的头衔,总揽内政和外交。

初尝甜头的慈禧并未像多数人那样急于改弦更张、树立自己的权威,而是小心翼翼地维持着清廷的权力格局。恭亲王继续掌握新设立的权力重心——总理衙门,而之前为肃顺所提拔重用的曾国藩与左宗棠等汉族大员也未受政变影响,继续指挥大军进攻江南的太平天国残余势力。

利用这一难得的过渡时期,慈禧逐渐掌握了清廷权力运作的机制。作为权力欲旺盛之人,她并不满足于既有成果,而是静静等待着扩张权势的良机。随着同治帝渐渐长大成人,自主意识萌发,他与恭亲王奕䜣在内政上出现了摩擦。慈禧暗中加以诱导,先利用这对叔侄的矛盾给恭亲王沉重的一击，借皇帝诏令剥夺了他所有的头衔，但是，在发现恭亲王的去职导致总理衙门运转瘫痪后，慈禧随即又假作宽仁，恢复了奕䜣之前的职务，但并未恢复其议政王的头衔。

被慈禧这样一敲打，恭亲王多少有些收敛，但是，他的仕途挫折远没有结束。中法战争期间（光绪九年至十一年，1883—1885年），恭亲王领导下的总理衙门决策时对于战和举棋不定，导致越南战事受挫。弹劾恭亲王的折子随即像雪片一般飞来，其中以日讲起居官右庶子盛昱的攻击最为尖锐，他认为奕䜣等"无知人之明，用所非人，致使前线失利"。一时间，朝廷内部的气氛又紧张起来。

官员们对恭亲王的攻击，正中慈禧下怀。这一次奕䜣可没有上次那么走运了。在过去的数年时间里，由于盟友东太后与得力助手文祥先后离世，奕䜣已经丧失了反制慈禧的力量，此时只有听天由命，在不甘的谢恩声中被夺去一切职务，赋闲在家。从此，奕䜣再无政治进取的朝气，即便甲午战争后期又被召回中枢，也无法消弭内心的颓丧。

至于取代恭亲王执掌总理衙门和军机处的人选，早被慈禧圈定，那就是她的妹夫醇亲王奕譞与另一位皇室宗亲礼亲王世铎。二人庸碌无为，性格也不如奕䜣那般棱角分明，这正是权力欲旺盛的慈禧喜欢的。此时，清廷中枢事实上已被慈禧完全掌握。

分化瓦解清流派

打垮恭亲王后，慈禧又操纵皇帝调转枪口，对准了之前一直鼓噪对法开战、抨击恭亲王的清流党人。晚清政坛中,以李鸿藻、张佩纶为首的一批科举出身的官员相互声援,自诩清流,弹劾权贵,为人所忌惮,奕䜣去职后,他们也未能保住自己在朝中的势力。到了现在,李鸿藻和翁同龢两位清流党"大佬"因为奕䜣出局,连带被赶出中枢军机处;清流党后起之秀中,船政大臣张佩纶在福建马尾港戒备松散,致使福建水师被法国海军击溃,张佩纶也因此被革职、发戍新疆,而他的好友、同为清流党健将的张之洞则因调度两广有方,起用冯子材,在广西边境击败法军,从此平步青云。张佩纶的外放削弱了京师清流党的力量,而张之洞虽为清流党但亦与慈禧关系亲近。因此,从两派斗争中受惠的,唯慈禧一人而已。

慈禧坐收渔翁之利,离不开她对皇权的操纵,同治帝逝世后,继位的光绪帝也逐渐成年,慈禧不得不宣布光绪帝完婚后撤帘归政,但其对朝政的影响力丝毫不减,例如,光绪帝虽有权批阅奏折,可是,批阅后必须将奏折连同自己的意见交给慈禧过目,这就是"事后汇报制度"。由此可见,慈禧乃是清帝国的"隐形君主"。她干预光绪帝决策时表现出的权力欲,也使得"母子"二人关系日趋紧张,矛盾终于在戊戌年全面爆发出来。

中法战争后,清廷积极致力于发展海军,慈禧亲信、直隶总督李鸿章在维持淮军的陆军之外,另外精心挑选将佐和兵士组成海军,这就是清廷所倚重的北洋舰队(光绪十四年,即1888年成军)。无奈,清军在甲午战争中惨败,李鸿章的海陆军精锐几乎全军覆灭,李鸿章本人也在一片叫骂声中交出权位,取而代之的,则是慈禧另一位亲信——王文韶。

甲午战争对清廷的震动不小，之前一直被抑制的清流党借机崛起。此时，户部尚书、帝师翁同龢依靠对李鸿章北洋系的攻击，得以迅速崛起，一度有掌控中枢大权之势。这自然是慈禧不愿看到的，所以她一方面将翁同龢的政敌荣禄调任直隶总督，同时命其掌握新军，另一方面则将之前遭打压的恭亲王重新抬出来参与总理衙门的工作。几番起起落落，恭亲王虽早已不复往昔的锐气，但制衡翁同龢仍绰绰有余。这是慈禧的又一着妙棋。恭亲王病逝后，新培养的刚毅等人又缺乏城府，眼看无得力人选压制翁同龢，慈禧干脆将其革职，永不叙用，这便又给清流党沉重一击。

戊戌变法失败的另一层原因

不过，"无心插柳柳成荫"，慈禧将翁同龢罢黜后，维新派康有为等人恰得良机以弥补其去职后留下的权力真空。光绪帝对这个工部学习主事十分欣赏，用其变法。一开始，慈禧亲信掌握京师卫戍力量，她自己又把持二品以上大员的任免权，所以她自信"几个秀才（指维新派）闹不起来什么事"。但是，她想错了。

光绪帝在改革上过于急躁冒进，冲击了慈禧主导下的权力平衡。皇帝认为，礼部尚书怀塔布等阻挠变法，将其一并罢黜，同时提拔谭嗣同等为军机章京，后来，光绪帝又将慈禧身边的红人李鸿章赶出总理衙门，这显然触碰了慈禧的底线；而日后伊藤博文前往中国，传出了中外合力变法等传闻，更让慈禧感到自己有被架空的危险。于是，她将训政的方案付诸实际，光绪帝失去了手中仅有的一点儿权力，而之前变法罢黜的官员也大多回到原来的岗位，他们对慈禧感恩戴德，更强化了慈禧主导下的训政体制。

后来人评价这段历史时，多以慈禧反对变法而下结论，可是，对于光绪帝挑战稳定的官僚体系的一系列做法（如废除八股、一次性撤礼部六堂官等）缺乏关注。君臣之间矛盾加深，恰恰让慈禧有机可乘。变法失败后，从慈禧对光绪帝的训斥可窥其心意：

> 天下者，祖宗之天下也，汝何敢任意妄为！诸臣者，皆我多年历选，留以辅汝，汝何敢任意不用！……
>
> ——《清廷戊戌朝变记》

很显然，慈禧在这里先以捍卫祖宗之法的面貌出现，光绪帝在名义上自然吃亏，他如何敢对抗祖宗的光环？而在后半句中，慈禧十分信任自己挑选的辅臣，这更反映了其膨胀的权力欲与笼络旧官僚的用意。

年轻的皇帝涉世未深，不明其中道理，空怀一腔热血变法，四处出击，得罪的人不计其数，难免前功尽弃；而太后作为官僚系统庇护人的身份，也在政变后表现得愈加鲜明。

恃权术者，终为权术所噬

但是，精于权术的慈禧或许不知道，自己所恃之物，恰也是臣子算计自己的工具。戊戌政变后，袁世凯因告密而获得重用，先在小站练兵，后出任山东巡抚，庚子国变后旋又接替李鸿章执掌直隶地区。这样一颗政坛新星，自然是慈禧在利用之余，要下功夫提防的。

可是，袁世凯也有自己的办法。当时官员跪见慈禧时，多不得抬头，这便使他们难以察觉太后对自己的态度变化，但袁世凯并不担心，他买通了慈禧身边的宦官李莲英等作奥援，多得其暗示。例如，袁世凯向西太后汇报工作时，李莲英即以双脚分合来暗示慈禧心情好坏。因此，袁世凯面见西太后时不多言语，每所言必投其所好，故而扶摇直上，最终接手李鸿章的位置。

袁世凯担任直隶总督后，交结庆亲王奕劻等权贵，又暗中于宫廷内外培植党羽，权势日盛。日渐年老的慈禧终于意识到袁世凯权重的问题，所以在笼络袁世凯的同时，也着力于提携清流党后起之秀瞿鸿禨等干臣，以制衡袁世凯的北洋系。例如，瞿鸿禨指使人弹劾袁世凯亲信段芝贵向庆亲王之子行贿，混得了黑龙江巡抚一职，即得到了慈禧的默许。臣子之间相互斗来斗去，正是她乐于见到的。

可是，这样的情况并没有持续多久，先是瞿鸿禨得意忘形，将慈禧暗示要把庆亲王撤职的秘密抖了出去，导致慈禧在外国公使夫人的询问下陷入被动，恼羞成怒，将怒气倾泻到这个刚刚取得自己信任的大臣身上。

瞿鸿禨没有看到庆亲王倒台，自己反而提前出局，至于他的盟友岑春煊，也因被慈禧怀疑与康有为等有来往而丢官去职。眼下这一切，都是袁世凯暗中促成的，北洋系因此呈现出独霸政坛的趋势。

这些自然是习惯了假作旁观臣子内斗的慈禧不乐于见到的，因此，同当年对付奕䜣、翁同龢类似，慈禧先夺去袁的直隶总督一职，连其军权一并削去，后将其调回中央，以外务部尚书一职笼络之，实则对其进行监视。丧失实权的袁世凯，面对慈禧灵活的政治手腕，深知不敌，不敢发作，只能认栽。为了防止他东山再起，慈禧还安排湖广总督张之洞进入中央，与袁世凯搭档。张之洞瞧不起袁世凯非科举正途出身，多有怠慢，袁世凯也是憋了一肚子气，臣僚相互制衡的局面又形成了。

慈禧颇为得意的权术，此时已经走向极端。她担心身后天下难制，于是尽可能将军政大权向宗室权贵手中集中，例如，光绪帝的同父异母弟醇亲王载沣，即于此时期进入中枢，如此种种，不胜枚举。

但是，慈禧看中的这些宗室权贵可没有她那么老辣的手段。慈禧死后，载沣等不断加大排挤北洋系的力度，袁世凯也因为风声渐紧，不得已返乡"养病"，而他对清廷的最后一点儿忠诚，也因此消磨殆尽。此后袁世凯再度复出时，他已不再是对清王朝忠心耿耿的封疆大吏，而是中国历史上最后一个封建王朝的掘墓人。当袁世凯训练出的北洋新军抵制清廷号令时，满族亲贵们才意识到，袁世凯隐藏的底牌，足以置他们于死地。

恃权术者，终为权术所噬。慈禧纵横晚清政坛四十多载，将若干能臣玩弄于掌心，或加官晋爵，或罢黜出局，她千算万算，却始终未意识到，当洋务派、清流党、维新志士等牌被接连推倒后，最后倒下的，就只有她和她的大清了。

宣统三年八月十九日（1911年10月10日）夜，武昌的一声枪响，正式给腐朽不堪的大清帝国宣判了死刑，而中国的历史，自此也翻开了新的篇章。

参考文献：

史料：

1. 陈夔龙：《梦蕉亭杂记》，中华书局，2007年。
2. 苏继祖、梁启超、袁世凯、陈庆年：《清廷戊戌朝变记》，广西师范大学出版社，2008年。
3. 叶恭绰：《遐庵遗稿》。
4. 赵尔巽等撰：《清史稿》。

专著：

1. 吉辰：《昂贵的和平：中日马关议和研究》，生活·读书·新知三联书店，2014年。
2. 刘忆江：《袁世凯评传》，经济日报出版社，2004年。
3. 马忠文：《荣禄与晚清政局》，社会科学文献出版社，2016年。
4. 茅海建：《戊戌变法史事考》，生活·读书·新知三联书店，2005年。
5. 茅海建：《从甲午到戊戌：康有为〈我史〉鉴注》，生活·读书·新知三联书店，2009年。

从声音到文字，分享人类智慧

天喜文化